PRACTICAL
GUIDE
TO GLOBAL
BUSINESS
EXPANSION

企业出海实战手册

PRACTICAL GUIDE
TO GLOBAL
BUSINESS EXPANSION

宋欣
周掌柜

———

著

机械工业出版社
CHINA MACHINE PRESS

本书分为两大部分。在第一部分出海实战方法论中，作者基于多年的企业出海咨询经验和对全球多个国家的调研，提出了十大出海方法论。第二部分全球市场扫描涵盖了东南亚、南亚、中东、欧美、拉美、非洲等不同区域多个国家的市场情况，既可以帮助没有出海的企业快速建立对全球市场的认知，同时也可以帮助已经出海的企业寻找到新的机遇。通过本书提供的"政治－经济－社会"分析框架，企业可以迅速捕捉到目标市场的主要特征，找到具体的出海建议。本书适合各类企业的中高层管理者阅读。

图书在版编目（CIP）数据

企业出海实战手册 / 宋欣 , 周掌柜著 . -- 北京：
机械工业出版社 , 2025. 3. -- ISBN 978-7-111-77542-3

I. F279.235.6-62

中国国家版本馆 CIP 数据核字第 2025T7T930 号

机械工业出版社（北京市百万庄大街 22 号　邮政编码 100037）
策划编辑：张竞余　　　　　　　　　　责任编辑：张竞余　牛汉原
责任校对：孙明慧　马荣华　景　飞　　责任印制：单爱军
保定市中画美凯印刷有限公司印刷
2025 年 3 月第 1 版第 1 次印刷
170mm × 240mm · 17 印张 · 1 插页 · 210 千字
标准书号：ISBN 978-7-111-77542-3
定价：79.00 元

电话服务　　　　　　　　　　　网络服务
客服电话：010-88361066　　　机 工 官 网：www.cmpbook.com
　　　　　010-88379833　　　机 工 官 博：weibo.com/cmp1952
　　　　　010-68326294　　　金 书 网：www.golden-book.com
封底无防伪标均为盗版　　　机工教育服务网：www.cmpedu.com

特别推荐

FOREWORD

如本书所言：世界需要更多来自中国企业的海外投资，无论是在欧洲还是在全球。中国企业全球化不但可以推动世界经济增长并创造就业机会，而且可以将中国先进的绿色技术推广到全球。面对当下中国企业面临的出海挑战，作者及时发布的《企业出海实战手册》将为企业提供必要的知识，助其树立出海的信心，以便更好地踏上全球化的征程。

Erik Solheim

——埃里克·索尔海姆

（联合国前副秘书长、欣孚智库国际理事成员）

埃里克·索尔海姆
与两位作者的合影

王玥：出海的不确定性挑战和确定性机遇并存

当下，随着全球经济环境的不确定性加剧，越来越多的中国企业积极走向海外，探索新的增长与发展机遇。从某种程度上讲，这既是企业追求更大市场的战略选择，也是时代大潮流推动下的战略应变。《企业出海实战手册》凝聚了欣孚团队多位研究员的心血，主要撰稿人都曾在全球几十个国家市场有过服务大型企业本地化的经历，所以，确切地说：这本书不是讨论出海话题的观点之作，更像一种普惠全球化战略咨询的创举。书中，专家们为出海企业提供的实用工具，助力其有效拓展和深耕海外市场。《企业出海实战手册》是一本难得的汇聚理论、实践、经验教训的实战手册。

我认真地看了一下书稿的大部分内容，这里不妨做一些更细致的探讨。在本书的第一部分，作者结合多年服务于国内外大型企业的实战经验，提炼出包括"企业出海制胜五步法"、用来制订出海计划的"四阶段法"以及帮助出海企业自我定位的"五行法"等多种方法论模型。这些模型能够有效帮助企业决策者在思考、制定和优化出海战略过程中应用实操技巧。从模型的质量和逻辑特点来说，这些模型继承了欧美顶尖战略咨询公司的系统分析逻辑，同时，也比较贴近国内咨询的结果导向、实战导向方法，这个平衡追求在阅读中可以清楚感受到。

本书的第二部分更像是一个精心收集和筛选的专业信息指南。基于作者多年来对国家市场的研究，精选出全球多个热点国家市场。对于每个市场，作者从营商环境、经济现状和社会因素三个角度进行深入剖析，同时指出在这些国家市场中需要注意的机遇和需要规避的潜在风险。从投资人的角度来说，假设某个所投企业要出海特定目标市场，确实可以从这本书中先获得最核心的高价值信息。基于书中提炼的内容，我们实际上已经可以做出很多重要的判断。坦率地说，当下能够耐心来梳理、总结和分享这方面的内容的图书少之又少。

总之，专业加实战是本书给我的最深刻的印象。我也借此谈一下对出海这个话题的一些个人看法，连界资本长期致力于投资中国领先科技公司和高速成长的创新型企业，从我们的客户发展来看，出海已经不是一个新话题，而是大部分企业都在正视和探讨的命题。我有三点个人的洞察和思考：其一，如果你的企业立足于中国市场的本地化创新，在成熟发展阶段实际上可以考虑在全球科技创新高地有一定的研发投入，创新出海很有必要；其二，如果你的企业在某个行业获得了一定的比较优势，虽然全球化放大价值的判断容易做，但依然需要做好摸索出海专业经验的心理准备；其三，出海本质上是中国企业发展到一定阶段的内在需求，但是最好的一种方式还是结合国内、国外两个市场，利用海内外多种资源，做到把中国的比较优势和海外资源能力相结合，这或许对于绝大多数企业是最好的方式。

总之，可以确定的是，无论是计划继续拓展全球市场的成熟企业，还是准备在海外市场大展拳脚的初创企业，无论是全球巨头、行业龙头，还是中小企业，都可以把出海作为一种战略研究的重要关注点。不同阶段的企业，应该也能从本书中获得切实可行的出海指导。我倒是不认同"不出海就出局"的绝对化判断，但对于"不懂出海就一定在出海中出局""没有全球视野就一定被竞争淘汰"这两点，我个人深信不疑。

我这里想到一句宣传语，不妨分享给作者及写作、研究团队："翻开《企业出海实战手册》，一起探索商业的无限可能！"感谢各位专家对本书研究所做的大量工作和贡献。

王玥

知名产业科技投资人，连界投资董事长

近年来，出海话题热度持续上升。从我们团队十余年全球化企业服务的经验来看，眼下不仅到了中国企业全球再布局的一个时间窗口，某种程度上也开启了中国经济未来 30 年的主要潮流。大势所在，顺之兴旺，这是一个几乎不需要论证的话题。

回顾七八年前，和我们一起探讨出海的主要还是一些头部企业，如 vivo、OPPO、华为、TCL、美的、联想、字节跳动等。这些企业出海的出发点源于自身国内业务的成熟，已经形成了竞争力外溢的迫切需求，这些企业主要是消费电子企业、互联网企业，也包括部分能源矿业企业。

然而，这一现象在最近一两年发生了明显变化。很多电商品牌都在探索海外销售，很多制造业企业在全球大规模布局工厂，也有为数不少的供应链配套企业随着大客户转战欧美。概括起来，无论是国内的头部企业、上市企业、地方龙头，还是中小企业与初创企业，大家都在探讨出海策略，或已在出海道路上积极前行。

随着这股中国企业全面出海的潮流，我们发现大量企业其实也同时迎来了诸多前所未有的系统挑战。在这些挑战以及踩坑经历中，我们目睹的损失不下 100 亿元人民币，看起来出海也没有想象的那么容易，一着不慎，满盘皆输的可能性是存在的。

特别是在海外目标市场选择方面，很多企业都吃了大亏，损了投资又陷大坑。这背后一方面反映出来的是我们的企业缺少对海外市场的系统认知，也缺少相关可以传递的经验，另一方面可以看到很多出海企业草莽决策的背后没有科学方法论、系统性研究的支撑，还没有适应新环境的免疫力。

要知道，在当下这种不确定性极强的宏观环境中，定位的价值往往大于努力。拿选择出海目的地而言，专业咨询公司不仅需要基于大量深入的实地考察和研究，还需要长期追踪和监测目标市场的发展变化，为的是能够更早地预知风险、防范风险，只有这样，才能确保中国企业在海外的长期高速、可持续发展。

客观上有很多不利因素，国内真正具备全球市场深入洞察和调研能力的机构是很少的，很多外资咨询服务品牌深耕中国市场却对其他国家知之甚少。国外的咨询公司和外部研究机构又存在不同文化的合作门槛，愿意分享真知灼见的更是凤毛麟角，所以企业陷入没有外援、都靠自己的境地是可以理解的。

由于目睹了太多不必要的损失和失败，欣孚咨询的合伙人都有一种强烈的分享经验的意愿。作为为数不多的服务过顶尖全球化公司并伴随其成长的咨询公司，我们深感推动企业成功全球化的重大责任，这也是写作本书的初衷。

我们整理总结了这些年服务头部客户的研究洞察与实战方法论，力求以系统的模型和丰富的资讯帮助当下中国出海企业更深入地发掘不同市场的机遇，最大限度地规避潜在风险，避免踩坑、损失宝贵投资，降低学习全球本地化的成本，以尽早卓有成效地开展出海业务。

为此，我们在本书中系统汇聚了在服务过程中筛选出的几个与出海实战高度相关的咨询方法论，形成了第一部分"出海实战方法论"。这包括："企业出海制胜五步法"帮助企业厘清出海的基本逻辑，SWOT模型和CAGE模型则协助企业更加精准地选定出海目的地，另外，"金木水火土"五行法能帮助企业判断自身的长板及短板，而"雷达筛选器"模型可有效追踪出海市场的宏观环境变化等。

在此基础上，我们也提示企业更全面地理解全球市场的多样性，做了细致的跨语言研究工作，呈现了各国市场的独特之处。其中的努力包括：深入调研了全球50多个国家，筛选出近20个适合投资的国家，并对每个国家市场的宏观经济与社会特点进行了高度提炼。在对每个市场分析的最后，基于前线调研与企业实战经验，为出海相关市场的企业提供了具体建议。这些深入的全球市场洞察构成了本书的第二部分——"全球市场扫描"。这部分内容既可以帮助没有出海的企业快速建立对全球市场的认知，也可以帮助已经出海的企业寻找到新机遇。应该说里面涉及的区域，团队成员基本上都涉足过，有第一手的观察资料。

我们坚信，这些专业的资讯、客观的数据、中肯的建议和实战的策略，一定能为出海的企业带来真实的帮助和价值。我们愿以书为媒，与更多出海企业建立联系，更好地服务于中国企业的出海事业。

读者沟通邮箱：xinsong@sinnvollglobal.com。

宋欣　周掌柜
2024年8月30日于北京

目 录

CONTENTS

第一部分

出海实战方法论

全球市场扫描

出海实战方法论

第一部分

PART 1

当下正值中国企业出海的升级期，我们认为这个趋势的重要标志就是出海企业更加重视本地化建设，也就是真正融入目标市场的经济、社会等方方面面，并且更多企业正在形成出海发展的共识。在这样的大背景下，建立本地化认知模型和方法论就显得至关重要了。因为这不仅仅是简单地适应目标市场的表面需求，更是深入理解并融入当地的经济、社会和文化的过程。

从市场层面来看，每个目标市场都有其独特的商业环境和消费者偏好。建立本地化认知模型，意味着要深入研究当地市场的特点，了解当地消费者的需求和行为模式，并据此调整产品、服务和营销策略。这需要企业投入大量的时间和资源，通过市场调研、数据分析和实地考察等方式，全面了解目标市场的方方面面。

从管理组织层面来看，本地化包含组织架构设计、人才招聘与培养、供应链管理、合规风险管控等各个方面。企业需要在总部和本地团队之间建立高效的沟通协作机制，确保本地化战略能够得到有效执行。同时，企业还要重视本地化人才的培养和激励，充分发挥他们在理解本地市场、建立本地网络方面的独特优势。

此外，从市场生态的层面来看，中国企业需要积极融入目标市场的社会，树立负责任的企业公民形象。这不仅意味着要遵守当地的法律法规，履行社会责任，参与当地的社区建设，与当地政府和社会各界建立良好的合作关系；更意味着要通过积极融入当地生态，获得当地社会的认可和支持，以更好地应对潜在的合规风险和政治风险。

在本书的第一部分，笔者基于过去服务全球化企业的经验和研究，提炼出了几个与出海实战相关的认知模型和方法论。这些模型和方法论旨在为中国出海企业提供切实可行的指导，从而助其更加顺利地迈出出海的第一步，提升企业在国际市场中的竞争力和成功率。

为何要出海

在深入探讨企业出海的方法论之前，我们必须直面一个底层逻辑问题：企业为何要出海？为何以前不用出海，现在要迈出这一步？特别是在国际宏观环境充满了不确定性的当下，企业为何不缩衣节食，反而要大踏步进行战略升级以及海外拓展呢？

想必抱有这样疑问的读者以及企业不在少数，我们在此做两点分享。

其一，从市场的视角来看，由于中国市场日趋成熟，开拓和依托全球市场才是企业做大做强的根本保障。

当下，随着我国经济进入由高速增长转向中高速增长的"新常态"，国内市场空间在中短期内面临一定的收缩压力，国内市场必将产生更大的压力。此外，随着中国人口红利的逐渐消失，以及外部环境约束趋紧，导致我们过去所依赖的出口贸易拉动的高速增长模式难以为继。这两年来，我们已经明显感受到，中国经济正逐步进入平稳发展阶段，并预计在未来一段时间内将持续沿着这一轨迹前进。

面对这一不争的事实，企业要想继续高速增长，就需要转变依靠国内市场迅速扩张的逻辑，转而进行"外求"，也就是在全球市场进行拓展，寻找新的增长动力。只有开拓更广阔的全球化市场空间，才能为企业持续高速发展提供新的机遇。

其二，中国企业的出海以及本地化，有利于应对宏观环境的不确定性风险。

中国经济以及中国企业在过去40年已经取得的成就实属难得。客观来说，我们在过去40年的高速增长和总量积累在世界历史上堪称奇迹。在此过程中，中国不仅成为"世界工厂"，还逐步成为全球产业链和价值链的重要环节，发展成为全球数一数二的工业和制造强国。

但不容回避的现实挑战是，如今，随着国际大环境的改变，从贸易保护主义的抬头到区域冲突，再到经济衰退风险，给出海企业的运营和管理带来了更高的要求和挑战，也增加了其合规和应对的成本。这意味着，如果中国企业没有更加全球化的市场布局，恐怕将难以持续服务全球客户，以满足国际市场的需求。过去几年间，美欧相继出台的多项政策举措，都直接或间接抬高了中国制造出口到相关市场的成本，从而压缩了中国制造业直接出口到高端市场的空间。

可见，在各国都倡导"安全至上"的当下，中国企业只有积极调整自身的全球化战略，才能有效对冲复杂多变的宏观环境所带来的不确定性风险。

笔者认为，对比日本20世纪90年代开始再造一个日本，以及当前日本海外国内生产总值（GDP）已经约是日本国内2倍的现实，中国企业出海的大潮流才刚刚开始。当下的中国企业面对内外新格局，出海并在目标市场本地化已经是必选动作。

1.1 出海驱动力模型帮助企业梳理出海动机

尽管历史上有许多令人瞩目的企业出海成功案例，但现实情况是，超过半数的出海企业最终未能成功立足于国际市场。出海是一项复杂且充满风险的战略决策，需要企业投入大量的资源和精力。

因此，在制订详细的出海战略之前，企业必须进行全面而深入的调研，以支撑这一根本性的战略判断。换言之，企业决策者需要想明白，自己为什么要出海。只有知道出海的动机，才能顺藤摸瓜，寻找到合理的路径。否则，一旦发生了误判，就会导致资源与战略错位，轻则错失市场良机，重则出海失败，乃至企业无法持续经营。

笔者在帮助来自不同领域、不同规模的企业梳理出海战略的时候，也清晰地看到不同赛道、不同发展阶段的企业所面对的出海挑战是截然不同的。然而，无论是哪一个行业的企业，无论当下经营情况如何，都要在迈出出海这一步前想清楚：出海背后的动机究竟是什么。

基于长期的经验和研究，我们将企业出海的主要因素归结为四类：**降低成本、寻求增长、分散风险和获取资源**，并将这些因素根据企业投入和营业收入的多少，放入一个模型内。图 1-1 展示了"企业出海四大驱动力模型"。

图 1-1 企业出海四大驱动力模型

如何理解这个驱动力模型呢？我们在此不妨举几个例子。

对于劳动密集型行业的制造业而言，大部分企业出海的主要动力是降低成本。这里面有两个方面的成本，一方面是由于中国劳动力成本的持续上升而造成的，另一方面是由于海外市场增加的关税所导致的。这十年以来，特别是从事纺织业和消费电子产业等领域的企业，之所以将生产线迁移到劳动力成本较低的东南亚和南美洲国家，就是为了可以依靠当地相对廉价的劳动力，以及享受从当地出口到高端市场的低关税政策，从而维持其价格的竞争力。

但对于新能源行业而言，出海的驱动力并不是降低制造成本。这些企业在国内已通过规模效应建立起了非常强大的成本优势。它们向海外发展的最主要目的是分散风险。特别是近些年，随着不同国家市场对中国"新三样"⊖产品出口所进行的贸易保护主义措施，致使诸多相关企业不得不通过海外建厂的形式规避成本的急速提升。

综上，中国企业出海的动机因行业而异。劳动密集型行业倾向于通过降低成本来保持竞争力，而其他行业则更加注重市场拓展和风险管理。然而，这些动力并不是孤立的，许多企业出海的背后是多重因素的共同作用。尤其是在当前全球化向区域化转变的背景下，无论行业如何，都不可避免地受到贸易保护主义和制造业安全主义政策的影响，只不过程度和周期不同。因此，出海对于企业来说，不仅是为了分散风险，更是为了确保企业的长期发展和竞争力。

1.2 企业出海制胜五步法，看清出海怎么做

对于出海，无论在哪一步，需要把握的原则都是一样的，总结成一句话，那就是：谋定而后动。

⊖ 新三样指电动车、锂电池和光伏产品。

为何这么说呢?

出海作为企业的战略,是一个复杂性决策,是在动态演变的。无论是制订出海战略,还是实施具体的出海方案,是需要具备相关专业素养的团队来执行的,背后是大量信息的追踪梳理、沙盘推演以及合作伙伴的加持,否则后期的执行根本无从谈起。

以市场认知和定位为例。出海企业需要构建多维的信息系统,实时掌握目标市场的政治、经济、社会、技术各个层面的变化趋势。这其中不仅包括宏观政策、产业发展动向,也要细化到消费者和主要竞争对手的具体行为。在研判市场空间的同时,企业还需明确自身在该市场的定位,比如是通过价格优势,还是通过产品创新进行差异化竞争。

在一些高端市场,特别是涉及国家安全、关键基础设施等领域,企业还需要注意公共关系和政府关系的维护。这需要企业主动适应并学习当地法规政策,与相关利益群体和政府部门保持良好沟通。有时甚至需要企业承担一定的社会责任,回馈所在社区。

为了帮助读者更直观地理解出海,帮助企业家有效制订和优化出海战略,笔者基于长期的实战经验,总结出图 1-2 中的"企业出海制胜五步法",主要包含确定出海的动机与目的(WHY)、精选出海目的地(WHERE)、锁定产品市场(WHAT)、定制专业出海计划(HOW)和搭建高绩效团队(WHO)这五个核心步骤。

图 1-2　企业出海制胜五步法

怎么理解这五步法呢？

这第一步，也就是确定出海的动机与目的（WHY），如前文所言，面对国内行业竞争加速的情况，要想获得长期增长，出海外求已经是企业发展的不二法门。那么在明确了出海的目的之后，需要做的就是五步法中的第二步——精选出海目的地（WHERE）。很显然，对于很多下了决心出海的企业而言，所面临的最大挑战就在于选择出海方向，说白了，就是去哪儿发展——哪里适合自己，哪里不适合自己，其实是很难做选择的。

做过生意的人都知道，选到好的目的地等于成功了一半。目的地选得好，可以说会事半功倍，选不好，最后很可能会鸡飞蛋打。所以，在出海前，切忌"拍大腿"决策，要扎扎实实做好纸面的调研工作以及实地的考察工作，不断复盘和对比之后，再确定尝试的方向。

在本书的后续内容中，我们也会给读者展现更多的出海目的地精选方式。在本书的第二部分，我们会通过市场扫描的方式直观地展现不同市场的特点，以便帮助读者快速地建立起对全球市场的立体认知。

那么选好了出海目的地之后要怎么做呢？

那就要看我们的第三步——锁定产品市场（WHAT）。这其中主要有三个关键节点：客户具体在哪里、客户存在的痛点（需求）是什么以及客户的支付能力与方式有哪些。从笔者过往的经验来看，其实有很多市场都是"伪市场"。这是什么意思呢？就是在进行初步的目的地筛选的过程中，或许会看到这个市场有很强的人口增长趋势，或者正处在工业复苏阶段，或者年轻群体消费能力很强，但深入到具体的分布地点、集中需求和支付问题时，会发现有些问题是无法马上解决的。

比如，在非洲撒哈拉以南区域的市场，很多国家的人口增长速度很快，年轻人口也很多，然而由于战乱，导致他们常年奔波各地，无法形成稳定的消费群体；再比如，像拉丁美洲（后简称拉美）的一些新兴市场，虽然整体局面稳定，城市化人口也在增长，但由于汇率不稳定以及支付习惯的问题，我们的出海企业无法在合理时间内完成交割；再比如，在中东以及南亚市场，无论城乡，整体消费欲望都非常强烈，然而由于基础设施还不够完善，无法进行物流派送，因此无法形成商业上的闭环。由此可见，在出海过程中，有科学的方法论和系统性思维进行判断是非常重要的。

在选好目的地和锁定产品市场后，下一步需要做的就是定制专业出海计划（HOW）。这一步对于后续成功也是极为关键的，特别是对于时间的把握将决定整个计划的成功与否。对于很多出海企业而言，面对全新的市场、陌生的客户、不同的语言和文化，既需要快速适应，又需要不断进行调整。这对于企业内从上到下的每一个人都是一种挑战。因此如何融入新的环境、如何拓展客户、如何调整策略、如何打磨产品/服务，这都是需要在制订出海计划过程中所考虑到的。

在完成了以上四步之后，企业出海制胜的最后一步则是搭建高绩效团队（WHO），这一步是牵扯到企业业务在海外到底是昙花一现还是长远发展的核心。为什么这么说呢？笔者以及本书的专家组成员曾经服务过像博世、西门子、戴姆勒、微软等多家全球 500 强企业，我们共同的感受就是，无论企业当下业绩多么好，市场份额多么大，如果这个企业无法通过本地化搭建一个高绩效团队，而是始终保持原有的架构和文化，那么最终份额萎缩甚至出局，不过就是时间的问题。

这是很多人所不理解的：明明中国企业效率这么高，我们中国人组建的团队执行力又很强，怎么不本地化就会出局呢？背后的底层逻辑是：你永远不可能比本地人更懂当地社会。所以你的产品就算再有竞争优势，随着时间的推移，这种优势迟早会被更有本土优势的竞争对手追赶上，甚至超越。

其实，从本质上来看，出海跨国经营的本质决定了跨文化管理的重要性。企业的决策者和管理模式必须适应多样化的文化背景和价值观念。当然，这对我们出海的企业提出了更高的要求，一方面要求搭建一个合理的组织架构，另一方面需要在吸纳本土员工的同时因地制宜，构建新的体系激励员工。在这方面，笔者认为中国出海企业要高度关注出海本地化管理的科学性。一方面，因为中国企业在中国市场的快速发展中，本身的科学战略管理能力积累不足；另一方面，由于面对新情况很难找到了解自己和懂得所在市场的智力服务伙伴，因此在这样的情况下，自身形成一定的自我咨询能力，再配合一定的外部帮助显得格外重要。

PRACTICAL GUIDE TO GLOBAL
BUSINESS EXPANSION

第2章

CHAPTER 2

如何精选出海目的地

中国企业在过去40年的高速发展过程中，形成了"快速调研、决策、执行"的决策机制。这种机制极大提升了企业的运营效率，助力它们抢占市场先机。然而，在企业出海全球化的今天，这种决策机制面临挑战。

出海市场的环境远比中国市场复杂，对战略制订提出了更高要求，存在更多不确定性。简单依靠个人经验或小范围调研进行决策，很难全面考量各种复杂因素。这可能导致决策失误，无法适应多变的外部环境。与此同时，出海"试错"的成本也远高于国内，企业难以承受重复试错带来的风险。

因此，出海企业急需建立系统的决策支持体系。这不仅需要大量的信息输入，涵盖政治、经济、社会、技术等各个层面，也需要外部咨询公司、智库和律师事务所等机构的专业引导，同时还需要科学的分析方法，对信息进行处理和模型化。在此基础上，企业才能明确自己的定位，制订灵活的应对之策。

以欧盟市场为例，欧盟由 27 个成员国组成，尽管它们共同构成了一个统一的大市场并共同参与对外贸易，但欧盟内部存在着 24 种官方语言和高度多样化的生态体系及消费者群体。因此，对于那些希望进行全球布局的中国企业来说，如何有效跟踪、吸收这些复杂多变的信息，准确预测未来发展趋势，已成为其海外发展决策的关键。

换言之，我们的企业在制订出海策略的过程中，必须要摒弃"一招鲜"的想法，取而代之的是构建一个立体的、动态的决策支持体系。也只有这样，企业才能在复杂多变的环境中保持决策的先进性和科学性。这是企业实现全球化增长的关键所在。

笔者在过去帮助企业构建全球不同市场认知时，通常会综合运用宏观分析工具 PESTLE 模型、战略规划工具 SWOT 模型和距离认知工具 CAGE 模型，以便帮助企业在短时间内对目标市场建立立体化认知。

2.1　PESTLE 模型剖析出海市场营商环境

PESTLE 模型是我们常用的宏观分析工具，它主要考察政治（Political）、经济（Economic）、社会（Social）、技术（Technology）、法律（Legal）和环境（Environment）六大因素。显然，对"出海走出去"的企业来说，最需要关注的不是一个国家的全部信息，而是通过 PESTLE 模型建立信息筛选机制，抓取每个维度的关键方向，持续跟踪和深入挖掘，为企业的国际化决策提供支持。

我们不妨举例来看。当新能源汽车主机厂在海外拓展市场的时候，就可以如图 2-1 所示，充分运用 PESTLE 宏观分析工具来厘清进入潜在目标市场所需要关注的政策和信息范围。

P-Political 政治维度	E-Economic 经济维度	S-Social 社会维度	T-Technology 技术维度	L-Legal 法律维度	E-Environment 环境维度
1. 政府稳定：目标市场的政局稳定或政策频繁发生变化的风险较低	1. 市场规模大，增长率高：目标市场的 GDP，市场规模及其增长趋势明显且稳定	1. 人口年轻：人口年龄稳步增长，未步入老龄化社会	1. 技术基础设施完善：互联网普及率高，移动通信网络的覆盖广、质量好	1. 公司法要求比较宽松：注册企业及有治理结构要求宽松外资企业规定和治理结构要求宽松	1. 气候和天气影响小：气候情况对产品需求或供应链的影响不大
2. 税收低：企业税、增值税、关税等较低且稳定	2. 汇率波动较小：汇率的稳定性高	2. 劳动力稳定：劳动力性价比高且稳定的劳动力	2. 研发投资和创新能力强：目标市场在研发上的投入高，创新环境好	2. 劳资关系法比较简单：劳动合同法、争议解决机制较为简单，工会力量不强势	2. 自然资源丰富：这主要涉及资源分布及其开采利用情况
3. 贸易政策相对自由：进出口限制较少、关税壁垒低	3. 通货膨胀率低或者较为稳定：通货膨胀控制在合理范围内，对购买力的影响不大	3. 文化和价值观差异小：目标市场的文化、价值观和消费习惯与中国差异比较小	3. 技术接受度高：消费者对新技术和产品的接受度、技术使用水平高	3. 消费者保护法在合理范围内：这主要涉及消费者权益保障法规及执行情况	3. 环保意识和法规较为宽松：这主要涉及及目标市场的环保意识，环保政策及其执行力度
4. 地缘政治风险小：与中国的外交关系较为稳定，地区冲突的风险所带来的潜在影响较小	4. 消费者购买力强：人均收入高，消费能力强	4. 语言和宗教：语言障碍、宗教等对市场的影响较小	4. 知识产权保护较好：专利、商标等知识产权的保护严格较高	4. 环境法规在合理范围内：这主要涉及及环境保护法，可持续发展要求及其法律后果相对可控	4. 可持续发展水作为标准：这主要涉及市场对绿色产品和可持续发展的关注程度
	5. 基础设施完善：交通、物流和通信设施较完备	5. 对新品牌接受度高：这主要涉及目标客户的生活方式、消费趋势和品牌忠诚度	5. 自动化和 AI 水平高：自动化和目标市场对自动化的 AI 技术应用情况较好	5. 数据保护和隐私：数据保护法规并不要求严苛	5. 生态系统管理好：这主要涉及自然灾害的风险及环境治理能力
	6. 外商投资条件良好：外商直接投资（FDI）的政策以及优惠措施多		6. 电子商务和数字化程度高：这主要涉及发展电子商务的发展及其在线支付和物流服务	6. 进出口法规相对宽松：进出口许可要求，海关规定相对宽松	6. 能源管理成本低：这主要涉及能源资源的供应和成本，包括可再生能源的使用能力

图 2-1　用 PESTLE 宏观分析工具分析出海新能源汽车主机厂情况

那么在政策端，新能源汽车主机厂最关注的是什么呢？

最重要的当属国家市场的产业政策方向，这个国家有没有大力发展新能源汽车、有没有支持新能源汽车的补贴政策、对于本地化生产和进口车有什么区别性对待，进口车是否会被收取关税，关税是如何确定的，未来一段时间内这一比例是否会调整等。

在经济方面，新能源汽车主机厂更多地偏重于对需求的判断，这意味着需要评估目标市场的经济状况，包括经济增长率、消费者的购买力以及对新能源汽车的需求潜力。这些因素将直接影响市场进入的可行性和盈利能力。

在社会方面，新能源汽车主机厂需要研究当地消费者对环保和新能源汽车的认知和态度，以及与新能源汽车消费相关的生活方式和价值观的变化。这些因素将直接影响新能源汽车在目标市场的接受度和推广效果。

在技术方面，新能源汽车主机厂需要评估目标市场的技术发展水平及相关基础设施的完善程度，包括充电技术、自动驾驶技术和新能源汽车配套设施的发展情况。同时，还需要关注当地企业在新能源汽车领域的研发能力和创新潜力。

在法律方面，新能源汽车主机厂需要了解目标市场的法律法规，包括安全标准和环保要求。此外，还需要评估知识产权的法律环境，以确保技术和品牌的安全性。

最后，环境因素涉及目标市场的环境保护政策和可持续发展目标。主机厂需要考虑气候变化对市场需求和生产的潜在影响，以及与环境相关的法规和政策的变化。

很显然，通过 PESTLE 模型的全方位分析，可以帮助企业在短时间内根据自身的市场侧重点，梳理清楚当下以及未来关注的方向，从而帮助企业更好地进行市场选择。

2.2　SWOT 模型分析企业在目标市场的竞争力

在结合了上述模型分析之后，我们可以运用图 2-2 所示的 SWOT
模型对企业在某潜在目标市场的优势（Strength）、劣势（Weakness）、
机会（Opportunity）和挑战（Threat）进行综合性分析。优势指的是公
司内部的有利因素，比如核心竞争力、资源优势和成本优势等；劣势
指的是公司内部存在的不利因素，如资源上的不足、品牌势能的缺乏、
缺少规模效应而导致的成本增加等；机会指的是外部环境提供的有利
因素，如客户群增长潜力大、政策红利和赛道延伸可能性等；挑战指
的是来自外部环境的不利因素，如市场竞争加剧、本地化壁垒、汇率
波动与经济风险等。

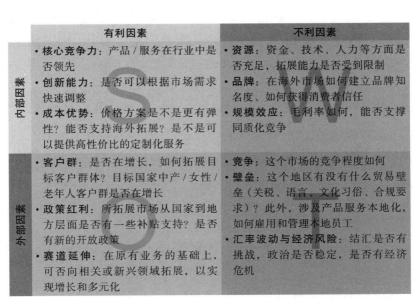

图 2-2　SWOT 模型解析

在这个框架下，我们可以通过"内部、外部"因素以及"有利、
不利"因素两个坐标轴，用四个象限梳理清楚企业在进入某市场前需

要考虑的因素。如图 2-3 所示，我们以一家年营业额为 5 000 万元的面膜美妆厂进军印度尼西亚（后简称印尼）市场作为案例，以展现其整体的层次与颗粒度。

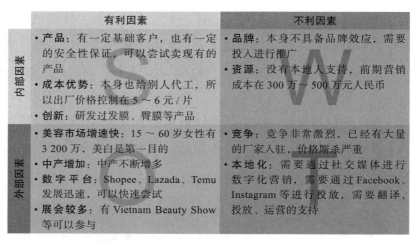

图 2-3   SWOT 模型解析美妆厂进军印尼市场

从图 2-3 明显可以看出，一家企业选择一个海外市场的战略应该是基于四个方面因素考量的结果。对于希望出海的中国企业而言，完全可以基于这个模型，对自己在不同市场的优势、劣势进行梳理，从而粗略筛选出多个潜在的出海目的地。

2.3   CAGE 模型对比不同出海市场与本土市场的差异性

在我们通过 PESTLE 模型和 SWOT 模型粗略筛选出多个目的地国家之后，如果还想要更进一步对比两个或者多个目标市场，则可以通过 CAGE 模型，进行更深入的对比。

如图 2-4 所示，CAGE 模型主要涵盖四个方面——文化距离（Cultural

distance)、管理距离（Administrative distance)、地理距离（Geographic distance）和经济距离（Economic distance)。

　　具体来说，文化距离是指语言、社会规范等文化特征的差异；管理距离指的是企业管理模式和常规的差异；地理距离指的是市场之间的物理距离；经济距离指的是市场之间收入水平、消费者购买力等经济因素的差异。

C	文化距离	• 语言（英语、汉语普及率）、价值观、信仰、对待中国（投资）的态度
A	管理距离	• 法律框架、地方补贴、行业补贴、对待中国投资的优惠政策、政府沟通
G	地理距离	• 总部与首都以及落地城市的距离，直飞、签证、物流等是否方便
E	经济距离	• 经济基本情况（GDP、GNI、人口比例、人口增长）、潜在市场（中产阶级、女性群体、年轻人、老年人）、失业率、教育水平、对中国产品和企业的好感度

图 2-4　CAGE 模型

　　通过 CAGE 模型可以帮助企业更直观地感受到两个不同市场的差异。比如说一个企业在初步筛选出印尼和匈牙利市场之后，不知道应该在出海前期侧重哪一个市场，就可以通过上述 CAGE 模型进行判断。从企业自身的视角出发，对比印尼市场和匈牙利市场与中国本土市场的距离，从而帮助企业决策者更好地建立起出海感知。

　　具体来说，站在中国企业的角度来看，匈牙利相比印尼其实距离中国市场比较遥远，特别是从文化、管理和地理层面，都增加了更多的出海难度。那么是不是就意味着印尼比匈牙利更适合作为中国企业出海的桥头堡呢？

其实不然，虽然 CAGE 模型有助于企业初步评估不同目标市场的文化距离，但决策时还需考虑"显性成本"和"隐性成本"。在计算出海成本的过程中，有的时候由于过于关注像劳动力、土地、电力、物流成本这些比较明显的变量，而忽略了培训、管理、沟通等隐性费用，从而导致总体成本计算的失误。

我们不妨先看一下企业最关心的劳动力成本。就劳动力成本而言，尽管匈牙利的劳动力成本大约是印尼的 3 倍（布达佩斯约 900 美元 / 月 vs 雅加达约 300 美元 / 月），不过匈牙利有超过 80% 的劳动力可进行一定程度的英语沟通与交流，相比之下，印尼仅有不到 20% 的劳动力群体可以达到这一标准。⊖这意味着在匈牙利，企业面临的培训和翻译成本相对较低，从而在某种程度上抵消了高显性劳动力成本的不利因素。

其次，考虑到市场准入的贸易壁垒。东盟市场虽然潜力巨大，但 10 国间贸易壁垒重重，如汽车产品在印尼销售后，若要进入泰国市场，还需支付 20% 的关税。

综上所述，中国企业在选择海外市场时，不仅需要利用 CAGE 模型评估文化等距离，还要全面考量目标市场的显性和隐性运营成本。通过综合这些因素，企业可以做出更加合理的国际化战略决策，切忌企业领导者在做一些简单考察且没有专业机构支持时，盲目地拍脑袋做出判断。因为很多市场的专业经验都是几亿元，甚至几十亿元人民币的学费积累出来的，而且它们都在表象以下难以洞察，在这方面企业家和管理者需要对专业和经验有足够的敬畏。

2.4   出海品市四宫格定位模型帮助企业优化市场选择策略

在筛选出前期主要的目的地市场之后，企业往往会有一个困惑，

⊖   根据实地运营企业经验的初步测算。

那便是如何进行产品与市场定位，是用与以往相同的产品或服务，还是需要进行微调，或者是采取创新类的新产品或服务进行试水。

　　在过往的服务经验中，我们发现一类案例比比皆是：在筛选出市场之后，很多中国企业（无论规模大小）为了抢占出海先机，抱着干了再说的心态，经常没有进行精准的市场或者目标客户群体分析，就直接大规模铺货，导致最终铩羽而归。其实，越到了市场选择策略的后期，越应当谨慎，"想当然"或者"拍脑袋"的决定往往会带来巨大的商业损失。

　　笔者基于长期的全球化服务经验梳理了出海品市四宫格定位模型，如图 2-5 所示，就是帮助企业在出海临门一脚的时候，可以找到一个最佳的切入点，而不是盲目发力。

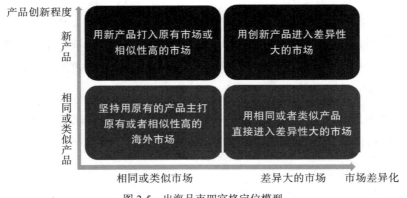

图 2-5　出海品市四宫格定位模型

　　总体来看，出海品市四宫格定位模型是一个用于在国际市场中分析和定位产品的策略工具。它通过两个维度进行划分：市场差异化和产品创新程度。横轴代表市场差异化，左侧表示相同或类似市场，右侧则表示差异大的市场；纵轴代表产品创新程度，下方为相同或类似产品，上方为新产品。

出海品市四宫格定位模型分为四个象限。左上象限代表用新产品打入原有市场或相似性高的市场，适合在已有市场基础上进行创新，以满足现有客户的需求。右上象限则是用创新产品进入差异性大的市场，适合寻求新机会的企业，强调产品的独特性和创新性。左下象限则是坚持用原有的产品主打原有或相似性高的海外市场，适合那些希望保持品牌一致性和降低风险的企业。最后，右下象限则是用相同或者类似产品直接进入差异大的市场，适合快速拓展市场份额，但需谨慎评估市场的接受度。

笔者在过往的服务经验中发现，即使在相同的国家市场，不同行业的企业在选择海外拓展路径时也存在显著差异。例如在东南亚市场，如马来西亚、印尼和泰国，消费电子类以及 3C 产品可以通过复制或微调的方式进行有效的市场拓展。这种产品通常具有较强的通用性和较短的更新换代周期。

然而，对于出行工具（如汽车和摩托车）或家装类产品，企业需要在一定程度上进行创新，以更好地满足当地消费者的需求。这是因为这些产品涉及更复杂的功能和文化适应，且不同地区的消费者在使用习惯和偏好，以及相关法规等方面都有所不同。因此，在这些领域的海外拓展战略必须更加具有地域针对性。

在本章中，笔者引用了四个实战模型，这些分析框架看起来谁都可以操作，但是用好这些框架并引导高层进行有效决策还是需要足够的经验来支撑，中间有一个熟能生巧的过程。

此外，从战略认知的角度看，不同规模和体量的企业所需要的认知深度是不一样的，一般中小型企业可能跟随成功经验或者大客户的判断即可，但是大型的龙头企业需要考虑的因素就要多很多。特别是大型产业集团的战略判断，需要有非常系统的认知模型，才能在研究讨论中获得更加平衡和准确的认知和判断。

如何制订出海计划和优化出海战略

对于已经选定好目标市场和客户群体的企业而言，应当如何制订出海计划？对于已经在海外运营的企业又该如何优化自身的出海战略呢？

在本章中，我们将一一展开。

3.1 用"四阶段法"制订出海计划

对于很多缺少出海经验或者已经出海、准备探索新市场的企业而言，建立一个系统的出海计划是格外有必要的。笔者将制订出海战略的过程整理为图 3-1 所示的"四阶段法"，其中包含初步调研与战略制订、验证和试点、初步启动以及优化与拓展四个主要阶段。

从我们过往的经验来看，由于出海过程中的变数很多，所以过于长远的出海战略往往都是行不通的，成功的战略通常都采用的是"小步快跑"的模式。因此，在整个时间节奏的把控上，我们主张以周或者月为单位，且最好将前期的探索时间把控在 12 个月之内。

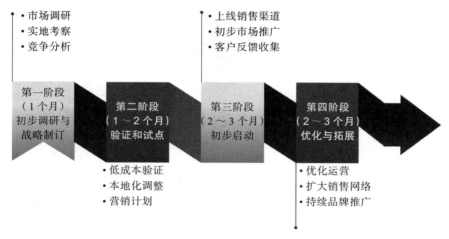

图 3-1　四阶段法

接下来，我们再具体来看每一个阶段需要做的事情，为了更好地展现这一过程，我们以 To C[⊖]的消费品制造商为例，深度展现在制订出海战略中所需要注重的方向。首先在初步调研与战略制订阶段，我们认为主要包含三个重要的部分：

- 市场调研：可以通过现有的报告、数据、与客户群以及行业专家的沟通来进行初步的市场调研统计。
- 实地考察：创始人和核心团队必须深入对备选区域进行实地调查，以了解市场潜力与需求。
- 竞争分析：分析当地市场的竞争状况，了解主要竞争对手的优势和劣势，找出自己可以差异化竞争的点。

⊖　To C 是面向消费者的商业模式。

在做好了初步的研究之后，需要快速进入到第二个阶段，也就是验证和试点时期，在这个阶段需要完成的是：

- 低成本验证：通过小批量生产和试验性的市场推广活动来验证市场需求，向社交媒体（后简称社媒）用户提供限量试用装。
- 本地化调整：根据反馈进行产品调整和优化。
- 营销计划：制订小范围的品牌推广计划，重点放在社交媒体和社区活动上。

在经过不同的试错，寻找到有正向反馈的产品之后，需要做的是初步启动规模化推广，主要有三个方面：

- 上线销售渠道：选择核心的线上渠道和几家关键的线下渠道进行产品上架和销售。
- 初步市场推广：利用社交媒体广告和小规模的线下推广活动，扩大产品的市场认知度。
- 客户反馈收集：通过线上和线下渠道收集客户的使用体验和反馈，进行及时的产品和服务改进。

当我们的产品或者服务获得一定的市场认可之后，企业需要在优化和拓展方面做得更多，具体来说有三个方向：

- 优化运营：基于前期反馈，优化渠道，提高效率。
- 扩大销售网络：在初步成功的基础上，逐步扩大产品线和销售网络。
- 持续品牌推广：借助 KOL、社媒营销方式提升品牌知名度和市场影响力。同时，构建客户关系，并对客户关系进行管理。

基于以上的"四阶段法"，相信很多没有出海经验的企业可以迅速找到出海前期探索的节奏。从这个过程中，我们也深刻地感受到：出海就是二次创业。从最开始寻找市场、找切入口，到后面的产品试错、搭建渠道、营销推广、优化运营，每一步都需要企业决策者和管理者亲身参与。这些年我们观察过很多出海的企业和团队，有一个很直观的感受：成功的企业和团队都保持着积极的创业者心态，那些铩羽而归者往往都是低估了海外市场的复杂程度，或者说高估了自身的适应能力。

3.2　"金木水火土"五行法帮助出海企业自我定位

对于出海的企业，我们始终倡导要把心态放平稳，一方面要抱着二次创业的谨慎和积极的态度，另一方面也要有着高度警惕性，要不断梳理所面临的挑战，正面直视自身的长板和短板。我们在过往的经验中发现，具备这些意识的企业家是有的，但是很多企业家或者管理者缺乏一套系统性的思维，因此有时候会过于放大自己的优势，总认为自己出海是"降维打击"，也有一些企业忽视社会舆论风险，认为自身只要"两耳不闻窗外事"就可以了，殊不知风险往往都来自认知之外，无论是前者还是后者，最终都无法逃脱被市场淘汰的命运。

笔者基于长期洞察和实战的经验，将企业出海过程中需要考虑的要素分为图3-2所示的五类，并将其与中国传统文化中的五行相结合，以帮助大家更好地理解其中的奥秘，这五大要素分别为：金——产品/服务、木——结构、水——流动性、火——风险把控和土——本地化。

接下来我们逐一进行剖析。

图 3-2　企业出海的"金木水火土"五行法

先看金元素，它是企业出海最核心的要素——产品/服务。这部分是企业核心竞争力的所在。在这方面，最主要的思考就是如何做到品市匹配，如何通过小切口放大产品价值。基于此，我们可以延伸三个方向的思考：

首先，深度聚焦客户痛点，追踪海外市场宏观变化。最直接的追问就是我自己的产品力如何？在目标市场内处于什么位置区间？客户聚焦哪一部分人群（中收入人群还是高收入人群）？他们在哪里？如何触达他们？

其次，自身基于市场反馈调整产品和服务的能力。关于这一点，需要具体考虑两点：一是如何获取市场反馈？是通过平台、渠道还是自己进行数据采集？二是在面对市场需求的时候，产品调整的能力范围是什么？

再次，敬畏市场，挖掘潜力。对于很多企业而言，需要思考的是：自己的产品对比其他同行，优势在哪里？这种优势是否有放大的可能性？到新兴市场，是否真的是降维打击？在本土市场的优势能否直接复制到海外？

接着我们来看木元素，它代表的是出海企业的结构。要知道任何一个组织想要长期运营下去，都要有一个非常稳固扎实的结构。具体来看，关于结构，我们要做到谨慎搭伙，用人不疑。具体来说可以引申出以下两个方面的思考。

首先，海外股权结构是否合理。根据我们长期的经验，一旦涉及在海外设立子公司或者合资公司，就一定要找律师梳理清楚，无论是子公司与母公司之间的关系，还是投资合伙人之间的关系、股份和投票权。特别是需要本地合伙人建立公司主体的时候，一定要格外谨慎。

其次，是关于本地化合作关系的构建。虽然说在海外做生意，有本地化的合作伙伴是非常必要的，但是从经验来看，寻找合作伙伴，一定要坚守"宁缺毋滥"的原则，要本着先看"人"，再看"资源"的原则，避免被坑。

笔者在调研过程中，发现有一些中国出海东南亚的企业，由于前期不熟悉本地化合作伙伴，错信了某些当地华商，最终导致合作破裂且被合作伙伴将客户资源撬走。这样的案例在中国企业出海的过程中数不胜数，要想实质性降低后期"被坑"的概率，就需要企业家在前期做好功课，而这其中很重要的一点就是要进行非常详尽的多方面的尽职调查，以更好地掌握市场真正的全貌，避免不必要的损失。

我们再来看水元素，水是流动的，所以它代表的是流动性。流动性是否充足也是决定企业出海成功与否的核心因素之一。出海过程中在这方面更是要有充足的准备，所谓贪大求多，捉襟见肘。具体来说，引申的思考主要有两个方面。

首先，合理计算成本，避免资金链断裂。在出海的过程中，无论是前期、推进期，还是完善期，都需要根据本地市场的情况估算整体的成本。通常来说，我们认为至少要按照估算成本的 1.2 ～ 1.5 倍去准备资金，才能防止后面因为突发事件或者忽略因素产生的误差而导致资金链断裂。

其次，出海企业也要格外关注不同市场的"隐性成本"。由于海外市场在工人效率、人工费用、电费、租赁费、节假日等方面都与国内有很大的差别，因而很多企业在出海过程中很容易掉入纸面上计算的数字陷阱中，最终发现无法按时开工或者完工，从而导致利益受损。

笔者在与出海东南亚的企业家交流的过程中，经常会有这样的案例，往往在开始的时候是为了保留住与某个客户的往来关系，于是在东南亚进行布局。然而，后期却发现工厂的隐性成本远高于预估成本，最终导致企业长期处于不盈利甚至亏损的状态。比如，虽然泰国、老挝和越南的人工费用比国内便宜，然而实际生产过程中，由于工作效

率的差异，以及物流履约的情况，最终综合比较下来，其实成本未必
比国内低。

第四个元素是火元素，火元素代表的是对外界风险的把控。对于
这方面，我们认为总体要把握住的原则是——跳出内卷，从容竞争。
关于这方面引申的思考，主要集中在两个方面。

首先，出海企业一定要密切关注行业相关的风险信息。不仅要密
切关注自己所在行业的法律法规，比如说关税、配额、最低雇用人数、
环保要求等，还要多与同行业进行交流，无论是华商还是本地企业。

其次，时刻保持对风险的警戒，通过融入市场的方式降低风险。
所谓融入市场，就是要避免卷入无底线的价格战，不能把内卷当成一
种优势。因为一旦开启价格战模式，就会触及很多人的利益，从而导
致自己腹背受敌。因此，要对整个市场生态抱有尊敬的态度，不断深
入了解行业定价机制，发挥自身优势，增大利润空间。

最后一个元素是土元素，即土、土壤，顾名思义，它代表的就是
出海的本地化因素。笔者认为企业在出海的过程中，一定要时刻有一
种本地化的紧迫感，不仅在产品和服务方面要本地化，团队、沟通以
及激励机制也都要本地化。在这方面，我们可以引申的思考主要集中
在两个方面。

首先，在出海过程中，要不断动态调整本地化策略。企业在进军
东南亚市场的过程中会发现，虽然很多产品容易获得一部分消费者的
青睐，但是要想真正把根扎下去，单纯复制在其他市场的成功模式是
行不通的，必须根据不同市场的特点，对产品、服务和运营模式进行
深度本地化调整。

其次，要巧用方法提高海外团队效率。在海外搭建团队是让很多
出海企业很头疼的事情。我们基于经验来看，主要有三种选择：选择
曾在目的地有过留学或外派经历的华裔、雇用当地华人和本地人。特

别是对于后两者，可以说是比较难以选择的。其实从效率上来看，华人由于沟通比较顺畅，对于期待理解得比较透彻，因此在执行上会更有效率。不过，如果单纯为了图"方便"，只选用华人作为本地员工，那么本质上还是没有真正迈出"本土化"的一步。在组建海外本地化团队的过程中，需要根据不同员工群体设立不同的激励目标，从而在效率和多元化之间做到平衡。

企业如果可以不断基于以上的"金木水火土"五行模型，进行反思和复盘，相信会对自己的长板和短板有一个更加客观的认知，从而更好地利用资源去放大优势和弥补明显的不足，以保证企业在海外市场的持续拓展和运营。

显然，无论是轻投资还是重投资，在海外的布局都不能是"拍脑袋"的结果，这需要企业结合自身发展阶段、资金实力和产品特点，审慎地选择出海目标市场、时间节奏和投资策略，并对每个目标市场开展深入调研，不断优化企业出海的动态过程。

第 4 章

CHAPTER 4

如何构建本地化舆论沟通策略

随着中国企业群体在全球市场的日益发展，对本地化的公共关系和政府关系的策略需求变得更加迫切和复杂。为了真正融入经济全球化的浪潮，这些企业必须采取更加精细化和高级化的策略，以确保其全球战略的顺利实施，并有效应对当前复杂多变的地缘政治环境。为此，第 4 章我们主要以全球合规要求最高的欧洲市场举例，根据全球化企业的经验，筛选了"雷达筛选器"和"舆论热点追踪与'话题'定位"两个模型方法论，以供读者参考。

4.1 用"雷达筛选器"模型分析欧洲公共事务

欧盟的立法其实是多层级并行的，领域不同，欧盟立法的约束力也有很大的差异。从欧盟层面来看，在 2019 年冯德莱恩上任之后，各部门的动作明显加快。加之受到了俄乌冲突的催化，整个欧洲社会对于更统一以及更坚决的欧盟决策的呼声在不断增加，促使不同领域、不同层级的政策不断推陈出新。

为了更好地把握这些政策，建议企业运用图 4-1 所示的"雷达筛选器"模型对欧洲不同的公共事务进行筛选和应对。它主要的逻辑如下：根据对企业的影响（业务方面、供应链方面、舆论方面）筛选出关注的焦点并进行分类。如果我们以科技平台公司为例，就可以分成与技术规范相关、与隐私 / 数据 / 未成年人保护相关、与贸易和竞争相关、与可持续相关以及与安全问题相关。之后，根据对企业的影响以及企业可以具体应对的动作，将这些政策分放在三个区间中，分别为准备、跟踪监测以及回击。

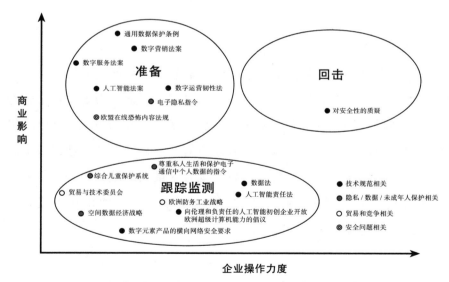

图 4-1　欧洲公共事务的"雷达筛选器"模型

我们根据互联网企业可能关注的部分政策进行了梳理和分类。对于已经出台的立法，也就是在"准备"群组中的法案和措施，企业应该做的是准备。对于在"跟踪监测"内的法案，企业应当做的是实时追踪和定期更新。对于在"回击"内的一些报告或者内容，企业应该予以回击。当然回击的方式有很多种，可以是公司的正面回复，而更多时候则需要构建一些机会，释放更多中立的声音。

4.2　以"先立后破"稀释原焦点，跳出舆论"死胡同"

随着中国企业出海进程的推进，除了业务方面的挑战，也会遇到诸多沟通上的挑战。特别是中国科技企业，难免要直面一些关于商业模式、技术安全的质疑，在欧美的主流媒体以及这几年的立法法案中对此都有所体现。

那么作为中国企业，面对舆论的质疑甚至挑衅，应该如何破解呢？是自证清白，还是予以颜色？

首先需要明确的是，在这种超出企业一般认知范畴和一般动作空间的挑战面前，自证清白是很难的。因为抛出问题的人的目的并不是针对性地想要得到一个确切的答案，而是通过不断地追问，将企业推入地形不熟的"死胡同"，迫使企业在自证的过程中露出破绽，他们便可抓住机会来证明企业的"可疑性"。

所以在这样的情况下，越纠结于问题本身，就会越早地进入"死胡同"。破解之道是"先立后破"，也就是超越反击和对立的维度，从更高的维度入手，通过更广泛的舆论追踪和舆论营造，创造出更有利于自身的发声和行动的空间。

笔者基于多年在欧洲市场的经验，研发了"欧洲舆论热点追踪与'话题'定位模型"，如图 4-2 所示，就是通过一个模型的方式帮助企业更清晰地监测并且展开后续的行动。在这个模型中横向坐标轴代表的是"安全（地缘）-经济（发展）"两大关注方向，而纵向坐标轴代表的是"本土-国际"两个方向。从中国企业的角度而言，最舒适的话题区域应该是在偏向于"国际经济"象限内的话题，而最不擅长的应该是偏向于"本土（地缘）安全"的话题。建议企业在追踪欧洲主要社会舆论焦点的时候，一方面要持续追踪适合自己发挥的舒适话题，另一方面也要定位并且加倍关注不舒适话题，并通过构建合理的方案，予以反击。

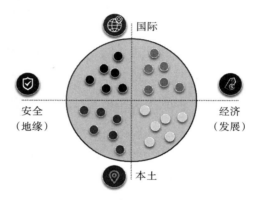

图 4-2   欧洲舆论热点追踪与"话题"定位模型

比如说，在针对"欧洲安全"的问题上，要跳出"如何证明中国企业不会对欧洲安全构成威胁"的思维框架，因为自身"无害性"的证明是无穷无尽的，而且这个标准也不存在。要想破除这个挑战，就要立起来一个或者一系列更深层次的话题，比如"到底什么是欧洲安全""欧洲安全的定义者是谁"以及"欧洲安全的标准是什么"，通过更深层次的发问，可以引入不同的言论与定义，从而把问题的关注点从中国企业身上转移到更广泛的国家—社会—机构—企业的层面。

面对欧洲市场上美国企业的集体发难，中国企业最好的回击方式并不是对应地构建"美国问题"，而是把问题本身的重心从针对企业自身转向针对"科技公平竞争""欧洲科技崛起"或者"欧洲安全、科技主权的定义"，只有立起这些深层次的话题，才能真正化解这个挑战。

换言之，通过把问题的边界扩宽，构建了一个新的"问题场域"，从而让更多的利益攸关者参与进来，企业可以在这个空间中与更多的利益攸关人产生共生性，从而稀释原来的核心决策者的话语权，提高企业自身的影响力，拓展企业的行动空间。

对此，笔者建议企业能够在出海本地化方面给予足够的重视，这已经不仅仅是重视程度的问题，也是需要系统性认知和学习的问题。在这方面，简单地找到本地化高管是远远不够的，因为外籍雇员不一定了解中国企业的文化特征，执行力也不一定能完全满足中国企业的要求，这就需要企业自身的国内雇员、外籍本地化雇员和咨询公司等智库伙伴紧密合作，形成因地制宜的策略支持。

本书的专家团队成员龚迎春博士认为：未来几年，中国企业集体出海成为跨国公司，对于这些公司来说，跨文化管理能力尤其重要，这涉及以下几方面。首先，英语作为国际交流第一语言，是公司管理层和年轻一代的基本功，也是融入海外生活的必备技能；其次，要尽快了解、接受并适应当地的文化、政治、法律和经济条件，不断提高认知，积极参与社群活动，扩大社交范围，理解当地人的思维和行为方式；再次，通过内部培训和相互借调，促进母公司与海外子公司之间的交流合作，提高海外分支机构员工对总部的文化及核心价值观的认同，乃至产生企业自豪感，真正实现文化融合。

综上，笔者认为，破除带有中国市场的本土文化和执行力惯性是广大企业"出海本地化"的第一课题，国内很多思维方式不适合海外市场，如果在这方面没有清晰的认知，企业就会吃大亏、踩大坑。广大企业家和管理者需要清醒地认识到：用专业管理方法管理驻外企业需要很多专业人士的贡献，企业需要认真听取战略、市场、法律等相关从业者的多方面意见，避免总部决策者拍脑袋决策，真正做到"一国一策"的出海本地化。另外，企业需要把节奏慢下来，关注合规问题和利益相关人沟通机制，让公司稳定发展。

全球市场扫描

第二部分

PART 2

　　对于所有准备拓展海外市场的企业而言，在明确出海的动因之后，下一步的关键在于确定市场方向。纵观商业发展史，我们可以看到，要想成功实现全球业务的布局和拓展，选择合适的市场至关重要。事实上，理想的市场选择是出海战略成功的核心要素之一。正确的市场选择能够带来事半功倍的效果，而错误的选择则可能适得其反，最终徒劳无功。

　　那么面对全球 190 多个国家和地区，到底应该如何进行选择呢？在本书的第一部分中，我们给大家提供了几个粗筛和对比工具，在第二部分中，笔者基于长期对全球主要市场的深入研究和持续跟踪，着重梳理了全球四大市场板块的 17 个热点市场。在对每一个市场的具体分析中，都会展现该市场的整体营商环境，从宏观发展到经济现状，再到社会民生，希望能给读者呈现一个海外市场的全景图。此外，我们在每一章中还增加了对市场独特之处的解读，旨在揭示出海过程中需要关注的特殊因素，同时挖掘其背后的潜在商业机会。我们相信，这些翔实且有深度的市场扫描可以帮助企业更清晰地认识目标市场的本质特征，从而更好地展开海外布局。

第 5 章

CHAPTER 5

东南亚：中国企业出海的浅水区

东南亚市场一直是中国企业出海的重要区域，无论是从历史渊源来看，还是从经济发展阶段，再或者是社会内部的结构（特别是东南亚年轻人朝气蓬勃的精神状态）来看，东南亚市场成为当前多数中国企业出海的第一步是必然，这里为企业提供了相对容易的进入机会和更大的发展空间，也就是我们所说的出海"浅水区"。

在讨论东南亚市场之前，有必要简单区分一下东南亚和东盟这两个容易混淆的概念。东南亚是一个广泛的地理区域或市场称谓，而东南亚国家联盟（ASEAN，简称东盟）则是一个地区性国际组织。具体来说，东盟成立于1967年，主要目的是促进区域经济一体化，其10个成员国是：文莱、柬埔寨、印度尼西亚、老挝、马来西亚、菲律宾、新加坡、泰国、缅甸和越南。换言之，除了东帝汶，所有东南亚国家都已经加入了东盟。

虽然东盟的经济一体化进程尚未达到欧盟的水平，商品、服务、资本和人员的自由流动仍然受到一定限制，区域内部的市场无论是产业政策、经济发展、消费者偏好、营销渠道、劳动力成本方面，还是对华商态度方面，也都存在显著差异，但在经过 50 多年的发展之后，如今东盟内部的贸易日益便利，各国之间形成了有效的产业协同，逐步提升了整个区域对全球投资的吸引力。例如，2024 年 8 月，新加坡和马来西亚宣布将在马来西亚南部的柔佛州建立一个跨境经济特区。该特区旨在结合新加坡的国际大都市优势与马来西亚的制造业实力，努力打造东南亚版的"深圳"。此外，东盟与中国、日本、印度等国签署的自由贸易协定，进一步促进了其与亚太地区的经济联系。这一系列合作不仅有望推动区域经济的发展，还将进一步增强东盟在全球经济中的地位和影响力，为成员国带来更多机遇与挑战。

说完了区域经济，我们再看东南亚市场的特性。东南亚市场，特别是越南和印尼市场，最让人印象深刻的就是其社会的年轻程度。但凡去过越南河内市或者胡志明市、印尼雅加达市的读者都会有很直观的感受，那就是东南亚年轻人真的多，特别是到了下午五点多下班的时候，马路上的摩托车就像泄了闸的洪水一样，从四面八方涌来。走在马路上，感觉摩托车都是蹭着你飞速驶过的。

印尼有超过 48% 的人口在 30 岁以下，而越南 15 ～ 24 岁的人口占到了 21%。[⊖]年轻人的活力在这两个国家的街头随处可见，他们对生活品质的追求和消费的热情越发明显。在河内市，年轻人常常聚集在树下，悠闲地喝茶、喝啤酒、嗑瓜子，手中拿着最新款的知名品牌手机和其他电子设备。在雅加达市，众多中国餐饮连锁店门前常常能看到大批的年轻人在排队，他们只为尝试最新的奶茶口味和火锅风味。熟悉的场景、熟悉的发展趋势，让很多前来调研的中国企业家感到格外振奋，因为他们看到的是背后的商机犹如雨后春笋般不断涌现。

⊖ 资料来源：联合国官网 2024 年数据。

纵观全球，东南亚无疑是中国企业最有利的出海市场。只有深入了解这一复杂多元的区域，采取因地制宜、深度本地化的策略，中国企业才能真正赢得东南亚这片重要的市场。在本书的东南亚市场部分中，笔者一方面会结合国家市场的特点，给读者展现不同市场的机遇，另一方面会结合之前所经历的出海企业的案例，特别是那些曾经遭遇的挑战与教训，帮助读者在探索东南亚市场机会的同时，规避潜在风险，减少不必要的损失。

5.1　泰国：华人大显身手的传统友邦

称泰国为中国的传统友邦毫不为过，两国之间友好交往的历史可以追溯到数千年前。此外，华人在泰国各个领域都发挥着举足轻重的作用。

泰国的经济一直跌宕起伏。在 2024 年 3 月的一次国际媒体采访中，泰国前总理赛塔·他威信就曾坦诚地指出："泰国正面临经济危机。"正如他所描述，根据世界银行的统计数据，在过去十年间，这个东南亚第二大经济体的 GDP 增速持续疲软，多次低于 2%，明显落后于快速发展的邻国——越南、印尼和菲律宾。2020 年年初全球疫情的爆发对泰国的经济支柱——旅游业带来了前所未有的打击，根据航运中心提供的数据，2024 年 6 月单月进入泰国的国际游客的数量仅恢复到 2019 年同月的 63.1% 左右。

尽管经济复苏步伐稍显缓慢，中国对泰国的投资热情却未减少。2023 年，中国对泰国的投资申请达到了 1 590 亿泰铢（约 46.9 亿美元⊖）的历史新高，占同期申请总额的 24%。在 430 个中国的投资提案中，绝大多数集中在电子和汽车行业，特别是新能源汽车领域。长城

⊖　按照 2024 年 9 月 5 日的汇率计算。

汽车已成为首家在泰国进行本土生产的中国电动汽车制造商，而比亚迪的泰国工厂也计划于 2025 年开始投产。

若说 20 年前，泰国得益于日本汽车企业，特别是丰田、本田、五十铃等汽车制造商的投资，逐步成为东南亚最大、全球第十大汽车生产基地，那么如今，凭借着中国企业的大举投资，泰国有望在未来两年内成为东南亚电动汽车生产的中心。正如泰国投资促进委员会（Board of Investment，BOI）秘书长纳立先生所言，这对泰国而言是一个"黄金机遇"。这似乎也解释了为何泰国会在 2024 年 3 月宣布对华的免签政策。

那么面对未来，泰国的宏观环境前景如何？泰国的市场潜力如何？为了深入了解泰国市场，下面将从营商、经济和社会三个维度进行全面分析，旨在为读者提供对泰国市场的洞察，以便读者更全面地把握泰国市场的机遇与挑战，为未来的投资和布局做出更准确的决策。

5.1.1 营商洞察：泰国政治动荡，但与欧美关系相对稳定

泰国是一个君主立宪制国家。这意味着国家的最高权力由国王掌握，但国王的权力受到宪法的限制。泰国的政治体系包括议会和政府，国王更多扮演的是重要的象征性角色，泰国政府的最高领导人为总理。

泰国在近几年虽然经历了几次总理换届，但其主要的发展方向并没有出现较大范围的波动。整体来看，推动泰国经济发展，特别是旅游业复苏和工业的本地化发展，应该是泰国长期追求的目标。近几年，泰国政府于内于外做了多方面的努力：于内，减免了燃油税，缓解了农民债务，推出了数字钱包并向成年人每人发放了 1 万泰铢（约 295 美元[⊖]）。于外，对中国、印度和俄罗斯的游客实行了免签政策，以促

⊖ 按照 2024 年 9 月 5 日的汇率计算。

进游客来泰旅游消费；在全世界积极开展招商活动，加大对泰中罗勇工业园的宣传，希望吸引更多的投资者前来。正如泰国前总理赛塔在公开采访中所言："希望看到泰国在国际舞台上重新焕发光彩。"

着实，在全球经济处于不确定性的当下，泰国需要的是做一个行动者而非空谈者。虽然总理和内阁几经更迭，但对经济、社会以及各方面的影响有限，展现了其宏观环境的稳定性。

5.1.2　经济洞察：泰国对于中国制造业投资具有一定的成本优势

根据世界银行的数据，如图 5-1 所示，2023 年泰国 GDP 达到了5 149 亿美元，是仅次于印尼的东南亚第二大经济体，如图 5-2 所示，2023 年其人均 GDP 为 21 113 美元，在东南亚地区排第四位。较大的经济体量和较强的人均购买力决定了泰国是中国企业出海时的重点市场。

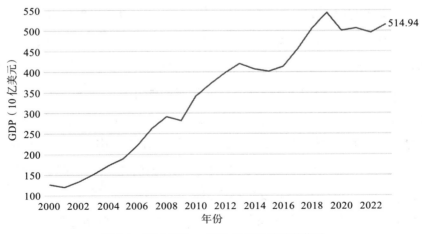

图 5-1　泰国 2000 ～ 2023 年 GDP 变化趋势图

资料来源：世界银行。

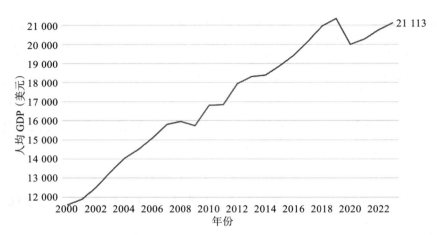

图 5-2　泰国 2000 ～ 2023 年人均 GDP 变化趋势图

资料来源：世界银行。

泰国当前面临的一个主要挑战是，如何刺激其经济在长期停滞后的增长并实现显著突破。为了解决这一问题，泰国政府已经明确了发展策略：通过加大招商引资力度，提高在国际贸易中的竞争力。这一策略使得中国企业的投资在泰国的重要性显著提升。

• 东南亚招商引资大战愈演愈烈，泰国灵活务实积极探索

然而，这一策略的实现并非易事。与十几年前相比，泰国目前面临着区域内几乎是残酷竞争的危机。不妨拿越南和泰国做对比：根据世界银行数据，2012 年泰国的 GDP 是越南的 2.36 倍，然而到了 2022年，这一差距已缩小到 1.3 倍。与此同时，印尼在过去的十年里，凭借稳定的环境和积极开放的政策，巩固了其作为东南亚第一大经济体的地位，并在多项经济指标上拉开了与泰国的差距。如图 5-3 所示，泰国 2000 ～ 2022 年外商直接投资整体呈下降趋势。

此外，近年来印度在吸引外资方面的优惠补贴政策也吸引了众多消费电子和汽车供应链制造商的关注。显然，泰国若想在这场招商引资的竞争中脱颖而出，仅靠减税补贴是不够的。

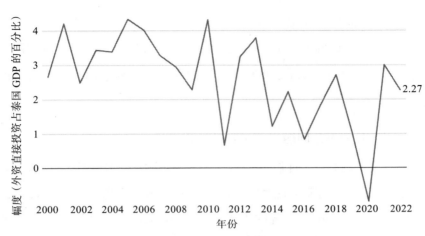

图 5-3　泰国 2000～2022 年外商直接投资变化趋势图

资料来源：世界银行。

　　为了吸引外资，泰国正着力打造一个更具有吸引力的商业环境。这包括改进基础设施、优化法规环境以及提供更有利的税收政策等。这些措施不仅为中国企业带来了更多的商机，也为双方创造了共赢的合作局面。

　　面对区域内来自印尼、越南以及马来西亚的竞争，泰国给出的对策是灵活应对，换言之就是放低身段，广结良缘。近几年，泰国政商界人士都在不断出访各国，包括中国、日本、美国和瑞士。很明显，泰国希望在当下的地缘环境中最大化自身的优势，发挥更大的价值。很明显，全球性互动叠加招商引资的策略发挥了非常积极的作用：2023 年 11 月，亚马逊、谷歌以及微软宣布将在泰国进行大规模投资，总投资额达到 83 亿美元；根据泰国投资促进委员会公布的数据，2023 年泰国吸引了超过 1 890 亿美元的外国直接投资，相较 2022 年增长了 43%。

　　根据泰国投资促进委员会发布的数据，中国、新加坡、美国是 2023 年泰国前三大外国投资者。中国作为项目最多、体量最大的投资者，在新能源、汽车产业以及电子行业的投资最为引人关注。位于中泰边境的罗勇工业园更是吸引了大量中国企业前往落地，截至2023年年底，已有超过250家企业在此落户，雇用了超过5万名泰国员工。

- **国内分配不公问题显著影响社会积极性**

对于泰国而言，面临的经济挑战远不止招商引资这么简单。泰国目前的社会经济状况显示出一种深刻的不平等现象。尽管在过去的20年里，泰国在减少显著的不平等方面取得了一定进展，但是，如图5-4所示，泰国社会不平等现象依然严重。根据世界银行的最新数据，2022年泰国的基尼系数为34.9%，此水平在东亚和太平洋地区中仍然是相对较高的。从收入和财富的集中度来看，经济不平等问题显得尤为突出。在泰国，如图5-5所示，最富有的10%的人口占有27.1%的收入，持有超过一半的财富，这一现实加剧了社会内部的经济鸿沟。

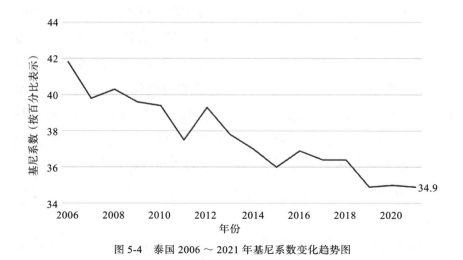

图5-4　泰国2006～2021年基尼系数变化趋势图

资料来源：世界银行。

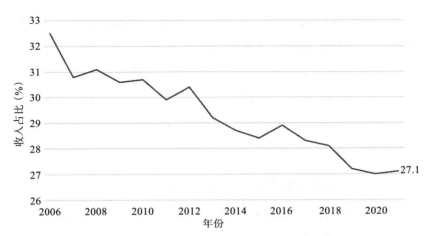

图 5-5　泰国 2006 ～ 2021 年收入最高的 10% 的人口的收入占比变化趋势图

资料来源：世界银行。

这就不难解释为何在曼谷我们既能看到高端购物中心和豪华住宅区，也能看到简陋的住所。在泰国东北部的伊桑地区，许多家庭依靠从事农业生产维持生计，但由于土地贫瘠，同时缺乏灌溉系统，居民收入不高且不稳定。根据世界银行的数据，2020 年曼谷人均 GDP 是泰国人均 GDP 最低的东北地区的 6.5 倍还多。

除了收入端，在教育方面的不平等差异也是比较明显的。虽然泰国政府提供基础教育，但优质的教育资源主要集中在大城市，尤其是曼谷。这导致了城乡之间、不同社会阶层之间在教育机会上的巨大差距。农村地区的孩子往往因为家庭经济条件而无法接受高等教育，而城市中的富裕家庭则可以将子女送到国内外的名校深造。很显然，泰国经济要想更加有爆发力，有必要帮助中产阶级成长，更有必要从扶贫开始，中国在扶贫这方面的经验也值得泰国更多地参考和借鉴。

除此之外，泰国还面临一定老龄化的压力，从目前的人口统计数据来看，泰国是东南亚核心国家中人口老龄化较为严重的国家之一。根据联合国人口司的数据，泰国出生率连年下降，从 1970 年的

6.29 子 / 妇女下降到 2023 年的 1.08 子 / 妇女。泰国政府预计人口将在
2028 年达到高峰之后逐年下降。如图 5-6 所示，在 2030 年之后，特
别是到了 2050 年前后，65 岁及以上的人口会出现显著增加，会对整
个社会福利、医疗和劳动力市场构成一定的压力。从中国企业出海的
视角，如果人口踏入老龄化，一方面消费市场会呈现低迷的状态，另
一方面用人、用工也会出现比较大的挑战。

• 外国投资者与外国企业在泰国的商业限制

泰国虽然在不断增加对外开放的力度，但是对于外国投资者和外
国企业而言，仍然存在一定的限制。拿地产领域来说，土地和建筑的
所有权是分开的。外国投资者或者外国企业无法拥有泰国的土地，但
是可以拥有建筑物和公寓单元的所有权。如果是公寓单元，整个项目
中至少 51% 的单位必须归泰国人所有，剩余的 49% 才可以由外国投
资者获得。对于外国投资者来说，如果想要购置土地进行建厂，需要
成立一家与泰国本地人的合资公司间接持有，且泰国公民必须持有该
公司至少 51% 的股权，而外国投资者可以持有最多 49% 的股权。

在商业和投资领域，外国投资者开设公司时也会遇到类似的限制。
根据泰国《外商经营企业法》，某些行业对外国投资者的参与进行了限
制。除非获得内阁或相关部门的特别许可，否则外国投资者不能拥有
超过 49% 的泰国公司股份。不过，为了平衡这些投资限制，泰国设立
的泰国投资促进委员会也通过提供税收优惠、土地使用权等激励措施，
鼓励外国投资者投资泰国的特定行业和区域，特别是科技、能源、农
业和旅游领域。这些措施在一定程度上为外国投资者提供了一定的灵
活性。

以上这些经济上的特点都显示出泰国市场的开放与限制，中国企
业在泰国布局之前，仍需要谨慎调研和判断。

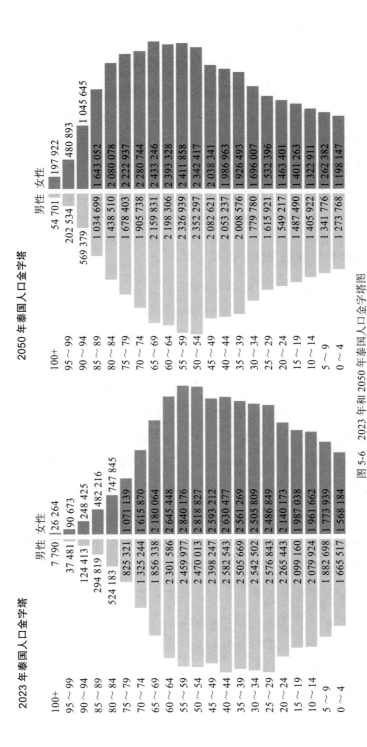

2050 年泰国人口金字塔

2023 年泰国人口金字塔

图 5-6　2023 年和 2050 年泰国人口金字塔图

资料来源：联合国人口司。

5.1.3 社会洞察：泰国国民性相对温和

泰国是一个以佛教徒为主的国家，俗称"微笑之国"，以其丰富的文化传统、壮美的自然景观和民众的热情好客而闻名遐迩。

在这样的文化背景下，泰国人对佛像和宗教陈设抱有极大的敬意，因此，在拜访客户或参观具有宗教意义的场所时，需要避免触碰宗教物品。同样，未经许可，不宜擅自拍照，这种行为很容易被视为不尊重。如果客户或主人表示同意，拍照可适当进行，但应保持适当的态度和尊重。

• 泰国社会与商业交往中注重礼仪

在泰国，礼仪是社交互动的重要组成部分。泰国人见面时通常会双手合十致意并轻轻鞠躬，这是一种表达尊敬和友好的方式。作为外国访客，用相同的方式回应是表示尊重的表现。在与泰国人交流时，虽然握手已被接受，但应避免触碰、亲吻或拥抱，因为这些行为可能被认为过于亲密。特别是头部，被泰国人视为是最神圣的，不应触摸他人的头部或头发。同样，脚被泰国人认为是身体最不洁净的部分，因此，使用脚来推门或移动物品会被视为不礼貌的行为。

在商业交往中，泰国人注重建立长期的人际关系和保持身心愉悦。例如，建立合作伙伴关系可能需要较长的时间，这不仅因为泰国有着复杂的组织等级制度，使得谈判过程涉及多个层级，还因为泰国人偏好面对面的接触而非电话或邮件沟通，他们认为这样更加礼貌和有效。这种偏好体现了泰国商业文化中对人际关系和直接交流的重视。

中国企业要想在泰国推广产品，可能需要通过多次面对面的会议，逐层与潜在合作伙伴的不同管理层级建立联系，这一过程大概率比在中国更加漫长。此外，泰国企业倾向于寻求长期合作伙伴关系而非一次性交易，这意味着在初期的接触和决策阶段，中泰合作双方可能需要投入更多的时间来建立信任和了解彼此的业务理念。

• 商业人际关系中的动态平衡

泰国人和中国人一样，格外重视人际关系，这一点体现在餐桌文化上。在泰国商界，建立信任和了解对方的人格往往比直接讨论业务更为重要。因此，在开始正式的商务谈判之前，泰国商人通常会先进行一段时间的"闲谈"。这些闲谈可能围绕与会者的家庭情况（比如孩子的数量、配偶和父母的职业、居住地点）、教育背景（所就读的学校、是否有海外留学经历）以及个人爱好（比如喜欢的运动、是否养宠物等）展开。这样的交流有助于双方建立个人层面的联系，为后续的商务合作打下基础。因此，第一次会面通常会被大量的闲谈所占据，而直到第二次会面时，双方才可能开始正式讨论商业合作。

这种商业文化与中国北方的商业文化颇为相似，餐桌成为建立商业关系的重要场所。泰国的商人也倾向于通过长时间的请客和回请来建立和维护商业关系，且通常不采取 AA 制，一般都是来回做东。

说到这里，不得不分享一下本书专家组成员顾思·凯德先生的一次经历，他通过欧洲工商管理学院（INSEAD）的校友认识了一位泰国商业泰斗，并为了表达对这位老先生的尊重，他邀请老先生到曼谷最高级的酒店用餐，希望与老先生建立长期的业务关系。然而，这位老先生在席间并未表现出特别的欣赏。后来，凯德先生坦诚地询问原因，泰国老先生解释道："你已经请我来到了泰国最高档的餐厅，未来如果我们继续往来，我需要回请你，但我无法找到一个同样级别的餐厅。你这样做，让我失去了长者的面子。"

这个故事深刻地揭示了在泰国商业社会中维护人际关系的微妙平衡比物质更为重要。泰国人在商业交往中频繁赠送小礼物，而非昂贵的礼物，正是因为他们深知过于昂贵的礼物可能会让对方感到难以回礼，从而破坏双方关系的平衡。这种对礼物价值和回礼能力的敏感度体现了泰国商业文化中对人际关系和社会和谐的高度重视。

因此，当涉及与泰国商人的交往时，选择适当的餐厅和礼物，考虑双方的预期和回礼的可能性，是建立和维护良好商业关系的关键。通过这种方式，可以确保与泰国合作伙伴之间有长期稳定且和谐的关系。

• 对于西方教育与开放文化的崇尚

泰国人，尤其是中产以及精英阶层，是非常重视子女的国际教育和海外经历的，他们往往会视其为社会地位和职业成功的标志。从孩子小时候开始，泰国家长便鼓励孩子学习英语，并努力送他们前往西方发达国家留学，以获得国际视野与全球化的教育。对于拥有西方高等教育背景或在全球化企业、国际组织有工作经历的年轻人，往往回到泰国社会后会受到极大的尊重和赞赏。比如，泰国知名企业家苏旭明，他在新加坡接受教育后回国，成功地将泰国的饮料品牌"泰国啤酒"推向国际市场。他的成功不仅源于他的商业头脑，还得益于他在海外的学习经历，这使他具备了全球视野和国际市场的敏锐度。

然而，尽管国际教育和经历受到重视，但过分炫耀自己的海外背景可能会产生反效果，让人觉得缺乏谦逊，甚至有故意夸耀的嫌疑。在泰国，跟在中国一样，即便一定要展现自己的成就和背景，但仍然需要采取低调和谦逊的态度，才能赢得他人的尊重和认可。

5.1.4 泰国出海建议

泰国市场总体来讲还是比较开放的，所以很多中国企业把泰国作为东南亚总部，是有很多深刻逻辑支撑的，而且泰国在营销和品牌方面有很多专业人才，目前整体制造业劳动力的性价比也比较高。综合来看，出海泰国应该不是一件门槛太高的事情。以下两点我们重点分析一下。

● 曼谷地理和全球化优势：适合作为东南亚区域总部

如果我们将东南亚市场看成一个整体，那么在这个区域内部出海企业完全可以根据不同国家的特点设立不同的能力中心。而泰国，凭借它诸多全球化特性、包容的文化和优越的地理优势，完全可以作为中国企业进入东南亚市场的区域中心选择之一。全球科技企业如亚马逊、苹果公司、华为、三星电子、东芝、日立等均在曼谷设立了其东南亚区域总部。同时，国际货币基金组织（IMF）和世界银行等重要的国际金融机构也选择曼谷作为其在该地区的办事处所在地。

这些企业总部和国际组织的设立，为曼谷带来了大量国际人才，也促进了该城市多元文化的融合与交流，使曼谷成为一个充满活力和机遇的国际都市。对于中国出海企业来说，将曼谷作为东南亚市场的区域总部，可以高效地雇用全球化人才，有效地管理和协调在东盟地区的业务，同时利用泰国的港口和物流网络，更便捷地进入东南亚乃至南亚和大洋洲市场。

● 泰国的文化及广告产业发达，适合数字营销、社交媒体相关产业重点关注

泰国拥有丰富多彩的文化传统和历史，其中包括其独特的宗教信仰、节日庆典、美食、音乐和舞蹈等。这些文化元素为泰国的文化产业提供了丰富的素材和灵感，使其在电影、音乐、艺术和文学等领域具有独特的魅力和竞争力。泰剧《爱的阶梯》（*Love Destiny*）等作品，不仅在本国受到欢迎，也在亚洲其他国家，尤其是中国，赢得了众多粉丝的心，成为继韩剧之后又一股亚洲新兴文化力量。

此外，泰国艺术家和音乐家也利用全球社交媒体平台，分享他们的作品和创意，从而触及全球观众。泰国独立音乐人如 Phum Viphurit 通过音乐视频获得了国际关注，成为泰国音乐新的代表。

泰国的广告业以其创意和专业化著称，广告制作水平在国际上享有盛誉。泰国广告公司擅长捕捉消费者的情感需求，创作出既有深度又能引起共鸣的广告作品，有效地推广了产品和品牌。此外，泰国还定期举办广告节和创意大赛，吸引了世界各地的广告专业人士参与，进一步提升了行业的国际影响力。

为我们中国人所熟悉的泰国人寿保险的《无名英雄》广告，讲述了一个普通人通过日常的小善举改变他人生活的故事。这个广告深受观众喜爱，成为广告业的一个经典案例。

在数字时代的背景下，泰国的广告业和文化产业迅速适应了新的市场需求。数字营销、在线内容创作和社交媒体推广等新兴领域的发展，为泰国的文化和广告产业带来了新的机遇。例如，腾讯等中国互联网企业在泰国的投资，如投资泰国的在线视频平台，以及与泰国当地内容创作者合作推广中国游戏和应用，充分说明了泰国市场的潜力和吸引力。

总体而言，泰国的华人虽然占比只有 25% 左右，但在商业社会有着很稳定的根基，这也是华人在泰国投资有一定安全边际的重要原因。对于有意在泰国建厂或者开发泰国市场的中国企业家而言，需要更深入地做一些本地，特别是不同区域的调研，以便更好地做出是否出海泰国的判断。

5.2 印度尼西亚：中国制造海外成熟市场和投资聚集地

近年来，随着中国制造业的快速发展和全球化战略的推进，印度尼西亚已成为中国企业"走出去"战略中的重要目的地之一。

根据《日经亚洲评论》的统计数据，2023 年印尼成为中国在亚太地区最大的投资接收国，吸引了超过 73 亿美元的直接投资。其中，值得关注的是 TikTok 收购了印尼科技集团 GoTo 旗下电商平台 Tokopedia 的 75% 股份，交易金额高达 8.4 亿美元。此外，TikTok 还计划额外投资 15 亿美元，以加强其在印尼在线购物领域的竞争力，增加市场份额。

除了电商领域的大手笔投资，中国的制造业巨头也在印尼展开了一系列重要的投资项目。浙江华友钴业在印尼与韩国 LG 合作电池生产项目，与福特合作电池材料项目，这些项目不仅展示了中国企业在新能源和电动汽车领域的强大实力，也反映了印尼在全球供应链中的重要地位。

伴随着中国企业在东南亚的不断深耕，进军印尼市场的中国企业也已经从最初的纺织品和消费电子，扩展到跨境电商、锂电池产业等多元化领域。中国企业在印尼的投资不仅规模越来越大，其本质也在发生着重大的转变——从试探性短期投资转变为长期深耕。这无一不体现了中国企业对印尼市场的深远战略规划和信心。最为重要的是，很多投资印尼或者把印尼作为贸易市场的公司都赚到了钱，财富效应引发更多中国企业关注印尼市场。

随着"一带一路"倡议的深入推进和中国与印尼双边关系的不断加强，相信在可见的未来，中国企业在印尼的投资和合作机会将会更加广泛。因此，深入了解印尼市场，制订科学合理的出海印尼策略，对于出海的中国企业而言，是实现持续增长和国际化发展的关键。

5.2.1　营商洞察：向中国学习现代化经验，不断提高国际竞争力

了解印尼的投资机会，需要先对其营商环境做一些研究。

• 殖民历史留下的深深烙印：动荡之后走向稳定

印尼的殖民历史漫长而复杂，始于 16 世纪，当时印尼陆续成为葡

萄牙人、荷兰人以及英国人的殖民地。荷兰人的影响最为深远,通过荷兰东印度公司的公司运营模式控制印尼,通过不平等条约掠夺了大量自然资源,并通过种植甘蔗、可可等作物获得巨大的国际商业利益。

印尼独立后,经过长达50多年的转型,才逐渐形成当今的国家形态。从世界银行的全球主要国家宏观环境稳定性数据统计来看,印尼是从2004年之后稳定性才逐渐增强的,从而超越了菲律宾,成为宏观环境相对较为稳定的东南亚国家。

• 向中国看齐,逐步从"资源陷阱"泥潭中爬出

在谈印尼的宏观环境之前,我们有必要引入两个概念,一个叫作"资源诅咒",另一个叫作"资源陷阱"。先说"资源诅咒",表面上来看,如果一个国家或地区拥有丰富的自然资源,那自然是民之幸事,但历史上,这些地区往往沦为被侵略和殖民的对象,非洲、拉美、东南亚以及南亚一些国家无一不是因为其丰富的资源而给国家带来了灾难,因此被称为"资源诅咒"。

再说"资源陷阱",说的就是这些拥有大量自然资源的国家,由于其经济发展路径有着很强的历史惯性,导致国家即使在独立之后,依旧是走过去历史的老路,依赖简单的自然资源开发,进而导致一系列经济和社会问题,被很多经济学家称为"资源陷阱"。

说回到印尼,就会发现印尼其实在近现代就是经历了这样的发展过程。在历史上由于印尼拥有丰富的资源,从而导致其被荷兰控制,20世纪40年代末印尼虽然独立了,但是印尼的经济发展方式并没有逃脱过去粗放开发出口的老路。这种发展模式所带来的问题是显而易见的:由于依赖变卖资源这一单一经济来源,国家收入会随着国际市场的变化而产生剧烈的波动,严重影响国家经济的长期稳定和发展。

2014年之后,印尼也开启了长达十年的轰轰烈烈的改革之路。印尼

开始推动经济的多元化，其中一个很显著的措施就是减少对原始商品出口的依赖，转而开始重点发展国家经济的根本能力——制造业和服务业。

　　想要发展制造业和服务业，对于印尼这样一个"万岛之国"可以说是极其有挑战的。印尼考察了全球不同国家的案例，发现中国有最适合印尼的模式。于是在参考了中国的"要想富，先修路"的发展模式之后，印尼也开始大举推动基础设施建设，涉及公路、铁路、机场、港口以及发电厂和水坝的建设。

　　在 2014 ~ 2023 年这十年里，印尼见证了前所未有的基础设施建设热潮。根据官方统计，在这十年间，印尼共修建了超过 2 143 公里的收费公路、5 700 公里的国道，完成了 42 座水坝的建设、120 万公顷土地的灌溉和 820 万栋房屋的修建$^\ominus$。这些项目都极大提高了印尼整体的基础设施水平，让爪哇岛以外的区域也逐渐得到了企业的关注，从而提升了国家整体的国际竞争力。

　　大举投资基建背后的根本逻辑除了促进国内贸易，更主要的就是学习中国的经验——吸引外国投资。

　　为了吸引更多的全球化企业和外国资本，印尼就必须要改善营商环境。2014 年的时候，世界银行的营商环境报告中，印尼仅排全球第 109 位，落后于新加坡、马来西亚等东盟邻国。当时印尼立下的宏伟目标是提升排名至 70 位左右。为实现这一目标，印尼采取了一系列措施，包括废除或简化繁复的商业法规、改善投资和营商流程。

　　这一系列改革不是简单的简化手续。因为要真正提升营商环境，需要从根本上优化整个投资流程。因此，印尼很快就着手于"海外投资全流程"问题的全面审查，将海关、土地、货币支付等相关部门纳入改革范围，以协同推进流程优化。

　　此外，印尼还实施了两项重大改革：一方面，重新修订了负面投

　　$\ominus$　资料来源：印尼前总统佐科·维多多在 2023 年年底的公开演讲。

资清单，对外开放了多个行业，包括公路收费、废物管理、旅游和电影院等；另一方面，在中央和地方层面废除了数以万计的行政法规，极大地简化了企业的设立和运营流程。

这些不懈的努力使印尼在 2019 年的世界银行营商环境排名中跃升至第 73 位，实现了 2014 年立下的目标，在此期间印尼也成为全球投资热门地区之一。根据印尼投资部公布的数据，2022 年该国吸引了456 亿美元的外国直接投资，较前一年增长了 44.2%。到 2023 年，这一数字再次创新高，达到 473.4 亿美元。

很显然，印尼通过借鉴中国的成功经验，实现了国运的扭转，逐步爬出了曾经的"资源陷阱"。

5.2.2　经济洞察：印尼处于人口红利期，中产阶级不断壮大

经济上，相对于东南亚其他国家，印尼市场规模大、消费能力强、发展速度快。

从 2014 年到 2023 年，印尼经济经历了显著的变革。这一时期不仅基础设施有了大幅改善，而且产业政策也经历了重要的升级和转型。最初，印尼政府采取开放策略，热烈欢迎所有投资者进入市场，以促进经济增长和就业。然而，随着时间的推移，政府开始实施更为精细化的引导型政策，重点鼓励绿色和可持续的投资项目，以应对全球气候变化的挑战，并促进经济的绿色转型。

● 限制原材料出口，促进资源加工型企业在印尼设厂

在 2020 年，印尼政府出台了具有里程碑意义的新法律，严格禁止未经加工的镍矿出口。这一政策无疑反映了佐科政府的态度：一方面，它切断了印尼长期以来依赖原材料出口的传统路径；另一方面，它促进了产业升级，鼓励在印尼本土进行更高附加值的加工制造。鉴于印

尼是全球最大的镍矿生产和存储国，拥有约 2 100 万吨的镍矿储量，占全球总量的 22%，并且新能源汽车行业正处于起步阶段，此时推出出口禁令，无疑为下游加工和制造业提供了极佳的发展机遇。

为了进一步促进加工行业的发展，印尼在 2023 年中期将此禁令扩展到铝土矿。然而，佐科认为仅靠资源出口禁令来推动电池行业和电动汽车整车厂的发展是不够的。尤其是在全球竞争日益激烈的情况下，印尼很难像墨西哥或匈牙利那样，仅凭借市场规模就吸引大量投资。

为了进一步推动这一转型，印尼政府还投入了大量资源来发展高科技和创新产业，包括数字经济、可再生能源和电动汽车产业。政府制定了一系列激励措施，包括税收优惠、投资补贴和研发支持，以吸引国内外投资者参与这些未来产业的建设。特别是在电动汽车（EV）领域，印尼利用其丰富的镍资源，积极发展电动汽车产业链，包括电池生产和回收，以期成为全球电动汽车产业的重要基地。

从结果来看，印尼这一政策获得了很大的成效，海外的矿业公司为了可以持续在印尼开采镍矿，纷纷在当地建设了大型的加工设施。2023 年，印尼采矿和能源领域吸引了全球超过 303 亿美元的投资。特别是来自中国的投资，其中青山集团和浙江华友钴业在印尼拥有五大矿场项目中的三个——索洛瓦科（Sorowako）、波马拉（Pomalaa）和纬达贝（Weda Bay）。

• 东南亚第一大市场，人均购买力世界第七

根据世界银行的数据，如图 5-7 所示，2023 年印尼 GDP 达到了历史新高的 13 712 亿美元，是东南亚第一大、全球第十六大经济体。

印尼人均 GDP 在 2023 年达到了 14 073 美元，且有望持续增长，到 2029 年，相比 2023 年的水平再增长 52%$^{\ominus}$。如图 5-8 所示，虽然目

　⊖　资料来源：Indonesia - Gross domestic product (GDP) per capita 2029 | Statista。

前印尼的人均 GDP 远赶不上发达国家水平，但如果考虑了印尼当地的物价水平，印尼人的平均购买力可以在 2023 年排到世界第七位。

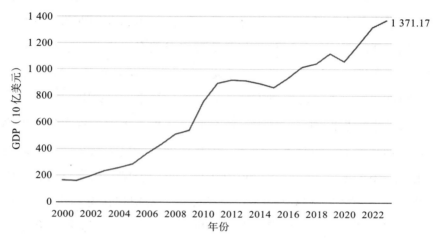

图 5-7　印度尼西亚 2000～2023 年 GDP 变化趋势图

资料来源：世界银行。

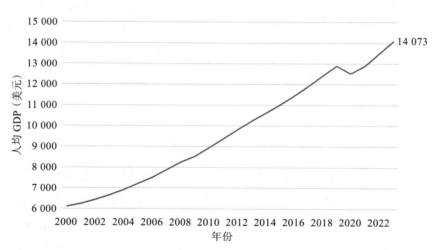

图 5-8　印度尼西亚 2000～2023 年人均 GDP 变化趋势图

资料来源：世界银行。

• 人口红利不断展开，劳动力市场基数大、性价比高

印尼是全球第四大人口国家，根据联合国人口司的数据，2024 年印尼拥有约 2.8 亿的庞大人口基数，其中 15 ～ 64 岁的劳动年龄段人口比例超过 68%。如此年轻的人口结构不仅预示着印尼拥有巨大的劳动力储备，也意味着其具备推动经济持续增长和社会发展的充沛活力。如图 5-9 所示，虽然印尼在未来也将面临老龄化的挑战，但整体结构仍然相对年轻。随着教育和技能培训的逐步改善，印尼的劳动力市场正在逐渐优化，提升了其在全球经济中的竞争力。

在劳动力成本方面，印尼在区域内保持着显著的竞争优势。近年来，尽管印尼的劳动力成本逐步上升，但与区域内其他国家相比，这一优势依然显著。马来西亚的税后平均月薪约为 702 美元，越南约为 340 美元，相比之下，印尼的税后平均月薪约为 200 美元，这一成本优势使印尼成为劳动密集型加工制造业的理想选择。此外，印尼政府正在积极推动基础设施建设和简化投资流程，进一步增强了其吸引外资的能力。随着投资环境的改善和劳动力素质的提升，印尼在全球供应链中的地位有望进一步上升。

• 中产阶级规模壮大，电商市场潜力大

尽管全球经济面临诸多挑战，印尼经济在过去几年中展现出了稳健的增长态势。根据世界银行的数据，2022 年及 2023 年印尼的国内生产总值（GDP）增长率分别达到了 5.2% 和 5.05%，这一持续的增长不仅表明印尼经济的强大内在韧性，也预示着其巨大的成长潜力。印尼政府在推动经济多元化、改善基础设施、增强投资环境等方面的努力已开始显现成效，为经济增长提供了坚实的支撑。

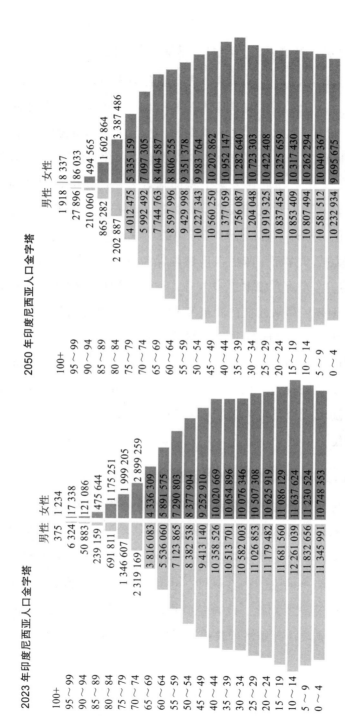

图 5-9　2023 年和 2050 年印度尼西亚人口金字塔图

资料来源：联合国人口司。

随着经济的持续增长，印尼的中产阶级规模迅速扩大，成为推动国内消费增长的主要力量。根据亚洲开发银行（ADB）的预测，到2030 年，印尼的中产阶级人口数将超过 1.4 亿，占总人口的一半以上。这一庞大且日益壮大的群体，预示着消费市场将迎来巨大的增长潜力。特别是在科技、教育、健康、娱乐等行业，各细分市场都有极大的扩展空间。随着收入水平的提高和消费习惯的变化，印尼消费者对高质量产品和服务的需求日益增长，为国内外企业提供了广阔的市场机遇。

此外，随着数字化转型的加速和智能手机在印尼的普及，印尼的电子商务和数字支付等领域也呈现出爆炸式的增长，进一步推动了消费市场的繁荣。2024 年，印尼电子商务市场规模已经达到了 14 690 亿美元。2024 年电子商务市场的收入预计可以达到 502.2 亿美元，在未来 5 年的复合增长率将会持续保持在 9.57% 的高速，预计 2029 年可达到 793 亿美元[⊖]。速卖通、Temu、Shein 和 TikTok Shop 等电商平台和社交电商平台在印尼市场近几年也都有着十分抢眼的表现，印尼逐步成为中国制造出海东南亚的核心渠道。

5.2.3　社会洞察：年轻人乐观向上，中产阶级改善性需求强

独特的宗教文化背景，为印尼的社会风貌和人民的生活方式带来了丰富多彩的特色。由于和我们身处环境有比较大的差异，因此出海企业要时刻关注社会层面的变化。

• 年轻人对未来充满信心，"月光"成常态

印尼年轻人整体是非常乐观的，根据联合国的统计数据，印尼有超过 80% 的青少年和年轻人认为世界正在变得越来越美好。在针对

⊖　资料来源：eCommerce - Indonesia | Statista Market Forecast。

青年人对于未来看法的调研中，多数印尼年轻人用"美丽""多元"或"发达"来形容他们的国家。在笔者实际的交流中，大部分印尼年轻人都相信印尼未来会更加积极地发展。

正是这种强烈的乐观积极向上的情绪，让走访印尼市场的人会感受到印尼年轻群体极强的消费欲望。很直观的感受就是：印尼年轻人是不存钱的，很多人都是"月光族"。那钱都花在哪里了呢？

根据笔者的观察，有三个中国相关的品类格外受到追捧。其一是3C类以及周边产品，比如手机、电脑和耳机。手机在印尼绝对是高频次更迭的产品，笔者曾经在雅加达做过实地问卷调查。在随机问询的100个年轻人中，有超过25%的年轻人一年更换3次甚至更多次手机，超过70%的年轻人至少每年会更换一次智能手机，对于他们而言，智能手机是一种身份的象征，代表够不够潮。3C周边产品也是非常受年轻人追捧的品类，蓝牙耳机、AI智能语音助手等都是年轻人喜欢购买的产品。其二是一些小型家电产品，如吹风机、电饭锅、直发器等，这些小家电看似不起眼，但是只要带上潮流的属性、个性的标签，就会在印尼年轻消费群体中获得强烈的反响。其三就是餐饮，印尼年轻人对于新奇的口味和美食有着非常强烈的尝试欲望，笔者每次在雅加达的街头都能看到排长队为了一品新口味的年轻人。近年来，中国的餐饮品牌如艾雪、蜜雪冰城、元气森林、喜茶等在印尼市场的迅速走红，也都充分证明了印尼消费市场的巨大潜力和印尼消费者对外来创新产品的开放态度。

• 中产阶级逐渐庞大，改善型需求愈加旺盛

前文提到了随着基础设施建设，印尼产业正朝着稳步发展的方向发展。当下根据印尼官方的数据，印尼只有20%的人口属于中产阶层，但印尼政府设立了2045年将该数字提高到80%的宏大目标。2045年能否达成该目标，我们无从得知，但是印尼中产阶级崛起则是

一个大概率事件。

即使对比 2020 年和当下，也能很清晰地感受到，印尼中产阶级的改善型需求正在愈加旺盛。如果说服装、摩托车、电器是印尼中产改善的"老三样"，那么当下能明显感受到汽车、住房和教育已经逐渐成为中产改善生活的"新三样"。特别是随着印尼逐渐推出了与电动汽车相关的补贴政策，使得电车成为诸多中产家庭关注的焦点。

从追求低价到追求品质，从满足最低要求到展现个性与社会地位，从被动满足生活需求到主动追求阶层跨越。应该说，在印尼市场，我们看到的不只是当下的趋势，更多的是未来的潜力。

5.2.4　出海建议

第一，可以快速复制中国经验。总体来看，中国品牌有机会在印尼市场快速下沉，也就是从高维度降维切入印尼市场，这一点被很多中国企业屡试不爽。中国市场快速发展的生意，在印尼往往都可以复制。

中国品牌在印尼市场的扩张与发展，可以从中国非一线城市的成功经验中汲取灵感。印尼的经济情况和社会形态与中国的非一线城市有诸多相似之处，比如消费者对价格的敏感度、对新鲜事物的好奇心以及对社交媒体的高度依赖等特点。这为中国品牌提供了一种可行的出海参考模式。总体来看，中国出海印尼的企业可以通过结合"线上线下"的打法进入印尼市场。

所谓线上，就是利用 TikTok 这样的社交媒体平台进行品牌推广，这是至关重要的。印尼是一个年轻的市场，大量的消费者每天都在使用这些平台。品牌方可以通过创造有趣的内容、举办在线竞赛、与网红合作等方式，提高品牌的知名度和吸引力。此外，利用电商平台和自建的在线商店，可以让消费者更方便地购买产品。

所谓线下，就是与当地的小卖店、夫妻店合作，这不仅可以扩大品牌的市场覆盖面，还能深入到消费者的日常生活中。通过投放如冰激凌机、奶茶机等基础设备，不仅能激活未被满足的市场需求，还能提升品牌形象，使品牌更加亲民和接地气。此外，组织线下活动和促销，也能有效提升消费者的体验感和对品牌的忠诚度。

通过这种线上线下互动的策略，中国的一些快消品品牌不仅能在印尼市场快速建立起营销网络，还能深化品牌影响力，最终实现品牌的持续增长和扩张。

第二，打法上同样需要"城市引导农村"或者"由农村向城市渗透"。

对于不同的行业和品牌，出海企业确实需要采取不同的市场策略来适应印尼多样化的市场环境。对于高端品牌，企业可以采取"城市引导农村"的策略，首先在核心城市如雅加达和棉兰等地区建立品牌影响力和市场基础，这确实是一个有效的方法。这些地区的消费能力更接近中国的二三线城市，有助于高端品牌快速建立起市场认知度和消费者基础。

然而，对于许多品牌特别是快消品品牌而言，"由农村向城市渗透"的策略更为适用。印尼的基础设施整体还处于欠发展的状态，大量人口生活在城市以外的地区，他们对一些消费品有着极强的需求，但这部分需求长期以来没有得到充分满足。

面对这一情况，品牌需要有针对性地进行一系列的布局，比如线下小店引流，即通过大量定位线下小店的方式，进行充分的引流。与此同时，品牌方需要给合作的小店提供必要的机器和物料，如冰激凌机、饮料冷柜等，帮助他们提升销售能力和服务水平，从而吸引更多的顾客。此外，还需要对店主进行销售、服务以及社交推广的培训，教会他们如何利用社交媒体进行口碑营销，扩大店铺的影响力。

如今印尼的电子支付越来越普及，因而可以鼓励和帮助一些三四线城市的小店接入移动支付系统和电商平台，进一步提高交易的便利性。

第三，增强华人社群内部的统一性，深度融入印尼社会。

随着中国企业在印尼的投资不断增加，加强自身保护和提升华人群体在当地社会中的形象与地位变得尤为重要。为此，中国企业需要有组织、有计划地参与到印尼社会中，通过多种方式积极融入并做出贡献。

首先，企业可以积极参与社会公益活动，如教育支持、环保项目和健康医疗援助等，以此提升华人群体的社会形象。

其次，投资印尼的教育事业，如建立奖学金、资助学校建设以及举办文化交流活动，这不仅有助于增进中国与印尼年轻一代的相互理解，也能够加深双方的友谊。

再次，通过举办商业论坛和文化节等活动，促进商业与文化交流，与印尼政府及其他族群建立良好关系，是提升华人形象和地位的关键。此外，建立和加强华人社群的组织，如商会、文化协会等，为华人提供一个交流和互助的平台，对加强内部团结和统一对外声音至关重要。

最后，持续关注社会舆论和营商环境动态，及时了解可能影响华人社群安全的信息，并做出相应的准备和应对，是保障华人群体安全和企业稳定运营的基础。通过这些综合措施，不仅能够更好地保护中国企业和华人群体的权益，也能为促进中国与印尼的友好关系和共同发展做出积极贡献。

总体而言，印尼是中国人特别是福建地区企业家出海的重要目的地，中国人下南洋已经有几百年的历史，很多人都去了印尼。这个国家地域广，资源丰富，相对来说人比较温和，印尼人和华人在更长的时间维度上看是和睦相处的。

5.3   新加坡：中国企业全球化的重要战略支点

新加坡这个以华人为主体的国家，在中国企业全球化中越来越发挥起独特作用。

随着国际地缘政治格局的转变，尤其是全球主要强国战略竞争的明显加剧，新加坡凭借其独特的中立地位，成为连接东西方的重要枢纽，对于寻求全球化的中国企业来说，新加坡展现出了前所未有的战略价值。作为一个宏观环境稳定、经济开放、法治环境成熟的国家，新加坡为中国企业提供了一个理想的国际化平台。近年来，众多中国科技巨头纷纷选择在新加坡设立全球或亚洲总部，彰显了新加坡在全球化战略中的重要地位。

以 TikTok 为例，这家全球知名的短视频平台运营商，其母公司字节跳动于 2020 年宣布计划将 TikTok 的全球总部迁至新加坡。这一决策不仅是为了更好地服务全球市场，也是为了应对当时美国对 TikTok 的政治压力。华为也在新加坡加强了其业务布局，2021 年在新加坡开设了其在东南亚的首家旗舰店并将其东南亚以及大洋洲市场的区域中心设立于此，进一步扩大了其在国际市场的影响力。2019 年电商巨头阿里巴巴选择在新加坡设立国际枢纽中心，以更好地协调其在东南亚、欧洲和美洲的业务。Shein 作为一个快速崛起的跨境电商平台，也在新加坡设立了物流中心，以优化其全球供应链管理。

在资本方面，国际知名的投资机构如红杉资本和 GVC 等，也纷纷加大了在新加坡的投资布局。红杉资本在 2020 年加强了其在新加坡的团队建设，以更好地捕捉东南亚乃至全球的投资机会。这些举措无疑证明了新加坡在当前地缘政治紧张周期内的战略价值。

对于正寻求国际化道路的中国企业而言，新加坡不仅仅是一个地理位置优越的商业中心，更是一个能够提供法治保障、金融服务和多元文化融合环境的国际舞台。新加坡的战略价值在于其能够为企业提供稳定的经营环境、高效的市场接入以及丰富的国际合作机会，帮助中国企业在全球市场中获得竞争优势，实现可持续发展。

很显然，新加坡是一个具备极高战略价值的国家，那么应该如何更好地评估它在中国企业出海过程中的作用以及实施全球化战略呢？在本节内容中，笔者将通过宏观、经济和社会三个维度进行剖析，提供一个立体和深入的认知。

5.3.1　宏观洞察：内外部的稳定促使新加坡成为新一代亚洲金融中心

了解新加坡的发展历程，也就了解了这个国家的独特地位。

新加坡自 1965 年独立以来，之所以能够从一个资源匮乏的小岛国迅速发展成为全球重要的金融中心和高收入国家，这一令人瞠目结舌的转变与其稳定的宏观环境密切相关。

作为新加坡的建国总理李光耀，他曾经说："如果一个国家不稳定，就没有投资，没有增长，没有就业，也就没有未来。"

新加坡的宏观环境被广泛认为是稳定且高效的，根据世界银行的政治稳定性数据统计，新加坡 2022 年的政府效能排名为全球第 1 位，宏观环境稳定性在全球排名第 4 位。

• 实用主义至上的产业政策

新加坡在 20 世纪 60 年代之后推行的工业政策是新加坡经济发展的一个关键因素。在 20 世纪 60 年代，新加坡就意识到，由于资源匮乏，所以新加坡必然没有办法像其他东南亚国家一样靠变卖资源获得稳定的收入。这样一个"弹丸之地"要想发展，必须通过吸引外国直接投资，发展出口导向型产业。换句话说，就是借用外资的力量发展本土产业，再卖到全球。于是，当时的新加坡采取了一系列措施来吸引外资，包括提供税收优惠、建设高质量的基础设施、确保法律和政策的稳定性，以及建立高效的行政服务。

那么新加坡具体是怎么做的呢？ 20 世纪 60 年代全球的主要工业中心仍然聚集在欧美，但由于本国劳动力成本激增，致使发达国家的密集加工型企业急于寻找产业转移出口。很快这些企业就把眼光投向了亚洲，当时最主要的选择有两个国家：一个是日本，另一个就是刚开放的新加坡。

最开始选择新加坡的都是纺织业，但随着新加坡改革的进一步推进，以美国的德州仪器、惠普和英特尔为代表的西方电子行业巨头也纷纷看向了这片新兴热土。根据新加坡经济发展局（EDB）的数据，60 年代前后有超过 1 500 家外企进入新加坡。

进入 70 年代，随着新加坡开始多元化其经济发展以及全球需求的增长，石化行业迅速崛起，全球石油和化工巨头如壳牌、埃克森美孚等也在裕廊岛投资建厂。根据世界银行的统计，1970 年新加坡 GDP 是 1960 年的 2.7 倍，而 1980 年新加坡的 GDP 是 1970 年的 6.18 倍，复合增长率高达 20%，经济发展速度之快可见一斑。如图 5-10 所示，在 2000 年之后，虽然新加坡的制造业纷纷外迁，然而凭借着服务业特别是金融行业的崛起，新加坡的 GDP 依旧呈现出很强劲的上涨势头。

尽管两次石油危机以及 20 世纪 90 年代后半期的亚洲金融风暴导致劳动密集型产业纷纷离开新加坡，但制药与生物技术行业却在新加坡蓬勃发展，国际企业诺华、辉瑞等巨头在此设立制造或研发中心，成为新加坡后来主要的支柱行业。

在新加坡实用主义政策的推动下，如图 5-11 所示，新加坡自 20 世纪 60 年代起，人均 GDP 从 500 美元增长至今日的 127 544 美元，成为全球最富裕的国家之一。根据世界银行的数据，1995 年时新加坡人均 GDP 曾经一度超过美国，成为全球人均 GDP 最高的国家之一。

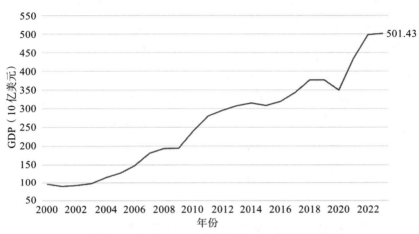

图 5-10 2000 ～ 2023 年新加坡 GDP 变化趋势图

资料来源：世界银行。

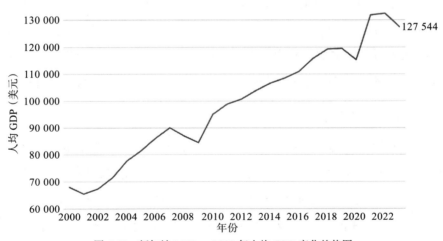

图 5-11 新加坡 2000 ～ 2023 年人均 GDP 变化趋势图

资料来源：世界银行。

● 新加坡的平衡艺术

新加坡的外交政策展现了一种独特的平衡艺术，这一策略自 1965 年独立以来一直是其保持国际关系的核心。在冷战时期，新加坡成功地在苏联和美国这两个超级大国之间保持了中立，通过与两方都建立友好关系，确保了自身的安全和繁荣，同时促进了国际贸易和投资。这种平衡策略不仅为新加坡在复杂的国际政治环境中生存提供了保障，也为其经济的快速发展奠定了基础。

进入 21 世纪，面对国际地缘政治博弈日趋激烈的宏观局势，新加坡继续运用其平衡艺术，与世界最大的经济体保持良好的关系，同时强调自由贸易和多边主义的重要性。新加坡领导人多次强调多极世界秩序的重要性，并呼吁通过对话解决分歧，以避免冲突。

5.3.2 经济洞察：新加坡内生市场小但战略纵深可以延展到整个东南亚

对于中国出海企业，仅有 592 万人口的新加坡真的算不上是一个特别理想的市场[⊖]。从人口规模来看也就是武汉那么大，而从出海或者全球化视角来看，新加坡虽然内生性市场极为有限，但是它具有很强的战略纵深，应该说布局东南亚市场或者国际市场，想要绕开新加坡并非易事。

- 服务业为核心的经济模式

前文提过，新加坡虽然是一个资源匮乏的国家，其能源、制造业原材料、食品和水资源都高度依赖进口，但它的经济表现着实令人瞩目。截至 2023 年，新加坡的国内生产总值（GDP）约为 5 014 亿美元，全球排名第 33 位。这一成就反映了新加坡在产业结构优化上的成功，其中服务业在 2023 年占据了 GDP 总量的 72.4%，工业占比 18%，而农业几近为零。[⊜]新加坡的经济结构明显倾向于服务导向，特别是金融

⊖ 资料来源：中华人民共和国外交部。
⊜ 资料来源：世界银行。

服务、旅游和物流等领域的发展。

应该说新加坡从 20 世纪 60 年代的小渔村成长为如今的金融中心，这一成就的背后，不仅得益于宏观环境的稳定和高效的行政管理，还源自新加坡对其经济结构的精心规划和调整。除了积极发展制造业，新加坡在近几十年还大力推动金融服务、航运以及科技行业的发展。

根据 2019 年世界银行全球营商便利程度指数[⊖]，新加坡在全球 190 多个国家中的营商便利程度排名为第 2 位，仅次于新西兰，接近于最友好的商业开设和经营的便利指数。

• 新加坡作为金融中心的崛起

很多人都好奇，新加坡这样一个小国，到底是如何一步步成为全球金融中心的？

早在开放发展初期，即 1971 年，新加坡就成立了新加坡金融监管局（Monetary Authority of Singapore，简称 MAS），作为国家的中央银行和金融监管机构，旨在确保整个金融系统的稳定性。

为了吸引不同的外国银行在新加坡设立分行和代表处，新加坡逐步放宽对外资银行的限制。这一政策不仅促进了外资银行的进入，还推动了本地银行的竞争力和服务水平的提高。此外，新加坡还积极发展离岸市场，尤其是亚洲美元市场，以吸引国际资金流入，增强其作为金融中心的地位。

进入 20 世纪 80 年代和 90 年代，新加坡进一步推动金融市场的自由化改革，引入了全球金融产品和服务，如衍生品市场和外汇市场。同时，政府大力发展金融科技，支持金融机构采用新技术，以提升服务效率和创新能力。这些金融改革和开放政策经过 40 多年的积累，最

⊖ 世界银行的全球营商便利程度指数主要考虑以下因素：开办新业务，获取施工许可，建造仓库，注册商业房地产，获取贷款，执行合同，跨境贸易所需的程序、时间和资本，纳税种数及申报程序以及申请破产的程序、时间和回报率。

终使新加坡在 21 世纪成为全球最重要的金融中心之一。

如今，新加坡已成为资产管理、财富管理、外汇交易和金融科技等领域的全球领先中心，成功吸引了大量外国企业直接投资，特别是在金融科技和生物科技领域。全球知名的金融科技公司 Revolut 和生物科技创新企业 Hummingbird Bioscience 等的成功案例，进一步凸显了新加坡作为投资热土的吸引力。新加坡金融监管局（MAS）在其中发挥了关键作用，持续推动金融市场的深化和发展，为全球金融机构在新加坡设立区域总部和运营中心创造了良好的环境。

● **全球最繁忙的港口**

新加坡作为一个港口城市，其港口位于马六甲海峡的入口，是连接东南亚与其他地区的重要航运通道。根据新加坡官方统计数据，2023 年新加坡港总共处理了 3 901 万个标准集装箱和 5.917 亿吨货物，因此，新加坡港被认为是全球最繁忙的港口之一。

新加坡的成功在于其综合利用地理优势和高效的港口设施，吸引了全球的贸易投资。港口的现代化设施包括自动化集装箱码头和先进的货物处理技术，大幅提升了装卸和转运效率。此外，新加坡政府积极推动数字化转型，利用大数据和人工智能优化物流管理，进一步增强了港口的竞争力。

如今，新加坡凭借多年来积累的物流和供应链管理能力，已成为全球贸易的关键枢纽，国际货运巨头如马士基、海洋网联船务（ONE）等在此设有重要的运营中心。这些实例展示了新加坡在物流领域的领导地位及其经济的多元化。

● **创新方式应对人口老龄化问题**

新加坡人口自 20 世纪 70 年代以后一直呈相对稳定的上升趋势，从 207 万增长到 2020 年的 569 万。不过，随着新加坡生育率的持续下滑，生育率甚至跌破了 1，导致社会老龄化趋势日益凸显：65 岁及以上人口占总人口的比例从 2013 年的 11.7% 上升到了 2023 年的 19.1%，预计在 2030 年将会达到 24.1%⊖。如图 5-12 所示，按照当下的情况发展，到了 2050 年新加坡老龄化问题将会持续恶化。

新加坡在 20 世纪 80 年代末至 90 年代初期间，就预见人口老龄化将对社会构成重大挑战，为此，还专门成立了相关的高级部长委员会来深入研究并应对人口老龄化问题，这标志着新加坡对此问题的系统性应对正式启动。为了有效应对人口老龄化带来的多方面挑战，新加坡实施了一系列前瞻性政策，涵盖了完善退休金制度、推行健康保险、延迟退休年龄、增加老年人就业机会以及推广健康生活方式等多个方面，体现了其全面而综合的应对策略。

说到新加坡应对人口老龄化的巧妙之处，本书的专家顾问顾思·凯德先生作为一个来自欧洲的商业人士，有着独到的见解。他自 20 世纪 80 年代起便开始与新加坡展开商业往来。他认为，新加坡政府在处理这一社会问题时，灵活利用了东亚文化中强调家庭价值的传统，与西欧国家依赖养老院的方式形成鲜明对比。凯德先生指出："随着年龄的增长，人的身体机能自然会下降，这时，生活是否充满希望和盼头就变得尤为重要。无论是德国、荷兰还是比利时，子女成年后通常会离家独立，导致空巢老人成为社会问题，引发家庭内部纷争。新加坡虽然也面临着类似趋势，但政府通过推出一系列措施有效应对，例如实施已婚子女优先计划，鼓励老人与子女同住或住得近（4 公里之内），提供更大的公租房或补贴等优惠措施。这样不仅让老人在帮助照顾孙辈的过程中找到生活的意义，延长寿命，也让年轻一代能更专注于工作，提高了社会的整体生产效率。"这种独特的策略不仅体现了新加坡政府对家庭价值的重视，也展示了其在应对人口老龄化问题上的创新思维和实践。

⊖　资料来源：population-in-brief-2023.pdf。

2050 年新加坡人口金字塔

男性　女性

年龄	男性	女性
100+	3 120	8 441
95～99	23 930	38 099
90～94	71 059	91 661
85～89	130 047	144 045
80～84	169 595	176 421
75～79	208 922	206 976
70～74	221 000	218 588
65～69	232 211	226 315
60～64	242 521	219 316
55～59	264 026	223 614
50～54	259 678	217 701
45～49	187 769	178 541
40～44	174 169	170 385
35～39	161 828	157 182
30～34	171 705	164 833
25～29	143 077	139 041
20～24	132 456	127 625
15～19	117 051	111 551
10～14	105 932	100 322
5～9	101 973	96 462
0～4	101 842	96 195

2023 年新加坡人口金字塔

男性　女性

年龄	男性	女性
100+	173	686
95～99	1 544	4 346
90～94	6 120	13 539
85～89	17 913	29 779
80～84	31 028	42 492
75～79	58 212	73 136
70～74	141 579	136 187
65～69	220 328	192 870
60～64	254 691	219 833
55～59	254 131	222 094
50～54	257 360	229 492
45～49	255 309	233 406
40～44	244 045	230 152
35～39	240 458	218 591
30～34	244 249	206 497
25～29	247 307	199 373
20～24	178 094	154 825
15～19	127 950	123 576
10～14	118 865	112 374
5～9	124 515	116 241
0～4	119 358	111 994

图 5-12　2023 年和 2050 年新加坡人口金字塔图

资料来源：联合国人口司。

●时隔 40 年，再度成为全球外资投资热点

自 2008 年金融危机之后，外资对新加坡的兴趣显著增加，但这一趋势真正爆发是在近十年。特别是随着全球贸易摩擦的不断升级，众多企业开始寻求避风港，以规避潜在的贸易冲突和关税风险。

这也让新加坡在时隔 40 年之后，再度成为全球外资投资的热门目的地。如图 5-13 所示，根据世界银行的数据，2015 年之后，这一趋势得到了进一步的放大，外国直接投资（FDI）显著增长，新加坡的经济结构和国际地位因此得到了加强。

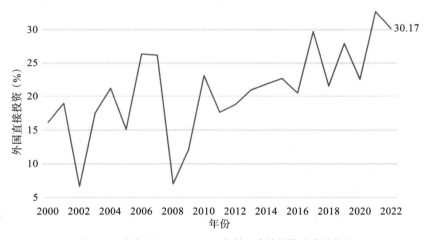

图 5-13　新加坡 2000 ～ 2022 年外国直接投资变化趋势图

资料来源：世界银行。

这种增长不仅体现在传统的金融服务和制造业领域，也涵盖了高科技、生物科技、清洁能源和数字经济等新兴行业。全球科技巨头如谷歌、亚马逊和阿里巴巴等都在新加坡扩大了其亚洲区总部的规模，加强了在亚太地区的业务布局。此外，新加坡对创新和技术的大力支持，包括为初创企业提供资金援助、税收优惠以及创新研发的激励措施，进一步吸引了全球投资者的目光，巩固了其作为全球投资热点的

地位。这些因素共同促进了新加坡经济的多元化发展，一定程度上也提高了新加坡在全球经济中的竞争力。

5.3.3　社会洞察：新加坡的结构带来稳定性但同时也存在诸多局限

但凡去过新加坡的人都会有一个很直接的感触，那就是新加坡是一个文化大熔炉，比如唐人街、印度特色的小印度、阿拉伯风情的哈芝巷以及异国风情的巴梭拉街，还有加东区。在这里，不同文化背景的人彼此尊重和理解。一方面得益于新加坡比较开放的教育体系，另一方面得益于严格的法律制度和高效的执法机制。

● 新加坡的社会稳定构筑之道

很多初次来到新加坡的人可能会有一点儿不习惯，因为这是一个"规矩多"的地方。

客观地说，新加坡在维护社会稳定方面，真的是下了"血本"。新加坡政府不仅对毒品犯罪采取零容忍政策，针对公共场所秩序也有非常明确的规定，比如在公共交通内不允许吃东西或者喝饮料。再比如，像榴梿这种气味强烈的食物，更是明令禁止带入公共交通工具或者公共场所，违反者会被要求离开或者处以罚款。

说到新加坡的处罚行为，不得不说到"鞭刑"，这种形式的处罚虽然只是在极少数的刑事犯罪案件中运用，然而曾经在很长一段时间内，外界认为鞭刑是一种有辱人格的惩罚方式。尽管如此，新加坡政府仍然坚持使用鞭刑。从新加坡整体的社会稳定来看，这种处罚形式是发挥了一定的作用的。

同时，新加坡的司法系统以公正和高效著称，为维护法律秩序和社会稳定提供了坚实保障。此外，新加坡政府还通过社会整合政策，如多元文化中心和宗教和谐圈，促进不同宗教团体之间的对话和理解。这些中心不仅是宗教活动的场所，也是促进不同宗教和文化交流的平台，有助于建立相互尊重和理解的社会环境，是新加坡成为国际繁荣城市的重要基石。

• **新加坡平均教育水平位于全球前列**

新加坡的平均教育水平位于全球前列，如图 5-14 所示，根据联合国教科文组织的统计数据，2020 年新加坡人的识字率达到了 97.13%。

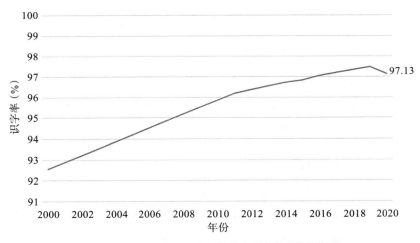

图 5-14　2000 ～ 2020 年新加坡人识字率变化趋势图

资料来源：联合国教科文组织。

不仅识字率高，而且新加坡学生综合素质在全球也位于前列。如图 5-15 所示，根据 2022 年在经济合作与发展组织（简称经合组织）的国际学生评估项目（PISA），新加坡学生在数学、阅读和科学三个方面的表现都远高于平均水平，特别是在数学方面，41% 的新加坡学生在数学方面表现优异，远高于平均水平的 9%；在阅读方面，89% 的新加坡学生的阅读成绩可以达到优异，而平均水平是 74%。

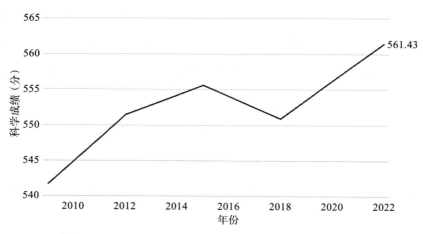

图 5-15   2009 ～ 2022 年新加坡学生的 PISA 科学成绩变化趋势

资料来源：经济合作与发展组织。

在与新加坡本地人的接触中，笔者明显地感受到，新加坡人不但可以熟练掌握 2 ～ 3 门语言，而且由于他们大多有海外留学经验，因而表现出非常成熟、视野具备国际化的特点。

• **跨文化融合政策**

如前文所言，新加坡是一个文化多元的大熔炉，一个重要的背后原因就是多元的教育。在新加坡上学的学生，除了学习英语，还必须学习他们各自的母语，以保持和传承各自的文化和语言。在高等教育方面，例如新加坡国立大学（NUS）提供了多种奖学金和财政援助计划，特别支持少数族裔学生。

在住房政策方面，新加坡的建屋发展局实施了配额制度，确保公共住房（组屋）的社区中有不同文化背景的代表，避免形成单一群体的聚居区。在这样的政策促进下，新加坡并不存在所谓的单一社群街区。为了促进不同社群之间的交流，新加坡政府还成立了相关协会，通过社区俱乐部和草根组织，组织各种文化活动和庆典，鼓励不同种族的新加坡人参与和了解彼此的文化。

5.3.4　新加坡出海建议

对于出海新加坡，我们建议主要作为区域总部所在地，可以利用高端人才做一定的研发聚集，形成连接亚洲市场和欧美市场的战略结构。

- **亚洲总部建立在新加坡有一定优势，特别是具有辐射东南亚的价值**

新加坡不仅是亚洲重要的国际商业和金融中心，而且由于其卓越的商业基础设施、稳定的政治环境、高效的法律体系以及对外开放的经济政策，成为全球企业进军亚洲乃至全球市场的首选地点。新加坡位于东南亚的中心位置，拥有世界级的港口和机场，为企业提供了便利的物流和运输网络，使其能够轻松连接亚洲的其他主要经济体以及世界各地。

例如，作为全球最大的自由贸易港之一，新加坡的港口每天都有大量的货物和资金流动，为进出口贸易提供了极大的便利。此外，新加坡的金融市场极其发达，拥有丰富的金融产品和服务，吸引了全球许多顶尖的银行、投资公司和保险公司在此设立亚洲总部。

对于中国企业而言，利用新加坡的这些优势，可以有效降低进入东南亚乃至全球市场的门槛和风险。例如，通过在新加坡注册公司，企业可以享受较低的企业所得税税率和多项税收优惠，同时利用新加坡与世界上许多国家和地区签订的自由贸易协定（FTA）和双边投资协定（BIT），进一步拓展国际市场。

此外，新加坡政府对创新和技术发展提供了强有力的支持，包括资金补助、税收优惠和人才培训计划等，鼓励企业进行研发和创新。这对于科技公司和初创企业尤其具有吸引力，许多中国科技企业已经在新加坡设立研发中心，利用当地的技术资源和人才优势，推动企业的技术创新和产品升级。

总体来看，新加坡可以为中国企业提供一个理想的平台，帮助它们实现区域乃至全球的业务拓展和增长。通过在新加坡建立业务枢纽，中国企业不仅能够更有效地进入东南亚市场，还能利用新加坡的全球网络和资源，加速自身的国际化进程。

• 出海企业可以考虑通过新加坡进行海外融资

对于寻求海外融资和国际业务拓展的中国企业而言，新加坡是一个极具吸引力的平台。新加坡的金融市场之所以发达，主要得益于汇聚了众多世界级的金融机构，包括知名银行、投资公司、风险投资和私募基金等。这为来自中国的企业开启了一扇通往多元化融资途径的大门，涵盖了银行贷款、股权投资、债券发行等多种形式。

以阿里巴巴集团为例，这家中国科技巨头成功利用新加坡作为融资平台，通过在新加坡市场发行债券的方式筹集了大量资金。这不仅体现了新加坡金融市场的深度和广度，也展示了其对全球企业尤其是中国企业的巨大吸引力。新加坡的这一系列优势，不仅为中国企业提供了一个稳定而高效的海外融资环境，同时也为它们的国际化战略提供了强有力的支持，使得新加坡成为连接中国企业与世界市场的重要桥梁。

• 适合作为企业的研发中心发展高科技产业

中国出海企业选择新加坡作为国际研发中心，具有多重优势。

首先，新加坡在亚洲乃至全球的信息与通信技术（ICT）研发领域占据领先地位，其在 2021 年彭博创新指数中的全球排名为第二，凸显了其在科技创新方面的强大实力和国际影响力。如图 5-16 所示，新加坡信息技术以及高科技产品出口占出口总额的百分比较高。

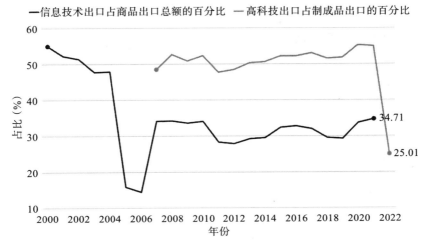

图 5-16　新加坡信息技术以及高科技产品出口的相关数据变化趋势图

资料来源：联合国。

此外，新加坡对于创新研发的投入相对稳定，如图 5-17 所示，占 GDP 的 2% 左右。对初创企业和成熟企业都会提供资金支持、税收优惠和政策指导，极大地促进了科技创新和研发活动。特别是"研究、创新和企业计划"[⊖]的推出，展现了政府对科技发展的坚定承诺，并通过实质性的投资支持加速了企业研发项目的进展。中国企业可以利用这些政策，有效降低研发成本，加快技术创新和产品开发。

美国科技巨头戴尔集团的实践为中国企业提供了一个鲜活的案例。戴尔在新加坡投资 5 000 万美元建立了全球创新中心，这是其在美国以外设立的首个体验创新团队，专注于边缘计算、增强现实（AR）、网络安全、数字分析和用户体验提升等前沿技术领域。这一举措不仅加强了戴尔在全球科技领域的竞争力，也体现了新加坡在国际研发合作中的重要作用。

同样，中国企业在新加坡设立研发中心，将有机会更紧密地与国际顶尖的研究团队和科技企业合作，吸引和培养国际一流的科技人才。

⊖　Research Innovation Enterprise 2020 Plan，简称 RIE 2020。

这种跨国界的合作和人才交流，将极大提升企业的研发能力和创新水平，加速科技成果的转化和应用。

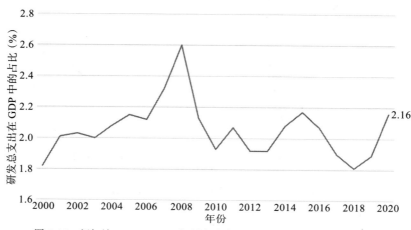

图 5-17　新加坡 2000 ～ 2020 年研发总支出在 GDP 中占比的变化趋势图

资料来源：联合国。

总而言之，新加坡由于人口少、面积小，并非是一个理想的大市场投资目的地，但是其独特的金融、政治、航运枢纽价值，特别是华人主导的特点让其成为中国企业重要的全球支点，也是很多企业家海外布局的重要目的地。从东南亚市场来看，以新加坡为支点已经是成熟的模式。

5.4　马来西亚：投资安全性高的常规出海目的地

提到马来西亚，许多人都不会感到陌生。无论是早年的新马泰旅游团，还是如今中国企业集体出海拓展南洋市场，马来西亚作为受华人文化影响最深远的东南亚国家之一，早已成为中国商界公认的重要海外市场目标。

特别是在 2022 年之后，随着中国企业加速实施"走出去"战略，马来西亚凭借其独特的地理优势、稳定的宏观环境和丰富的自然资源，显著地成为中国企业海外投资的重要目的地。

在 2023 年 3 月 29 日至 4 月 1 日期间，马来西亚总理访华。此次访问促成了数千亿人民币的巨额投资项目，进一步加强了两国的经贸合作关系。锂电池龙头企业亿纬锂能在吉打州投资建立工厂，预计 2025 年第 1 季度投产；浙江吉利控股集团与马来西亚德昌汽车（DRB-HICOM）联手在丹戎马林建设了一个汽车高科技谷。这将促进马来西亚汽车产业的升级换代，为当地创造大量的就业机会。由中国和马来西亚共建的中马钦州产业园区和马中关丹产业园区蓬勃发展，开辟了"两国双园"的国际合作新模式。

这些投资案例不仅凸显了马来西亚在中国企业"走出去"战略中的重要性，也体现了在"一带一路"倡议下中马合作的深度和广度。作为"一带一路"倡议的重要参与国家，马来西亚在亚太区域的战略地位尤为突出。它不仅是中国企业进入东南亚市场的理想跳板，同时也是连接东亚与南亚市场的重要枢纽。

对于有意拓展国外市场的中国企业而言，马来西亚无疑将继续作为一个具有战略意义的目的地或中转站。在本节内容中，我们将从营商、经济以及社会三个方面去剖析整个马来西亚市场，并在最后为有意在马来西亚布局的中国企业提供一些出海建议。

5.4.1　营商洞察：对华投资长期友好

如果用一句话来概括马来西亚的营商环境，那就是：内部长期稳定、外交中立不结盟，对华投资长期友好。这种局势的形成主要归因于以下两点。一方面，马来西亚在历史上长期与中国保持着频繁且密切的交流与互动。郑和在明朝时期曾七次下西洋，其航线穿越马六甲海峡，这促进了中马两国之间的早期交流。此外，现代马来西亚华商中的"亚洲糖王"郭鹤年、"钢铁大王"锺廷森、"弹簧垫褥大王"林金煌都曾回到中国大举投资，为中马合作开创先河。另一方面，华人华侨在马来西亚融合历史悠久且程度深远，已经形成了一个相对强大的社会群体，像陈嘉庚，他不仅在马来西亚创办了学校和慈善机构，还在中国厦门创办了著名的厦门大学，显示了华语社区在两国教育和文化合作中的重要角色。

应该说，以郭鹤年和陈嘉庚为代表的马来西亚华人华侨，都是中马两国长久以来密切互动的证明，这种积累也为当前和未来中国企业出海布局奠定了坚实的基础。

• 整体营商环境长期稳定

马来西亚对外政策是非常务实的，为什么这么说？马来西亚自独立以来就始终坚持外交不结盟原则，希望与全球各国保持友好关系，特别不希望介入大国之间的直接对立。正是得益于这一务实的原则，马来西亚与中国一直保持着友好的合作态势，特别是在经济和投资领域，双方的互动尤为活跃。

20世纪80年代初，马来西亚政府提出经济改革纲领。换言之，就是提倡马来西亚走工业化的道路，同时大力发展基础设施建设，加大力度吸引外国来马投资，这一系列深刻的经济和社会变革，为其国家现代化的发展奠定了稳定的基础。

• "向东看"谦虚学习，对华投资长期友好

此外，当时的马来西亚政府还提出了具有前瞻性的"向东看"策略。什么意思呢？具体来说，就是当时的马来西亚政府希望给整个国家找到一两个深度学习的目标。在当时，放眼全球，从国家体量、人口基数以及发展方向来看，最合适的莫过于日本和韩国。于是，很快在马来西亚就掀起了一场轰轰烈烈的"向东看"浪潮，上上下下开始在工作、教育、管理方式和技术进步等方方面面向这两个国家看齐。

虽然在 80 年代，马来西亚"向东看"的学习目标主要聚焦于日韩。不过随着时间推移，中国的迅速崛起和持续的经济发展也同样吸引了马来西亚的目光。特别是中国自改革开放以来在制造业、基础设施建设和技术创新方面的突破，让马来西亚精英阶层眼前一亮。逐渐，中国也开始成为马来西亚"向东看"过程中的重要学习典范。客观来说，正是基于这样的背景和马来西亚对中国商业模式的认可及"仰视"，马来西亚社会对来自中国的投资始终抱有非常开放和欢迎的态度。

在进入 21 世纪后，中国投资对马来西亚的重要性更是与日俱增。与日韩相比，马来西亚与中国的经济互补性更为显著。中国不仅是马来西亚的重要贸易伙伴，双方还在制造业、农业、基础设施建设等多个领域展开了广泛而深度的合作。马来西亚渴望吸引中国的资本和技术，而中国则看重马来西亚的自然资源和市场潜力，同时，在马来西亚的投资可以有效规避一些地缘风险，保护中国企业在更广阔市场中的利益。

特别是近十年以来，随着中国在新能源、电池技术、量子计算等高科技领域取得突破，马来西亚的政商界精英更是频繁公开地呼吁引进中国的先进技术和经验，以促进马来西亚的工业升级和技术革新。马来西亚还定期邀请中国的量子技术专家来帮助其制定国家战略，或是引入中国的高速铁路技术，提升国家基础设施的现代化水平。在中马两国间也逐步落实了一些"两国双园"项目，包括中马钦州产业园区和马中关丹产业园区。

5.4.2　经济洞察：物流产业发达，人均消费水平高

马来西亚是一个商业氛围十分友好的国家，根据世界银行全球营商便利程度指数的统计，马来西亚在全球 190 多个国家中的营商便利程度排名为第 12 位，在东南亚范围内，马来西亚开设公司经营的便利程度更是仅次于新加坡。

• 摆脱 "资源诅咒"，国家经济平衡发展

前文提到了马来西亚在 20 世纪 80 年代开启的改革，重塑了马来西亚的国家经济走向。一系列经济改革计划，帮助马来西亚完成了现代化的转型。马来西亚逐步从一个贫穷落后的殖民地国家发展成为一个现代工业化国家，更重要的是，马来西亚成功避免了陷入 "自然资源陷阱"。

在 20 世纪 80 年代之前，马来西亚高度依赖自然资源，尤其是石油、天然气、棕榈油和橡胶的出口，占马来西亚总出口的 70% 以上，经济结构非常不健康。然而，通过实施现代化改革，马来西亚逐步成为一个以制造业、服务业和高科技产业驱动发展的经济体，实现了多样化和繁荣的经济发展态势。

从数据来看，如图 5-18 所示，根据世界银行的数据统计，2023年马来西亚的 GDP 总量约为 3 997 亿美元，全球排名第 35 位；人均名义 GDP 为 1.2 万美元，全球排名第 64 位。

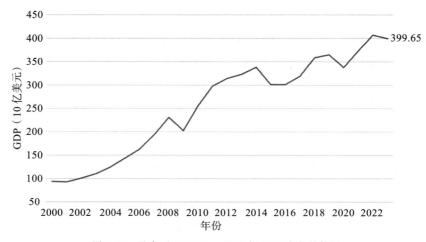

图 5-18 马来西亚 2000～2023 年 GDP 变化趋势图

资料来源：世界银行。

从产业结构来看，根据中国商务部网站 2024 年 7 月 9 日的信息，马来西亚 2023 年服务业和制造业占经济的 82.6%。对比 1980 年和 2023 年的产业结构，可以相对直观地看到马来西亚在经济结构上的巨大转变。这一转变不仅提升了马来西亚的经济稳定性和抗风险能力，也为其持续发展奠定了坚实的基础。应该说，马来西亚是世界历史上为数不多的，在真正意义上跳出了"自然资源陷阱"的国家。

- 平均收入较高，消费能力较强

根据世界银行统计，如图 5-19 所示，按购买力计算，马来西亚人均 GDP 在 2023 年就达到了 33 574 美元，是东盟第三高，仅次于新加坡与文莱。这意味着马来西亚是人均可支配收入较高的市场。

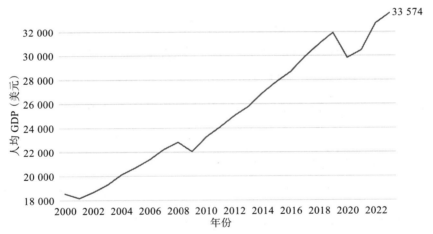

图 5-19　马来西亚 2000 ～ 2023 年人均 GDP 变化趋势图（按购买力计算）

资料来源：世界银行。

如果走在吉隆坡的街头，你会发现这座城市充满了多样化的商业业态，展现出其独特的文化融合与现代化发展。大型购物中心如柏威年购物中心和吉隆坡城中城，汇聚了国际品牌和本地特色商品，成为购物爱好者的天堂。小吃街和夜市则是体验马来西亚丰富美食文化的最佳场所，琳琅满目的摊位提供了从传统马来菜到中式小吃的各种选择，吸引着当地居民和游客。

在这些热闹的街区，餐饮连锁品牌如海底捞、莆田、蜜雪冰城和霸王茶姬等随处可见，反映了年轻消费者对新兴餐饮文化的热爱。这些品牌不仅提供高品质的餐饮体验，还通过创新的服务模式和独特的品牌形象吸引顾客。海底捞以其卓越的服务和火锅体验而闻名，莆田则以其地道的中式快餐而受到欢迎，蜜雪冰城和霸王茶姬在饮品市场中占据了一席之地，成为年轻人社交聚会的热门选择。

此外，吉隆坡的数码连锁店如 OPPO、vivo 和小米等品牌的专卖店，展示了科技产品的最新趋势，吸引了大量科技爱好者前来体验和购买。整体而言，吉隆坡的商业环境不仅丰富多彩，还体现了全球化与本地文化的交融，使这座城市成为一个充满活力和机遇的商业中心。

在笔者走访吉隆坡市场的时候一个很直观的感受就是，这里的华人群体不仅平易近人，而且他们也在生活中使用微信、小红书等国内比较普及的 app。特别是小红书的普及度非常高，很多当地华人也都是被小红书上面的帖子种草[⊖]，然后再进行实际消费体验的。

- **地理优势与基础设施造就马来西亚的物流业**

物流业是马来西亚经济的重要支柱，这很大程度上是得益于马来西亚独特的地理位置——它位于马六甲海峡的战略要冲，而这个海峡正是连接太平洋和印度洋的关键水道，同时也是亚洲、欧洲和中东之间重要的贸易和物流通道。马六甲海峡有多重要？全球约四分之一的海运贸易和一半的石油运输需要通过这一狭窄的海峡。更具体来说，平均每天有超过 200 艘的船舶要通过马六甲海峡，每年通过数量可达

⊖   有"推荐"的意思，推荐人通过对某一产品的品质、特性等方面进行夸耀，从而激起其他人的购买欲望。

到 8 万艘。因此它使马来西亚成为东南亚物流和贸易的枢纽。

此外，马来西亚还拥有发达且先进的基础设施，这进一步巩固了其作为东南亚物流中心的地位。相较于印尼、泰国或越南，马来西亚的基础设施不仅发达而且布局均衡。比如说，马来西亚全国范围内的高速公路网络将半岛内部的主要城市和乡村地区紧密连接，确保了高效的陆上运输服务。再比如说，马来西亚的港口设施堪称世界领先，包括全球最繁忙的集装箱港之一的巴生港、槟城港、丹戎帕拉帕斯港以及关丹港，这些港口为国际贸易提供了强大支撑。

此外，马来西亚还设有多个现代化的物流集散中心，例如位于吉隆坡国际机场的货运中心、连接南北半岛的南北大道物流走廊以及巴生港自由贸易区，这些物流集散中心极大地提升了物流运输效率和服务水平。

• 注重数字经济发展

根据居外 IQI 的报告显示，马来西亚作为东南亚国家中在数字领域率先进行大规模投资的先锋，其数字经济在 2021 年已约占国内生产总值（GDP）的 23%。这一比例不仅凸显了数字经济在其国家经济中的重要性，也反映了马来西亚政府和企业在数字化转型方面的积极努力。此外，2023 年的全球创新指数（GII）中，马来西亚在 132 个国家中排名第 36 位，这一成绩展现了马来西亚在创新和科技发展领域的卓越表现。

马来西亚还是一个以高科技出口而闻名的国家，是全球最大的半导体和封装测试中心之一。全球巨头英特尔、英飞凌和恩智浦都在马来西亚设有工厂。根据联合国统计，2022 年马来西亚高科技产品出口达到了 1 250 亿美元，排名世界第 9 位，是 2010 年以来的最好成绩。位于马来半岛北部的槟城州更是因为半导体产业规模之大，而被称为

"东方硅谷"。

在云服务，特别是数据中心的建设方面，马来西亚也展现了强大的潜力。根据马来西亚官方预计，2022～2027年，跨国公司将投资超过20亿美元于马来西亚建设数据中心，以支持该地区日益增长的云计算服务需求。位于雪兰莪州的赛城将是这一发展浪潮的核心。目前，赛城的14个数据中心设施已经为马来西亚贡献了75%的数据中心容量。随着另外15个已宣布和正在建设的数据中心项目的推进，在未来几年内，马来西亚的数据中心市场预计将以近14%的复合年增长率增长，到2029年市场规模估计将达到39.7亿美元。

5.4.3　社会洞察：全球化人才性价比高

马来西亚是一个典型的多元文化、多民族的国家。由于华人也是其主要组成部分，因此与中国文化有很多天然联系，某种程度上对于中国刚刚出海的企业而言，在马来西亚经营的本地化难度要比欧美市场小得多。

虽然从法律上来看，马来西亚是设有一些旨在维护"原住民"（马来裔及其他原住民）福祉的特定条款，但整体来看，并没有造成太多明显的不和谐。

• 平均教育水平高，华人家庭教育投资意愿更高

近年来，马来西亚的教育水平和教育资源逐渐受到国际关注。根据2021年联合国教科文组织的调查显示，马来西亚的教育水平在全球排名显著提升，位居全球前列，在东南亚地区仅次于新加坡。尤其引人注目的是，在2024年的全球QS世界大学排名中，马来西亚共有28所大学上榜，创下历年来的最高纪录。

这一教育成就的背后，反映了马来西亚政府在提升教育质量和扩

大教育资源方面付出的巨大努力。高水平的教育体系不仅为马来西亚培养了一批具备国际竞争力的年轻人才，也吸引了国际企业的关注。近年来，越来越多的国际企业选择将总部从新加坡迁移到马来西亚，一方面是因为马来西亚能够提供具备全球化经验的年轻人才，另一方面则是由于与新加坡相比，马来西亚的人力成本更低，生活成本也更为合理。在新加坡房价不断攀升、生活空间日益拥挤的背景下，马来西亚自然成为许多企业的首选。

我们在马来西亚华人社群中调研发现，华人和马来人之间的社会文化差异也体现在教育和职业选择上。华人家庭可能更倾向于投资孩子的教育，包括海外留学，以期望他们能够在全球化的环境中竞争。相比之下，由于马来人在本国享有一定的保障性权益，他们可能更倾向于在国内寻找教育和职业机会。

5.4.4 出海马来西亚的建议

总体来看，马来西亚在应对国际和地区事务时，往往能保持较高的稳定性和一致性。中国与马来西亚两国的密切合作不仅反映在经济领域，也体现在文化和社会层面。马来西亚的多元文化环境尤其有利于中国企业的本地化运营，而长期友好的对华策略则为中国投资者提供了便利和安全的条件。

不夸张地说，无论是政策制定，还是民间社会，马来西亚始终展现的都是对中国投资积极欢迎的态度。开放的经济、丰富的自然资源和配套设施，也使其成为中国企业海外投资的理想之地，再加上历史上的深厚渊源和日益紧密的双边关系，可以预见马来西亚将继续作为中国企业"走出去"战略的重要伙伴和桥梁，为双边合作创造更多机会和价值。在本节内容最后，我们也希望给考虑出海马来西亚的中国企业几条中肯的布局建议。

• 马来西亚适合招募全球化人才

我们在对马来西亚进行的深入调研中，揭示了当地年轻人尤其是华裔社群中年轻一代在全球化能力方面的显著优势。这些年轻人通常能够流利使用三至四种语言，包括中文、英文、马来语和印尼语。这种语言能力的多样性不仅为他们在国际舞台上的沟通提供了便利，也显著提升了他们的跨文化交流能力。

进一步来看，许多马来西亚华人中产家庭积极推动子女的国际教育经历，选择将他们送往海外留学。这样的经历不仅拓宽了年轻人的国际视野，也使他们在适应不同文化环境、理解全球市场动态以及建立国际人脉方面具有了显著的优势。这种全球化教育背景，加之他们天生的语言能力和跨文化适应能力，使得马来西亚的年轻人成为具有高度全球竞争力的人才。

这些具备高度全球竞争力的年轻人对于寻求在海外发展的中国等国家的企业来说，是极具吸引力的人力资源。他们不仅能够作为企业与当地市场之间的桥梁，促进文化和商业的交流，还能够帮助企业更好地适应当地的商业环境，理解消费者的需求。此外，他们在国际视野、语言沟通以及跨文化适应等方面的能力，对于企业在全球范围内构建多元化团队、开拓新市场以及实现长期可持续发展具有重要价值。

• 马来西亚适合作为区域创新中心

由于马来西亚在科技创新领域，尤其是数字经济方面的持续投入和发展，该国在整个东南亚地区具有非常独特且突出的优势。这一优势不仅体现在其先进的基础设施和政策支持上，还体现在其人才资源和多元文化环境上，马来西亚为数字经济和科技创新提供了肥沃的土壤。因此，对于中国科技企业而言，重点关注并利用马来西亚作为区域乃至国际创新研发中心的潜力，是实现其国际化战略的重要一环。

中国的科技巨头阿里巴巴和腾讯已经在马来西亚迈出了重要步伐，分别通过建立世界电子贸易平台（e-WTP）和数据中心来支持和加速它们在整个东南亚市场的发展。这些举措不仅促进了中国企业与东南亚乃至全球市场的连接，也为马来西亚乃至整个东南亚地区的数字经济发展贡献了力量。

对于出海马来西亚，很多成功的公司还有一个很有意思的策略，就是雇用当地会讲普通话且英语流利的华人，这不仅成本相对较低而且天然具有文化纽带，还能和当地员工以及欧美市场客户形成很好的交流。

总体而言，对于很多刚刚开始探索出海业务的中国企业来说，马来西亚是东南亚最为安全可靠的国家，虽然人口规模没有印尼大，但这个国家在全球范围看，可以起到一个枢纽的作用，而且国际化程度要比印尼更高。因此，我们认为马来西亚是一个投资安全性高的出海目的地。

5.5 越南：中国企业出海的核心贸易中转站和工厂投资目的地

随着全球供应链的转移和地缘政治格局的变化，中国与越南之间的贸易投资关系日益密切。近年来，越南凭借其独特的地理位置优势，越来越多地成为连接中国企业与东南亚和北美市场的核心贸易中转站和工厂投资目的地。

由于越南和中国同属儒家文化圈，越南的多数历史都是由汉字写成的，因此两国历史和文化的相似性给两国带来了很多共同的交流基础。值得一提的是，越南人和广西人在历史上同根同源，具有相同的生活方式和语言。这也解释了为何广西和越南之间的贸易关系一直非常紧密。对于中国企业的企业家来说，理解越南的宏观环境还是要相对容易一些的，这些属性也是属于越南市场的独特价值。

根据越南工业与贸易部 2024 年 7 月的数据，2024 年 1～6 月，有近 152 亿美元的外国投资流入越南，相比 2023 年增长了 13%。越南官方预计全年将会吸引 390 亿～400 亿美元的海外投资，与前一年基本持平。近年来不仅有三星、LG、富士康、韩国 SK 这样的明星企业投资越南，也有不少来自中国的制造业巨头青睐越南市场，比如歌尔股份、得力文具、润阳股份和昊华轮胎这样的国内龙头企业。

那么，越南市场有哪些独特的优势吸引了中国企业前往投资？我们在此从宏观、经济和文化层面为读者做一梳理，希望这些洞察可以更好地帮助对海外市场拓展有兴趣的读者建立起对越南的立体认知。

5.5.1　宏观洞察：整体环境趋于稳定

对于当下中国出海企业，关心比较多的就是目标国家或地区的宏观局势问题，特别是整体的稳定程度以及对华投资的态度。从这方面来讲，越南是一个整体环境稳定的国家。越南政府从 1986 年开始推行革新开放政策，其发展也自此实现了本质性的转折。

从世界银行的统计数据来看，越南的宏观稳定性虽然低于马来西亚和新加坡，但是优于同属于东南亚的泰国和印尼，其行政效能指数近 20 年来呈现出不断攀升的态势，反映出其在效率和执行方面的持续进步。

• 革新开放政策助力越南经济腾飞

越南开放吸引外资经历了多个阶段。1986 年革新开放之初，外资规模极为有限。2007 年越南加入 WTO 后，因为廉价的劳动力和土地，中国资本等外资开始大举进入越南，但是 2008 年金融危机又对这一势头造成一定打击。

2013 年之后，随着中国劳动力成本的不断上升，一些大型跨国企业为了保持竞争优势，实现利润最大化，开始选择投资越南。韩国的三星便是典型案例，三星在 2012 年加速了在越南的投资，如今已经在越南经营六家工厂，雇用了超过 10 万名本地员工，总投资接近 20 亿美元。随着三星向越南投资转移，上千家的中国中小供应链企业选择跟随三星来到越南。

相比被动跟进，也有中国企业主动选择投资越南，利用越南土地、劳动力等方面的成本优势，加强自身的全球竞争力。这其中典型的成功代表包括 1999 年投资越南的 TCL 公司以及 2007 年在越南建设海外生产基地的美的。TCL 借助越南工厂有力支撑其全球战略的同时，还成功打开越南本土市场，成为越南市场头部彩电品牌。类似案例还有海信、创维等企业。

2018 年中美贸易摩擦进一步加速了这一趋势。数据显示，2019 年中国对越南投资额同比 2018 年增大近一倍。典型案例如 OPPO 和 vivo 手机的生产基地落户越南。海尔、美的等家电企业也扩大了在越南的产能。

2022 年之后，投资越南的资本迎来新一轮高速增长。例如，中国最大汽车企业——上汽集团计划在越南新增两大工厂，三星、富士康等也在越南投资芯片、面板等高新技术产业。

总体来看，随着革新开放的深入，越南的经济不但在腾飞，其产业角色在全球供应链体系中也得到了大幅提升。

• 2030 ～ 2045 年目标：加大开放力度，持续大力发展工业

2024 年越南提出了 "2030 年 GDP 年增长率为 7%、人均 GDP 为 7 500 美元（现行价格）以及农业劳动力比例降至 20%，服务业占 GDP 比重超 50%，其中旅游业占 14% ～ 15%" 的目标。

从工业角度，提出了"越南工业竞争力跻身东盟前三；工业占
GDP 比重达到 40%；加工制造业占 GDP 比重约 30%；加工制造业
的高技术工业产品价值比重达 45% 以上；人均加工制造业附加值达
2 000 美元以上"的具体指标性目标。

其中，有两点值得格外关注。

首先，越南的工业发展战略强调在多元经济成分的基础上，鼓励
民营和外资经济的发展，特别是农业和农村工业的现代化。通过建立
与国际市场相配套的产业链，越南希望能更深地融入全球价值链，同
时注重绿色和可持续的工业生产。

其次，在优先发展的行业中，加工制造业、电子通信业和新能源
等领域被特别提及。越南计划到 2025 年优先发展机械制造、化工、农
林水产加工业等，力求在这些领域提高产品的国际竞争力和市场份额。
同时，新能源和再生能源的开发也被视为未来的重要方向，尤其是在
风能、太阳能等领域的投资。

对于中国出海企业而言，越南的工业发展战略为其提供了多种机
会。首先，越南的加工制造业和化工业对外资的需求持续增长，尤其
是在机械和电子产品的生产方面。其次，越南在农业和水产加工业的
现代化进程中，欢迎外资参与，尤其是那些能够提供先进技术和管理
经验的企业。此外，新能源领域的快速发展也为中国企业提供了投资
和合作的良机，特别是在可再生能源技术和设备的引进方面。

5.5.2 经济洞察：外资加速布局，人口红利期可持续到 2039 年

越南 GDP 近些年呈现高速增长态势，如图 5-20 所示，2023 年达
到了近 4 300 亿美元，这一数值跟我国辽宁省的 GDP 数值相近。这一
点也是出海东南亚时中国企业常有的感受，就是任何一个国家市场都

无法与中国整体或者一个大的区域相比，所以在开发东南亚市场的时候，很多企业市场负责人都会把不同国家的市场按照人口和经济体量与中国的不同省份进行对标，否则企业市场负责人很难有足够的动力深度挖掘。

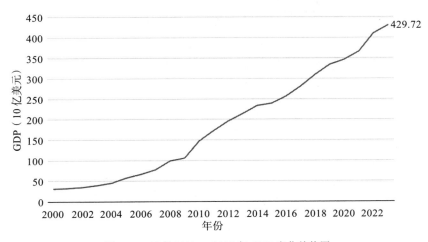

图 5-20　越南 2000 ~ 2023 年 GDP 变化趋势图

资料来源：世界银行。

· 人口红利正当时

根据联合国数据，2023 年越南人口突破了 1 亿，是世界第 15 大人口国，也是仅次于印尼与菲律宾的第三大东南亚人口国。当下越南年轻人无论在数量上还是人口比例上，都是历史最高水平。目前越南 10 ~ 24 岁的年轻人群占总人口的 21.1%，劳动年龄人口达到了 70%，为越南的产业升级和经济增长提供了强大动力。

这种独特的人口红利将会持续到 2039 年，也就是说未来至少还有 15 年时间。根据联合国预测，2039 年之后越南就会进入到老龄化，如图 5-21 所示，届时 65 岁及以上的人群将达到 1 550 万，而 2050 年将超过 1 840 万。

2023 年越南人口金字塔

年龄	男性	女性
100+	366	6 994
95～99	5 304	44 066
90～94	39 201	170 898
85～89	130 912	368 094
80～84	279 136	568 114
75～79	515 328	855 221
70～74	1 094 758	1 505 724
65～69	1 727 415	2 125 586
60～64	2 160 900	2 536 101
55～59	2 382 350	2 695 203
50～54	2 873 005	3 014 649
45～49	3 480 568	3 444 405
40～44	3 770 910	3 772 579
35～39	3 894 075	4 005 840
30～34	4 110 748	4 140 825
25～29	3 767 549	3 670 243
20～24	3 483 030	3 329 338
15～19	3 601 545	3 343 866
10～14	3 792 741	3 440 038
5～9	3 939 676	3 544 335
0～4	3 800 725	3 426 579

2050 年越南人口金字塔

年龄	男性	女性
100+	1 788	24 434
95～99	28 265	160 651
90～94	182 995	572 921
85～89	530 584	1 155 016
80～84	1 022 281	1 707 783
75～79	1 803 133	2 425 456
70～74	2 490 972	2 962 439
65～69	2 959 299	3 411 831
60～64	3 294 411	3 652 380
55～59	3 663 406	3 744 536
50～54	3 391 628	3 211 500
45～49	3 512 334	3 203 070
40～44	3 577 435	3 167 458
35～39	3 771 753	3 335 056
30～34	3 748 870	3 349 134
25～29	3 467 029	3 175 956
20～24	3 176 114	2 984 273
15～19	3 091 638	2 922 321
10～14	3 115 147	2 930 703
5～9	3 131 213	2 931 427
0～4	3 107 667	2 916 621

图 5-21　2023 年与 2050 年越南人口金字塔图

资料来源：联合国人口司。

　　笔者走访越南市场的时候，很明显的感触就是这些年越南的社会治安有明显提升。背后的逻辑很容易理解，随着各地工业的发展，年轻人获得了更多职业机会，所以走正路成了更多人的选择。很多用人企业表示，现在越南已不是老板挑工人的时代了，而是工人挑老板的时代。由于同时期进入越南建厂的企业增多，很多工厂为了留住工人，不得不通过提高薪资的方式确保人员不会流失。

　　不过与此同时，值得关注的是，当下越南经济其实严重依赖外国投资和外贸出口。这就意味着，如果全球经济进入了不确定性强的下行周期，那么越南经济面临的风险是巨大的。届时，越南经济可能会同时面临全球订单数量下滑、国内劳动力成本上升、房地产泡沫、内生性市场低迷等多重压力。此外，由于越南本土技术人才匮乏，相关教育系统并不完善，也制约了人口红利的长期化效果。

- **中产崛起，年轻人多，消费能力强**

　　根据世界银行的统计，如图 5-22 所示，越南 2023 年人均 GDP 为 4 284.5 美元，差不多是中国 2010 年的水平。但按购买力计算为 13 696 美元，基本上与中国当下水平持平。

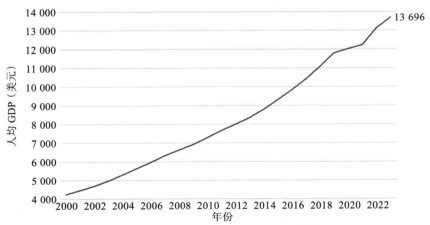

图 5-22　越南 2000 ～ 2023 年人均 GDP 变化趋势图（按购买力计算）

资料来源：世界银行。

这背后隐藏着两个不可忽视的群体的发展，一个是中产，另一个是年轻人。

越南中产群体不断崛起是不争的事实。2023 年中产人口差不多有 1 300 万，占总人口的 13%，而根据《经济学人》预测，越南在 2026 年中产人口将达到 30%，这就意味着有超过 3 000 万人口将成为新的中产群体。毫无疑问，这将带来巨大的商机。

越南中产群体有什么特点呢？

根据笔者多年在越南市场的探访，总结如下：这个群体是非常年轻的，越南中产群体的中位数年龄在 35 岁上下。首先，他们正因为年轻，所以有冲劲儿，普遍有"向上爬"或者"向外走"的精力；其次，他们往往接受过更高程度的教育，很多人拥有大学及以上的受教育经历，他们普遍可以讲英语，思想开放，特别喜欢接触外界的事物与信息；最后，这个群体的消费能力是比较强的，愿意贷款消费，很多中产不仅在常驻城市有自己的房产，也会在周边一些度假城市购买第二套房产，以满足家庭娱乐的需求。

举个例子来说，笔者 2011 年在越南工作的时候，当时汽车还不是河内市街头最多的交通工具，如今四轮汽车已经和摩托车一样多，不停地穿梭在越南主要城市的大街小巷，而且其中并不乏国际品牌。在胡志明市街头也会经常看到劳斯莱斯、玛莎拉蒂等品牌的豪车。显然，在过去这些年，越南随着中产和富有阶层的发展，消费市场是非常繁荣的。

再说一下越南消费欲望很强的年轻人群体。

越南年轻人给人的感觉就是：赚得不多，但真敢花。2024 年第 1 季度越南工人的平均每月薪资差不多在 334 美元左右。但是在走访很多工厂或者街头时，你会惊讶地发现，打工人以及学生族拿的手机都是苹果、三星、OPPO 和 vivo 的新款手机，而且很多人甚至有两台手机。这可能是很多人所不理解的，但在东南亚这是一个比较普遍的状态，背后的逻辑比较简单：由于这些有薪阶层对未来工作有着较好的预期，并不认为自己会失业，认为自己会持续涨薪。因此，他们没有存钱的习惯。此外，由于很多人长时间都在工厂或者办公室里工作，娱乐活动主要通过手机实现，因而他们愿意花重金购置一台可以享受且能够展现自身品味和追求的智能手机。

综合来看，虽然越南经济发展前景光明，但也面临诸多挑战。这需要越南采取积极的应对措施，提高自主创新能力，培养技术人才，扩大内需市场，防控经济过热风险，才能在新一轮世界产业变革中抓住机遇，实现经济的持续健康发展。

5.5.3　文化洞察：儒家文化与汉文化影响深远，法国殖民历史催生"低信任社会"

越南不仅在形态上，在很多风俗上和我们也有着非常多的相似之处。与此同时，法国殖民历史也在一定程度上催生了越南的"低信任社会"。

● 儒家文化与汉文化影响深远

在这里不妨以笔者个人经历作为引子。

2010 年笔者在越南工作期间正逢当地庆祝最重要的节日——农历新年，作为外来人的我很快受到本地同事的邀请，到他们家中共庆佳节。让我们意外的是，越南的节日气氛与中国一样浓郁，大街小巷灯火通明，红包文化极为盛行，只是相比中国长辈给晚辈的模式，越南红包更强调逢人就送，体现出一种心意相通。

作为儒家文化圈中的一员，越南人也极为重视伦理关系。比如人际交往中，面子被看得非常重要，特别是长辈与晚辈之间的尊卑礼仪。

在传统的越南家庭里，普遍存在重男轻女的现象，女孩需要承担更多的家务劳动。当然，随着社会快速变迁，现在的青年一代已经更加开放，能积极接受世界各地的新思想与文化。

除了与中国文化的整体相似性，越南文化的很多内在逻辑与闽粤地区也是一脉相承的。最典型的就是以家族为核心的社会结构。这与中国广东、福建等南方省份高度相似。这种历史渊源也解释了为何越南语和粤语在声调、词汇以及语法结构上有着诸多相似之处。例如，越南语中有大量的汉越词，这些词在发音和意义上与粤语有一定的相似性。除了词汇，两种语言在语法结构上也有相似之处，如越南语和粤语都采用主语—动词—宾语的语序，经常使用量词。此外，越南语和粤语都有使用句末助词的习惯，都用于表示语气和情感。

如果在河内的老市中心漫步，会发现不但有广东、福建地区的会馆，还有一些具有闽粤风格的寺庙。不可否认的是这种文化和语言上的相似性为越南和中国南方地区，特别是珠江三角洲地区的经贸合作奠定了坚实的基础。

在越南的商业秩序中，家庭同样扮演着至关重要的角色。许多越南知名大企业都是家族企业，其中最具代表性的就是由潘日旺创立的Vingroup。作为越南最大的私营企业集团，Vingroup旗下的VinFast电动汽车于2023年成功在美国上市，标志着这个家族企业已经跻身国际舞台。除了Vingroup这个超级巨头，越南还有许多其他知名的家族企业，如越南乳品股份公司、和发集团以及消费零售巨头马山集团等。这些企业不仅在各自领域占据领先地位，而且对越南经济的发展做出了重要贡献。

• 殖民历史造成的"低信任"社会，沟通成本高

越南可以说是一个十分典型的"低信任社会"。根据2022年世界价

值观调查的数据，只有 34% 的越南人认为大多数人是值得信任的。这种低信任现象可以追溯到越南曲折动荡的历史。作为曾长期遭受法国殖民统治和美国干涉的国家，越南人对外来者存在天生的不信任情绪。

低信任现象还体现在越南本土企业与外资的合作上。据新加坡管理大学调查，在越南的家族企业中，只有不到 10% 愿意引入外部投资者或经理人。

这种低信任现象也会延续到商业社会，越南人往往更倾向于信任亲属而非陌生人或外来者。因此，对于中国出海越南的企业而言，要想建立商业合作关系不仅需要供需匹配，更需要循序渐进地建立互信关系。

5.5.4　越南出海建议

- **越南已经成为中国低附加值劳动密集型企业重要的出海目的地选择，但后期入驻成本也在不断上升**

随着越南成为全球制造业投资的热门目的地，该国面临着土地成本上升和人才短缺的双重挑战，这些因素共同影响了其产品的竞争力。例如，在胡志明市附近的平阳省和隆安省，由于许多外资企业纷纷入驻，导致当地工业园区的土地租金在过去几年中显著上涨。越南的土地租金大幅上涨，可以说与国内沿海城市无异，这对于依赖大规模土地进行生产的制造业企业来说，无疑增加了巨大的成本压力。

在人才方面，越南虽然拥有庞大的劳动力市场，但在中高端技术和管理人才方面却面临短缺。以电子制造业为例，许多外资企业在越南的生产基地急需熟练的技术工人和工程师，但往往难以在当地市场中招聘到合适的人才。这些企业不得不投入额外的资源对员工进行培训，或者从国外引进技术人才，这同样增加了企业的运营成本。

劳动生产效率的差距也是越南面临的一个重要问题。以越南与中国的对比为例，中国整体的劳动生产效率远高于越南。中国拥有先进的制造技术和高效的工业管理经验，而越南尽管劳动力成本较低，但在生产效率和产品质量方面仍有较大的提升空间。这种差距限制了越南产品在国际市场上的竞争力。

总体来说，对于中国出海越南的低附加值劳动密集型企业而言，如果现在选择越南，最终的结果可能是利润进一步下降，甚至出现亏损的状态。

- **越南法律合规环境比国内的不确定性高，高污染企业需要更加警惕**

越南的法律环境对于外资企业而言，确实存在一定的不确定性，尤其是在环保要求方面。近年来，越南政府逐步提高了环保标准，强调可持续发展的重要性。这一转变在一定程度上影响了一些外资企业的运营和投资计划。例如，玖龙纸业原计划在海防市投资建设一家利用进口废纸作为原料的纸厂，但因环保要求而未能获批，反映出越南对环保问题的严格态度。

越南对能源消耗型和高污染的外资项目越来越持谨慎态度。例如，一些计划在越南建设的煤电项目因环保考虑而被搁置或取消，越南政府更倾向于支持清洁能源和可再生能源项目。这一政策转变促使外资企业需要重新评估其在越南的投资策略，特别是那些能耗高、污染重的行业。

对于想要出海越南的中国企业而言，这不仅意味着在越南开展业务时需要更加关注环保合规性，也意味着在选择投资项目时，需考虑其环境影响，以确保符合越南的法律法规和社会期望。

总体而言，越南已经成为广大中国企业重要的贸易中转站以及制造业投资目的地，有很多成熟的经验可以借鉴。比如，越南和中国类似，也有产业园聚集的现象，产业园相对于分散投资受到的保护要好很多，这也是很多企业看重越南的重要原因。

越南本地的中资企业以及华人企业有很多，相对来说对于中国人并不陌生，估计依然会有很多企业选择投资越南。

但有一个重要的不确定性要加以关注，就是美国对东南亚国家转口中国产品贸易一直心存警惕，由于越南和中国的关系一直比较近，因此也需要提防由于欧美关税等政策的突然调整带来的潜在风险。

一般来看，出海越南是一个成熟的方向，也是中国企业全球出海本地化的一个初期可选之地，在越南积累的应对复杂情况的经验应该说和泰国、印尼、菲律宾等国家非常接近，也代表东南亚整体的一些特点。

总体来看，目前东南亚是中国最大的区域贸易伙伴，长期受中华文化影响和政治上相对彼此宽容度高的特点决定了东南亚和中国的关系会持续朝着积极的方向发展下去。东南亚是中国企业出海投资安全性最高的区域，所以，投资越南还是值得关注和深入研究的。

第 6 章

CHAPTER 6

欧 美 市 场

在全球化的大潮中，中国企业不断寻求海外拓展的新机遇。东南亚市场常被视为中国企业国际化的"试水区"，而欧美市场则被视为高毛利的品牌制高点。

这一现象背后的原因多种多样，但主要可以归结为三个方面。

首先，欧美国家的经济发展水平高，人均收入远超全球平均水平。根据国际货币基金组织的数据，2022 年美国的人均 GDP 约为 70 000 美元，而欧盟的核心国家如德国、法国的人均 GDP 也都在 50 000 美元以上。这种高水平的购买力意味着消费者有能力支付更高价位的商品和服务，为高价值产品提供了市场基础。

其次，欧美市场在全球品牌建设中占据着举足轻重的地位。例如，小米手机凭借其在欧洲市场的出色表现，赢得了消费者的信任，逐步在欧洲市场站稳了脚跟。对于中国企业而言，能够在这样的市场中获得认可，意味着品牌的全球性价值得到了提升。再比如 TCL，尽管面临各种出海挑战，但其在欧洲市场的成功极大提升了其全球品牌形象。

再次，欧美国家普遍拥有成熟的市场经济体制、透明的法律法规和良好的营商环境，这为外国企业提供了有力的制度保障。同时，这些国家在技术创新、人才培养等方面也处于领先地位，有利于企业获取先进的资源和人才。

然而，进入欧美市场并非易事，中国企业需要面对多方面的挑战。首先是市场准入门槛高。欧美国家对产品安全、环保标准有严格的要求，如欧盟的 CE 标志 ⊖ 认证和美国的 FDA ⊖ 审批。这些认证不仅流程繁复，而且成本高昂，对诸多出海的中国企业是一大考验。

然后是文化差异和消费者偏好。欧美消费者的购买习惯、审美和价值观与中国存在较大差异，这要求中国企业进行更多的市场调研和本地化服务。例如，海尔最初在 20 世纪末进军美国市场的时候，就面临着美国消费者对"中国制造"质量的不信任，产品设计不符合一半美国消费者审美的问题。

与此同时，宏观因素也不容忽视。在全球贸易摩擦的背景下，中国科技企业在西方市场的运营受到了一定的限制。种种风险都会使得中国企业在欧美市场的布局更加复杂。

尽管挑战重重，但成功的案例也层出不穷。比如，中国家电品牌海尔通过收购美国的通用电气家电业务，成功打入北美市场，极大地提升了品牌的国际形象。再如阿里巴巴的支付宝，通过与国际支付公司如 VISA 和 Mastercard 合作，逐步拓展其在欧美市场的支付服务。

欧美市场对于中国企业而言是一片充满机遇和挑战的"热土"。只有深入了解当地市场，采取因地制宜的策略，充分发挥自身优势，中国企业才能在这一"制高点"上取得成功。相信在"走出去"的进

　⊖　一种安全认证标志，被视为制造商打开并进入欧洲市场的护照。CE 代表欧洲统一。
　⊖　美国食品药品监督管理局。

程中，越来越多的中国企业将凭借卓越的产品和服务，在欧美市场赢得一席之地，实现全球化发展的新突破。

6.1　法国：具有巨大市场潜力的传统西方大市场

在中国人印象里，法国一直是中国的老朋友，这和法国的国家独立性有关。法国是西方国家中第一个选择与中国建交的国家，2024 年两国还庆祝了建交 60 周年纪念日。

法国与中国加强互动的核心目的之一就是希望吸引更多的中国投资者到法国投资。法国经济和财政部部长曾经在 2023 年到访中国时明确表示：法国欢迎中国投资者，尤其是电动汽车、电池和能源转型领域的投资者。他甚至还承诺法国会在这些领域提供税收减免和基础设施支持，为中国投资者提供更多机会和便利条件。

虽然说近年来中国在法国的投资规模不及德国、荷兰和瑞士等西欧国家在法国的投资规模，但法国在新能源、航空航天等高新技术领域拥有雄厚实力和丰富的人才资源，为中国企业提供了优越的研发基地。此外，法国主要城市如巴黎、里昂、马赛等具有明显的产业优势。作为欧洲文化和时尚中心，巴黎的品牌效应吸引了更多中国企业选择在法国设立欧洲总部。同时，法国与非洲之间的语言联系也使得巴黎成为法语区市场的重要枢纽。

中国企业如 TCL、京东集团、阿里巴巴、中远海运、中国银行等都将欧洲总部设置在法国。华为、中兴、海尔、美的、科大讯飞等也都在法国设立研发或者设计中心，利用法国在技术和人才方面的优势进行创新。但法国企业管理模式与中国有差异，中国企业需了解法国的劳工制度和社会文化，以更好地适应法国市场环境。

本节基于笔者长期对法国市场的观察，希望通过宏观、经济和社会三个层面的剖析，为中国投资者呈现一个全面的市场分析，帮助中国企业更好地制订在法国市场的出海策略。

6.1.1　宏观洞察：去工业化之后的法国急需重振制造业

确切地说，法国存在振兴制造业的需求和决心。

作为曾经的欧盟核心国家，法国在近 20 年的去工业化进程中逐渐失去了其经济影响力。同时，随着政治的不稳定性加剧，极右翼保守势力的崛起给法国的未来蒙上了一层阴影。这种情况使得法国在国内政治和经济领域面临着诸多挑战，需要采取有效措施来应对，以确保国家的稳定和繁荣。

法国曾经是世界上最大的工业国之一，目前去工业化确实比较彻底，这方面已经出现了明显的衰落，但国家多方面确实希望重振制造业。我们仔细地分析、研究一下法国的宏观现状。

• 去工业化之下的法国，改革更加艰难

1945 年之后的"光辉三十年"对于法国来说确实是一个经济繁荣的时期。在这段时间里，法国的制造业蓬勃发展，占据了国家 GDP 相当大的比例，为法国经济的增长做出了重要贡献。然而，随着时间的推移，法国面临工业竞争力下滑和去工业化的挑战。

根据法国国家统计与经济研究所的数据，法国制造业的就业量在总就业量中的比例从 1952 年最高的 28% 下滑到 2018 年的 11%，制造业毛增加值占总增加值比例从 1973 年最高峰时期的 24% 下滑到 2018 年的不到 10%。

很显然，法国在 20 世纪 70 年代之后出现了严重的去工业化现象。其中，法国纺织、造船、钢铁和煤炭开采等传统产业在全球化竞争和劳动力成本增加的压力下逐渐失去竞争力。法国企业选择将生产环节

外包至劳动力成本更低的国家，导致国内制造业岗位流失。

与此同时，法国的高福利政策也在一定程度上减缓了经济结构调整的速度。相较于其他欧洲国家，法国由于迟迟没有进行深入的福利改革，导致其产业竞争力始终萎靡不振，从而加速了制造业的进一步外迁。

1998 年，法国失业率增加，为了增加工作岗位，法国推动实行了每周 35 小时工作制，取代之前的 39 小时工作制。这一举措表面上看是"创造了"更多的工作岗位，但实际上由于蛋糕并没有变大，35 小时工作制不但没有带来更多的就业机会，反而增加了薪资成本。雇用一个员工不仅需要支付工资，还需要承担高额的社会保障费用和提供额外的工位或设备。这一政策使得雇主感到压力，尤其是国际投资者，对法国的投资环境产生担忧。这种情况加剧了法国制造业的困境，使得其在全球市场上的竞争力进一步下降。尤其是在政策实施后，法国的失业率一度突破了 10%，创下历史新高。

尽管在 2010 年之后，法国对 35 小时固定工作时间进行了一定的松绑，但是在福利等改革上的延迟，导致国家错失了最佳的提升竞争力窗口时机。这一延迟的影响在法国经济中持续显现，制造业的竞争力逐渐被削弱，失业率居高不下，这对法国经济和社会造成了严重影响。

很多人可能会有疑惑，为什么法国一直未能进行深度改革给经济松绑。近年来，法国民众对推迟退休年龄等提案的激烈反应，显示了经济改革面临的巨大社会阻力。

一来，法国有着深厚的社会保障传统，法国社会对现有体系的依赖使得任何削弱保障的改革都容易引发反对；二来，主要的政党在这个问题上出现了比较大的分歧，使得改革难以达成共识。此外，法国的反对文化根深蒂固，公众对生活水平和工作条件的敏感度极高，任何改革都可能引发一定的反对。

- **法国对来自中国的投资态度整体上是积极的**

中国投资者对法国投资环境的疑虑确实是一个值得深入探讨的问题。法国对来自中国的投资态度整体上是积极的，但也有一些复杂的因素夹杂其中。

2023 年，法国参议院调查委员会发布了关于 TikTok 的调查报告，要求 TikTok 进行整改，以符合法国法律要求，否则可能会禁止其在法国的使用；2024 年 3 月，法国国民议会通过了限制快时尚平台在法国发展的法案。这一法案的通过意味着法国政府对快时尚行业进行了更严格的监管，禁止发布低价出售服装的广告，这直接影响到一些中国投资者投资的快时尚平台在法国市场的经营策略。

很显然，虽然整体上法国对来自中国的投资持有比较积极的态度，但是也增加了对外来企业的监管和合规要求。这些都会更加具体地反映在企业的成本上。合规成本越高，企业的利润自然就越低，那么选择法国作为布局点或者欧盟市场切入口的企业自然也会减少。

不过，对于很多有合规能力的公司而言，法国在欧盟市场以及在全球的地位决定了这个市场依然是一个有很大蛋糕的潜在的投资目的地。

6.1.2　经济观察：法国市场深度转换

中法产业之间的互补性依然显著。特别是在一些关键行业中，法国和整个欧洲产业需要中国供应链的支持，以顺利实现能源转型的目标。在电动汽车领域，中国在电池技术和生产方面处于领先地位，为法国的电动汽车产业提供了重要支持。此外，中国在可再生能源领域的投资和技术发展也为法国的能源转型提供了宝贵经验和与中国合作的机会。

- **法国是欧盟第一大领土国、第二大经济体，人均消费能力强**

如果只看欧洲地图，很难相信法国是欧盟最大的领土国家，其总面积是邻国德国的 1.55 倍[⊖]。造成这种差异的原因在于，法国在欧洲大陆以外还有 10 多万平方公里的海外领土，其中，大溪地便是中国人所熟知的一部分。这些海外领土不仅面积广阔，而且分布广泛。法国的海外领土包括 5 个在加勒比海的岛屿、4 个在太平洋的岛屿、3 个在印度洋的岛屿，以及 1 个位于大西洋西北部的领地。

这些海外领土的存在使得法国的地理范围大大扩展，为其在全球事务中的角色提供了支撑。此外，法国的海外领土促进了其航天技术的发展，法国被视为航天大国，部分原因是它能够通过这些海外领地进行航天发射。例如，欧洲航天发射中心便位于法属圭亚那，得天独厚的地理位置为航天发射提供了便利。

说完领土相关的冷知识，再来看法国的经济组成。根据世界银行的统计，2023 年法国的国内生产总值约为 2.78 万亿欧元（约 3.09 万亿美元）[⊜]，是全球第七大经济体。法国三大产业增加值占 GDP 的比重约为 2.1%、18.8% 和 79.1%，从结构上来看，法国是一个典型的后工业化国家，主要以服务业为核心产业，特别是旅游业，是法国主要的收入来源。作为全世界第一大旅游目的地，根据法国官方统计数据，2023 年法国的旅游业收入达到了 630 亿欧元（约 699.1 亿美元[⊜]，相比 2019 年增长了 12%），占 GDP 的 7.5%，为法国创造了超过 200 万个工作岗位。

法国是典型的"瘦死的骆驼比马大"，虽然经历了去工业化，但是法国依旧有着比较强的支柱型产业，比如说能源产业，特别是核电。法国是世界上仅次于美国的第二大核电生产国，有 56 个在运行的核反应堆，核电装机总量约为 61 吉瓦。也正是因为能源上不依赖进口，所以在俄乌冲突之后，法国经济并没有像德国经济一样受到能源价格上

⊖ 法国国土总面积为 55 万平方公里，而德国国土面积约为 35.7 万平方公里。
⊜ ⊜ 按照 2024 年 9 月 5 日的汇率计算。

涨的巨大压力，反而是整个欧元区经济恢复比较快的主要国家。除了核电，法国的航空航天业也是世界领先的，空客是与美国波音公司并列的两大客机制造商。此外，空客直升飞机公司也是世界上最大的直升机制造商之一。达索飞机制造公司也是世界上最大的军用飞机制造商之一。根据法国海关数据，2022 年法国航空航天设备出口额为 380 亿欧元（约 421.68 亿美元[⊖]），进口额为 170 亿欧元（约 188.65 亿美元[⊜]），顺差值 210 亿欧元（约 233.03 亿美元[⊜]），是整个法国第一大贸易顺差产品。此外，法国的奢侈品行业和化工化妆品工业也是主要的贸易顺差行业。

- **法国消费者消费能力强，品牌忠诚度高，格外注重品牌价值观**

法国消费者的平均消费能力是比较高的，这一点从人均 GDP 中可以看出。如图 6-1 所示，根据世界银行统计数据，2023 年基于购买力的法国人均 GDP 为 5.5 万美元，这无疑是一个高端消费市场。

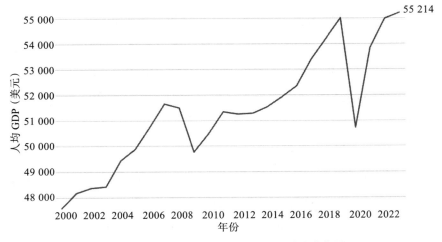

图 6-1　法国 2000 ~ 2023 年人均 GDP 变化趋势图

资料来源：世界银行。

⊖ ⊜ ⊜　按照 2024 年 9 月 5 日的汇率计算。

　　但凡在法国做过生意的人都知道,想要把东西卖给法国人并不容易。法国消费者不但对产品质量有所要求,还对品牌有着很高的要求,从产品的设计到生命全周期的排放,再到生产产品企业的价值观等都有着一系列的要求。你甚至可以说法国消费者的灵魂中就住着 ESG(环境、社会和公司治理)。笔者在之前的调研中发现,面对同样质量的产品,法国消费者更在乎产品是否有碳足迹标签,如果是进口商品,法国消费者甚至会具体了解产品是如何通过海运、陆运或者空运到欧洲的。消费者可以为环保相关的价值观支付更高的价格,这是很多中国出海企业所不了解或者不理解的。但对出海法国市场,甚至说更广泛的欧美市场,这一点已经变成不可或缺的核心因素。

　　正是法国消费者群体的这种特性,使得一旦他们认定了一个品牌,就会忠诚于这个品牌,从而持续消费这个品牌。从这个角度来看,虽然法国市场这块骨头难啃,但是一旦啃下来了,后期维护成本反而不会那么高且很难被踢出局。

• 人口老龄化严重,"银发经济"机会也在不断展现

　　讨论一个市场,必然要看这个市场的人口数量。根据联合国统计,2023 年法国人口约为 6 700 万人,是仅次于德国的欧盟第二大人口国家,也是欧盟内部为数不多的人口仍然正向增长的国家,年增长率约为 0.3%。

　　不过,法国与其他西方发达国家一样,是一个老龄化十分严重的国家。根据法国统计局官方数据,如图 6-2 所示,2023 年法国 60 岁以上的人口约为 1 500 万人,预计到 2030 年将增至 2 000 万人,占人口总数的近 30%,到了 2050 年,这一数值将达到 40%。这意味着法国将进一步面临劳动力市场供需失衡的挑战,可能导致经济增长放缓和竞争力下降。然而,与此同时,"银发经济"也带来了新的商业机会,吸引着中国出海企业的注意力。

2023 年法国人口金字塔

年龄	男性	女性
100+	5 105	28 200
95~99	48 874	172 049
90~94	214 746	506 218
85~89	491 381	843 202
80~84	747 285	1 035 528
75~79	1 249 931	1 544 753
70~74	1 661 954	1 944 835
65~69	1 760 400	1 991 959
60~64	1 918 365	2 076 715
55~59	2 039 908	2 138 835
50~54	2 135 753	2 188 109
45~49	1 986 508	2 033 301
40~44	2 020 539	2 116 225
35~39	1 931 248	2 053 587
30~34	1 834 747	1 927 262
25~29	1 707 335	1 742 580
20~24	1 874 217	1 823 354
15~19	2 010 913	1 915 356
10~14	2 052 985	1 957 484
5~9	1 889 847	1 810 512
0~4	1 696 969	1 627 496

2050 年法国人口金字塔

年龄	男性	女性
100+	24 954	80 596
95~99	165 388	384 321
90~94	528 180	929 547
85~89	1 019 163	1 458 849
80~84	1 393 552	1 756 351
75~79	1 671 239	1 950 279
70~74	1 677 751	1 893 162
65~69	1 821 900	2 035 526
60~64	1 884 073	2 082 811
55~59	1 863 883	2 031 322
50~54	1 876 305	2 064 690
45~49	1 857 151	2 086 147
40~44	1 862 665	2 108 214
35~39	1 826 845	2 052 175
30~34	1 624 759	1 821 386
25~29	1 481 082	1 599 675
20~24	1 633 266	1 620 868
15~19	1 833 141	1 735 370
10~14	1 825 028	1 736 857
5~9	1 727 836	1 651 909
0~4	1 609 262	1 539 582

图 6-2 2023 年与 2050 年法国人口金字塔图

资料来源：联合国人口司。

法国的老年人群可以大致分为三类不同的消费群体。首先是 X 世代，年龄在 55～65 岁，他们是对消费和科技敏感的年轻老人。其次是婴儿潮一代，年龄在 65～75 岁，这一代人在二战后出生，经历了国家的快速发展，拥有较好的经济基础，心态乐观向上，对新技术较为开放。最后是沉默世代，即 75 岁以上的人群，由于曾经受到战争的影响，对新技术和新型消费的接受度较低。

针对法国不断增长的老年人口，中国出海企业可以考虑开发针对不同老年消费群体的产品和服务。例如，针对 X 世代的年轻老人可以推出时尚、科技感强的产品；对于婴儿潮一代，则可提供更注重品质和服务的产品；而针对沉默世代的老年人，可以推出简单易用、贴近生活需求的产品。通过深入了解法国老年人群的消费习惯和需求，中国企业可以更好地把握商机，拓展市场，实现双赢局面。

• 中法在新能源汽车领域的战略互补性机遇

根据当前欧盟的法规，到 2035 年，在欧盟销售的所有新车和货车都应该是零排放汽车，这预示着未来电动汽车市场需求将呈现巨大增长。法国正积极应对这股新趋势，致力于实施巴黎提出的"法国再工业化"战略，旨在利用欧洲市场转型的机遇，将法国打造成欧洲电池制造的核心，重现法国在欧洲汽车业的辉煌。上法兰西大区的"电池谷"计划成为这一战略的核心所在。

历史上，里尔曾是法国的工业重镇和著名汽车生产基地，尽管随着法国工业的逐渐式微，该地区的许多工厂和矿场遭到了遗弃，但依然是法国汽车行业的核心所在。

目前，在法国政府的支持下，共有四个重大电池投资项目正在同时进行：辉能科技投资 52 亿欧元（约 57.7 亿美元[⊖]）的电池工厂、法德

———————
⊖ 按照 2024 年 9 月 5 日的汇率计算。

车企（包括标致、雪铁龙、菲亚特、道达尔能源和梅赛德斯）联合成立的 ACC 集团投资约 40 亿欧元的电池工厂、法国企业 Verkor 投资超 20 亿欧元（约 27.7 亿美元[⊖]）的电池工厂，以及中国远景集团旗下 AESC 的超级工厂。这些投资项目不仅吸引了全球电池制造商的目光，也引起了整个汽车产业链的广泛关注。例如，2023 年法国雷诺集团与中国汽车零部件企业敏实集团合资成立公司，并于 2024 年 1 月开始投产。

从笔者实地了解到的信息来看，里尔已积极向中国投资者表达了合作意愿，并为未来产业发展提供了充分支持。其中，里尔地区推出的"电动出行培训"计划，旨在为更多相关专业人才提供必要的职业培训，以支持企业的建设和运营。这一系列举措为地区经济的发展和转型注入了新的活力和希望。

6.1.3　社会观察：光荣的历史，严峻的现实

与其独特的历史文化形成鲜明对比，法国社会面临着一些长期存在的问题和挑战。一方面，法国人深受历史的影响，对自己国家的光荣历史和文化保持着强烈的自豪感。然而，这也带来了一定的弊端，如法国人外语能力相对较弱。另一方面，作为一个移民国家，法国长期以来一直在努力应对移民问题，但这也给社会带来了一定程度的压力。

● 法国"昔日光环"效应强，法国人英语能力相对弱

法国人以其强烈的民族自豪感而闻名，与其北方邻国德国形成鲜明对比。这种自豪感源于两个主要因素。首先，法国在历史上曾是一个辉煌的帝国，其殖民地遍布非洲和大洋洲。法国的殖民地历史和全球影响力使得法国人对自己国家的地位感到自豪。例如，法国在殖民地时期建立了庞大的殖民帝国，殖民地包括法属印度洋诸岛、法属波

⊖　按照 2024 年 9 月 5 日的汇率计算。

利尼西亚等，这些地区仍保留着法国文化的痕迹，让法国人引以为傲。

其次，法国人和德国人对待二战的历史有着截然不同的态度。德国作为战败国，深刻反省并持续谴责过去的行为，而法国则在二战后以胜利者的身份崛起。尽管维希政权曾实施合作政策并参与迫害犹太人，但戴高乐领导的流亡政府被认定为法国的合法政府，使法国得以以胜利者的姿态走出战争，因此从未进行过政府内部的清算。这种对二战历史的态度和处理方式也使得德法之间对于国家以及主权有着截然不同的看法。

此外，法语作为欧洲贵族的语言，长期享有特殊地位。历史上，法语曾是国际社会的重要语言之一，被用作联合国、欧盟等国际组织的官方语言。法语的这种独特地位赋予法国人一种特殊的自豪感，使他们对自身文化和语言保持着深厚的情感。法国的文化、艺术和文学传统也为法国人树立了一种独特的文化自信，进一步强化了他们的民族自豪感。例如，法国文学巨匠雨果、大仲马等作家的作品被广泛传播，为法语文学的发展和传承做出了重要贡献，让法国人引以为傲。

然而，这种语言带来的优越感也存在一些缺点。法国人普遍外语能力相对较弱，英语普及率较低。笔者在法国留学时观察到，一般法国人的英语表达能力远不及比利时、德国或荷兰等国家的人。由于法国整体教育系统更偏向于法语教学，除非个人已经能熟练运用法语，否则在法国接受高等教育或从事工作的机会相对较少。

• 移民问题突出，面临社会安全挑战

法国的移民问题一直是困扰社会的重要议题。由于法国历史上曾经占据非洲多个地区并进行殖民统治，因此法国与这些地区有着特殊的历史联系。这种历史遗留问题导致许多移民从这些前殖民地来到法国寻求更好的生活和机会。这些移民群体通常面临着融入法国社会的

挑战，包括语言障碍、文化差异、就业机会不足等问题。法国一直在努力寻找解决移民问题的途径，以促进社会的融合和和谐发展。

近年来，法国面临着治安挑战，其中一部分挑战源于移民融入问题。一些案件涉及中国游客在法国遭遇抢劫或偷窃，凸显了当前法国治安形势的严峻性。这些事件不仅引发了社会对治安问题的关注和担忧，也揭示了法国社会中的一些深层次矛盾和紧张关系。

除了针对中国游客的案件，法国近年来也发生了一系列针对移民和少数族裔的歧视和暴力事件，加剧了社会的紧张氛围。这种情况不仅对受害者造成直接伤害，也对法国整体的社会和政治稳定构成了威胁。在这种背景下，法国本土宣称种族主义的极右翼势力开始崛起，部分政客甚至公开宣称将采取极端措施。

在法国被抢劫等事件目前发生得很频繁，法国警察基本上疲于奔命，无力解决，这是一个现实问题。

6.1.4　出海建议

综合以上几个方面，从投资角度确实很难对法国做一个明确的判断，我们罗列出以下几点出海现状，建议出海企业深入开展市场调研。

• 巴黎品牌势能依旧强大，法国依然是世界品牌高地

法国依旧是欧美国家中的重要品牌基地和文化影响力较强的国家之一。尽管法国正在进行去工业化改革，但其服务业非常发达。法国是欧洲第三大经济体，在时尚、美食、文化等领域享有世界级品牌和声誉。

将区域总部或者设计总部设立在法国，特别是巴黎，可以有效提升中国企业在欧洲其他国家的知名度和信誉度。以海尔和 TCL 为例，它们都将欧洲总部设在法国。这不仅帮助两家企业更好地进入法国市场，也极大地促进了它们在意大利、西班牙等南欧国家的业务拓展。

法国优秀的品牌管理和营销经验，也为它们在这些国家开拓市场提供了很好的参考例证。

此外，法国在欧盟内部地位重要，与德国并驾齐驱，在欧洲各国政策和经济决策中也具有很强的影响力。设立法国据点有助于中国企业更好地了解和参与欧盟内部事务，从而更顺利地开拓全欧一体化的大市场。

● 传统行业品牌收购经营挑战大，本地化成本往往超预期

中国企业在法国收购品牌的案例屡见不鲜，尤其在服装业、奢侈品业、旅游业和食品加工业。然而，虽然这些收购案例数量众多，但在长达 5 ~ 10 年的周期内，并非所有案例都是成功的。以一些案例为例，山东某服装集团在 2016 年收购了法国轻奢成衣集团 SMCP 53% 的股份，承诺加速该公司在中东地区的发展，但在 2022 年的股东大会上，SMCP 集团却决定将山东某服装集团代表赶出董事会；另外，中国另一服装品牌在同一时期投资了 5 200 万欧元（约 5 768.4 万美元[⊖]）收购法国品牌 Naf Naf，但由于疫情影响，公司最终陷入破产边缘；还有中国某牛奶品牌与法国合作社合作建立牛奶厂和奶制品加工厂，希望将产品出口至中国，但由于技术困难和资金链断裂，合作最终破裂。

成功投资法国品牌需要技巧、专注力、完美主义和细致。这种过程需要持之以恒，与无形资产相关，而非简单的工业流程。投资者需要深入了解目标品牌的文化、价值观和市场定位，同时要灵活应对外部环境的变化。成功案例往往涉及长期的战略规划、良好的品牌管理和对当地市场的深入了解。在全球化竞争激烈的背景下，中国企业在法国市场取得成功需要更多的耐心、智慧和持续投入。在这个过程中，建立良好的合作关系、加强跨文化沟通和拥有强大的执行力同样至关重要。

　　⊖　按照 2024 年 9 月 5 日的汇率计算。

- **利用法国品牌辐射其他非洲法语国家，市场要比投资者预想的大两倍**

如果中国企业出海法国市场，不仅可以进入法国这个重要的欧洲市场，还可以覆盖整个法语区市场。

法国是法语国家联盟的领导国家，与加拿大魁北克省、非洲的塞内加尔、科特迪瓦、尼日尔等法语国家以及东南亚的越南保持着紧密的文化和经济联系。这些地区的官方语言多为法语，消费者在品味和消费习惯上与法国人更趋相似。

以法国知名的欧莱雅等化妆品公司为例，它们成功利用法国品牌优势，深入拓展在北美和法语国家的市场。欧莱雅在加拿大和摩洛哥等法语国家的市场份额超过 50%。如果中国品牌能先在法国建立品牌影响和分销网络，就能利用法国在这些地区的文化优势，更容易地打入这些有潜力但门槛较低的法语国家市场。

另外，法国在非洲等地区的影响力也不容小觑。中国企业可以考虑在法国设立区域总部，利用法国在这些地区的政治和经济关系，助推产品在非洲等发展中市场的销售。以上例证说明，出海法国不仅可以开拓法国本土市场，还可以助推中国品牌走向全球法语区市场。

- **法国科研能力强，联合研发潜力大**

提高技术创新水平，加速产品研发和推广，能更好地适应国际市场需求。通过在法国建立研发中心，中国出海企业可以利用法国丰富的科研资源和创新生态系统，与当地企业和机构展开合作，共同推动科技创新和产品优化。这种合作不仅有助于提升企业的技术实力和市场竞争力，还能促进跨文化交流和合作，为企业在国际舞台上赢得更多机遇。

中国企业在法国建立研发中心的成功的例子包括华为、阿里巴巴等科技巨头。这些企业通过在法国设立研发中心，与当地科研机构和高校合作，加速了技术创新，推动了产品优化，提高了品牌知名度。它们吸引了当地优秀人才，加强了与欧洲科研机构的合作，为全球科技创新生态系统做出了重要贡献。这种合作模式不仅促进了企业的国际化发展和市场拓展，也为当地经济发展注入了新动力，为未来的科技创新和产业发展奠定了坚实基础。这些成功案例表明，在法国建立研发中心可以为企业带来多方面的好处，助力全球竞争力的提升。

总体来看，作为一个后工业化强国，法国具备教育、人文、社会多方面的高势能，特别是在品牌上。有一种说法是，法国人的品位就是世界的顶级品位。对于很多需要品牌加持的中国企业来说，法国确实是一座金矿。

但在本地化的工会沟通、法律合规等方面，适应法国确实难度极大，没有其他地区合规经验的厂商慎入，等到有足够的把握和合作伙伴再考虑也不迟。

简单说，法国市场是一个一半是海水，一半是火焰的市场，需要谨慎评估。

6.2 德国：中国企业进军欧洲市场的战略制高点

德国是欧盟的核心国家，也是对欧洲最具有影响力的国家，这么评价并不为过。因此，如果能在德国市场站稳脚跟，对企业的长期发展将是一个占据了战略制高点的里程碑。

根据德国联邦外贸与投资署（GTAI）关于德国 2023 年外国直接投资的研究，中国是仅次于美国和瑞士的第三大项目投资国，在 2023 年一年内有 200 个投资项目，主要集中在可再生能源和机械制造领域。虽然项目数量在增加，但是在总额方面，根据德意志银行的数据，2023 年德国从整个亚洲区域获取的直接投资只有 24 亿欧元（约 26.6

亿美元[⊖]），远低于 2022 年的 96 亿欧元（约 106.5 亿美元[⊜]），而这背后最主要的原因就是中国企业，特别是大企业对于在德国投资明显更加谨慎了。

尽管面临挑战，中国企业从未想要离开或者放弃德国或者欧洲市场，只能说是采取了不同的策略来适应变化的投资环境。从 2022 年开始，中国在欧洲的绿地投资[⊜]首次超过了并购投资，显示出中国企业对欧洲市场的长期承诺和适应性。特别是在电动汽车行业和锂电池领域，中国企业的活动尤为显著。

电动汽车领域的中国企业，如宁德时代和国轩高科，已在德国建立生产基地并开始运营，展示了中国企业在全球电动汽车产业链中的竞争力。此外，中国的电动汽车新势力，如蔚来、小鹏和理想，也选择在德国建立欧洲市场总部，并通过开设旗舰店来探索欧洲市场。长城汽车更是表示考虑将德国作为其在欧洲的新生产基地之一。

这些动作充分展示了中国企业在全球电动汽车产业中的活跃性，也反映了中国企业对深化与欧洲市场合作、拓展国际业务版图的坚定决心。通过绿地投资，中国企业可以绕过并购审查的障碍，直接建立新的生产和研发基地，从而加强其在欧洲市场的影响力和竞争力。

那么德国市场宏观环境未来走向如何？德国的经济情况如何？德国市场有什么独特的特点？在本节中，笔者希望通过几个不同的视角，帮助中国企业的决策者拨开迷雾，更直观地理解德国市场。

6.2.1　宏观洞察：中国投资的不确定性增强

近年来，德国经历了一定的转变，其底层逻辑从"贸易至上"逐

⊖ ⊜　按照 2024 年 9 月 5 日的汇率计算。

⊜　通常是指在未开发的土地上从零开始建设的投资项目，而不是通过收购、合并或与当地企业建立合资企业来进入该市场。

渐转向了"安全优先"。换言之，德国原本更致力于通过贸易加强国与国之间的联系，现在更多地将"安全标准"作为各方面的首要考量。这一逻辑上的转变不仅反映了德国对国际宏观形势变化的适应，也是对全球化进程中出现的新挑战的回应。这种转向导致全球化进程中出现了不可逆转的区域化和本土化趋势。

这一转变的背后，是对全球化带来的风险和不确定性的重新评估。在全球供应链脆弱性增加、国际地缘紧张关系加剧，以及对单一能源供应国的依赖所带来的风险日益显著的背景下，德国开始重新审视其对外策略。我们重点提示以下要点。

• 从"贸易至上"到"安全优先"的根本逻辑转变

德国的国家文化就像德国人的性格一样，以坚定和固执著称。常有观点认为德国决策者是那种"不撞南墙不回头"的类型，这意味着德国政策的总体方向一旦确定，便很少改变，一旦发生改变，则很难再次回头。然而，近些年的全球供应链危机加之欧洲内部的区域冲突暴露出的能源依赖问题，迫使德国政策开始经历根本性的转变，从以往的"贸易至上"原则，逐步转向"安全优先"的策略。

这一转变是巨大的。要知道，二战之后的德国一直都在反省纳粹历史，也是和平主义坚定的拥护者。这种自我反省的文化甚至深入到每一个德国人的内心深处。笔者记得十几年前，在欧洲研究期间曾经在巴伐利亚州进行暑期交流，在交流的第一天，所有人都被带到纽伦堡的纳粹国会遗址，了解德国历史的黑暗面。这对我们的触动是很大的。我们虽然都知道德国有过这样一段黑历史，但是未曾想过在交流的第一天就要赤裸裸地去面对。足以看出德国人的这种二战反思情结有多重，对于和平主义是多么拥护。

这也是为何德国一直坚持以"贸易促进改革"为核心策略。然而，近些年的国际宏观环境变化还是促使了德国国内的转变。这一转变，不仅是对外部环境变化的应对，也是对内部价值观和政策优先级的重新评估。显然，德国已经逐渐认识到，仅依靠贸易和经济合作，难以全面保障国家的长期安全与繁荣，还需要采取更加多元化的策略，保证整个国家的安全。

• 德国对中国投资的态度趋于复杂

作为德国长期的贸易第一大合作伙伴，中国投资长期以来都是非常受德国欢迎和支持的。不过，我们注意到，在近些年，由于受到国际环境的影响，德国对中国企业投资的态度也开始趋于复杂化。

在这里，不妨简单解释一下欧洲的投资审查机制。首先，这个机制并非单独针对某一个特定的国家，而是针对所有在欧盟投资的第三国，无论是中国还是韩国，或者是土耳其，只要不是欧盟成员国，都需要经过这一审查；其次，相比美国在联邦层面统一的外商投资国家安全审查机制，欧盟的机制虽然也有一个统一的欧盟层面的大框架，但在具体执行方面，还是由成员国负责。也就是说，如果是向德国进行的投资，那么主要由德国方面进行审查，其他国家并没有权力进行干涉。

德国方面对于一些中国企业投资持有更加审慎的态度，这反映在对一些高科技和基础设施项目的审查上。德国在收购初创卫星公司KLEO Connect 以及 Elmos 芯片生产计划中表现出的态度，都显示了德国对关键科技领域的警惕。同时，中远集团虽然最终得以进入汉堡港，并且获得了 24.99% 的股份，但是整个审核过程与压缩其收购份额的动作，还是凸显了德国在基础设施投资领域对中国企业投资态度的转变。

• 德国对华投资创新高

2023 年，德国国内经济的走弱显著影响了其全球投资策略，导致外国直接投资（FDI）总额从 2022 年的 1 700 亿欧元（约 1 886 亿美元[⊖]）大幅下降至 1 160 亿欧元（约 1 287 亿美元[⊖]）。这一下降反映了全球经济的不确定性以及德国自身经济挑战对企业投资决策的直接影响。然而，在这一全球性的背景下，德国企业对中国市场的投资却呈现出逆势增长的态势。根据德国央行的数据，2023 年德国对华直接投资增长了 4.3%，达到创纪录的 119 亿欧元（约 132 亿美元[⊜]），占德国总对外投资的 10.3%，这是自 2014 年以来的最高水平。这种势头也延续到了 2024 年，德国央行的数据显示，2024 年 1 ～ 6 月，德企对华投资总额达到了 72.8 亿欧元（约 80.8 亿美元®）。

这一增长背后的细微变化值得关注。尽管整体投资额增加，但德国在中国市场的投资主体已经发生了显著变化。过去，德国对华投资的主力是由大中小型企业共同构成的，但现在已经转变为以大企业为主导，特别是那些在华盈利能力较强的大型企业，如巴斯夫、博世、宝马和大众等。

• 德国右翼保守势力的抬头

2015 年，德国总理安格拉·默克尔做出了一个具有历史意义的决定，公开表示欢迎难民来到德国。这一决策在国际社会中产生了广泛而深远的影响，尤其是对于一个以中右翼政治立场著称的政治人物来说，这一举动无疑展现了极大的勇气和人道主义精神。当时在欧洲议会工作的笔者，对默克尔的这一讲话及其引发的反响有着清晰的记忆。德国的议员们，无论他们来自社民党、绿党还是基民盟，都对默克尔的这一决策表示了敬意，并认为这是德国政府所做出的最正确的选择之一。

随后，欧盟内部开始出现一种现象，即大量难民被引导进入德国。2015 年以后的几年间，数以百万计的难民通过各种方式（乘船、徒步

㊀ ㊁ ㊂ ㊃　按照 2024 年 9 月 5 日的汇率计算。

或经过多次转移）进入欧盟，最终被输送到德国。这一时期，德国成
为接收难民最多的欧盟国家之一，仅 2015 年一年，就有超过一百万名
难民进入德国。尽管德国随后开始建立起审查制度，但大量难民的涌
入仍然是一个挑战。

难民数量的激增逐渐超出了德国的承受能力，同时，大量难民因
战争或长途跋涉而失去证件，这给他们的身份登记和档案建立带来了
巨大困难。在德国境内，随之而来的还有盗窃、诈骗、性骚扰等社会
问题的增加，这逐渐引发了民众的不满。显然，很多人认为德国政府
在接收和安置这些难民方面没有做好充分的准备。难民安置问题最终
成为默克尔政治生涯的一大挑战。

更加令人关注的是，社会问题的增加催生了德国保守势力——选
择党（AfD）的崛起。在 2023 年下半年的地方选举和 2024 年的欧洲
大选中，选择党的候选人都取得了很大的胜利。虽然在 2025 年的大选
中，选择党成为第一大党的可能性不大，其他政党组成联合政府的概
率也相对较低，但不可否认的是，德国的保守势力正在逐渐抬头。这
种民意的转变也使得德国在接收移民和难民问题上变得更加保守。

对于寻求在德国进行投资的中国企业来说，虽然难民或移民问题
看似与商业投资无关，但德国整体趋于保守的宏观环境对中国企业的
大规模投资，乃至于中国品牌在德国市场的突破，都构成了实质性的
挑战。在这样的背景下，中国企业需要更加细致地分析德国的宏观环
境，审慎评估其投资策略，以应对复杂多变的市场形势。

6.2.2 经济洞察：德国经济下行压力大，消费复苏尚有时日

作为欧盟内部第一大经济体和第一大人口国，德国自然是欧洲市
场的兵家必争之地。虽然德国当下经济出现了一些挑战，但其经济的
韧性较强，复苏是大概率事件。

● **经济体量大，消费者消费能力强**

根据世界银行统计，德国 2023 年 GDP 约为 44 560 亿美元，是全球第三大经济体，也是欧洲第一大经济体。根据世界银行和国际货币基金组织的统计数据，如图 6-3 所示，德国人均购买力在 2023 年已经达到了 61 909 美元，排名全球第五，是发达国家中仅次于美国和日本的高消费能力国家。

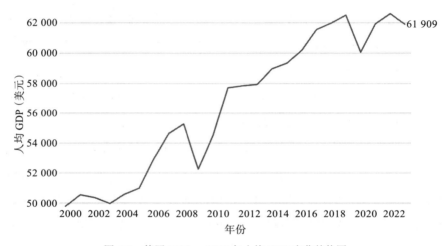

图 6-3　德国 2000 ～ 2023 年人均 GDP 变化趋势图

资料来源：世界银行。

德国消费者购买力强的一个主要原因就是这里竞争足够充分，所以物价水平相对合理。特别是相对于相邻的法国，德国人不但在平均薪金上要高于法国人，而且德国的物价也低于法国，里外里就有更多的余额可以购买其他的产品。笔者记得，在法德边境的阿尔萨斯地区经常会看到周末开车去德国购物的法国人。

● **德国通货膨胀影响依旧严峻，生活成本直线上涨**

虽说德国是一个传统的工业强国和消费大国，但近些年，德国经济确实饱受工业转型和能源价格提升导致的通货膨胀的困扰。

　　笔者在 2023 ～ 2024 年多次对德国进行实地调研，深切地感受到能源价格上升对德国经济的深远影响，尤其是在通货膨胀方面，很多老百姓感受到了很大的生活压力，极大地制约了全社会的购买力。德国作为欧洲最大的经济体，其经济稳定性对整个欧洲乃至全球都具有重要的影响，我们展开一下这些观察。

　　德国的通货膨胀率在 2023 年显著上升，这在很大程度上是由于能源价格的飙升。德国联邦统计局的数据显示，2023 年，德国的通货膨胀率一度达到了近 10%，这是自 20 世纪 90 年代初以来的最高水平。这种高通货膨胀率主要是受到能源价格上涨的推动，尤其是俄罗斯对欧洲的天然气供应受限之后，导致对俄罗斯的天然气和石油高度依赖的德国的能源成本急剧上升。

　　生活成本的上升直接影响了德国民众的日常生活。笔者在德国的两次调研中观察到，日常食品价格上涨，如德式小面包从原来的 0.3 欧元（约 0.33 美元⊖）上涨到了 0.6 欧元（约 0.67 美元⊖），土耳其肉夹馍的价格从原本的 3.5 欧元（约 3.88 美元⊜）翻倍到了如今的 7 欧元（约 7.77 美元㉨）。这些无一不反映了通货膨胀对普通消费者的实际影响。除了食品价格，住房、交通和能源等其他基本生活成本也在上涨，这增加了家庭的经济负担。根据尼尔森在 2024 年 5 月的德国消费者统计调查数据，64% 的消费者表示减少外出消费是为了存钱，38% 的消费者认为应该选择更加便宜的产品。很显然，节衣缩食已经成为不少普通消费者不得不为之的选择。

　　• 德国大企业面对不明朗的经济状况纷纷裁员，就业市场压力显著

　　根据德国联邦统计局发布的数据，如图 6-4 所示，2022 年之前德

　　⊖⊖⊜㉨　按照 2024 年 9 月 5 日的汇率计算。

国经济整体呈现上涨趋势。然而，从 2023 年开始，一直到 2024 年二季度[⊖]，德国 GDP 整体出现了萎缩，经济下滑。这一经济下滑的背后是多重因素的叠加，包括能源危机、供应链问题、全球与国内需求双重疲软以及海外投资减少。德国联邦银行预计，2024 年随着通货膨胀的缓解，家庭收入将会增加，消费者信心也会逐渐恢复，私人消费水平可能会在 2025 年恢复到 2019 年水平。德国 GDP 有望在 2024 年和 2025 年实现正向增长。

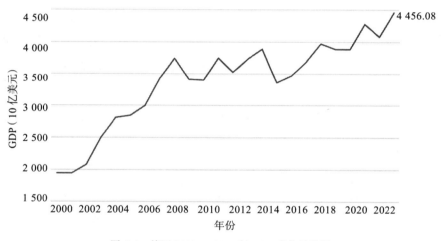

图 6-4   德国 2000 ～ 2023 年 GDP 变化趋势图

资料来源：世界银行。

2023 ～ 2024 年，面对经济前景的不确定性，德国企业开始采取一系列措施以应对可能的挑战，这包括裁员和调整其全球运营策略。特别是在汽车产业链中，博世集团和大陆集团等巨头企业都先后宣布了裁员计划，这反映了汽车行业所面临的压力。这一行业正在经历深刻的变革，包括向电动汽车的转型和数字化升级。这些变革加之全

⊖   2024 年二季度德国 GDP 环比降低 0.1%，德国政府预计全年 GDP 增长 0.3%。

球供应链的不稳定，迫使这些企业重新评估其人力资源需求，并进行必要的结构调整。采埃孚不但停止了在德国的招聘计划，而且还宣布2030 年之前在德国裁员 1.2 万人，相当于德国所有员工的 1/4。除了汽车行业，软件行业的巨擘 SAP 在 2024 年 2 月宣布将裁减 8 000 名员工，占员工总数的 7%。由此可见德国企业对未来一段时间内的悲观预期。

• 德国经济存在潜在危机，中国投资者需要重视很多新现象

德国经济在未来面临的挑战主要集中在两个关键领域：向低碳能源的过渡和汽车行业的转型。面对这些挑战，德国政府和企业界需要共同努力，制定和执行具有前瞻性的政策，并在技术创新和产业结构调整上做出重大努力。

一方面，向低碳能源的过渡是一个复杂而多维的挑战。德国的目标是，必须在 2030 年之前减少温室气体排放。比 1990 年至少减少65%，到 2040 年这一数字则应达到 88%。为了实现这些目标，德国需要加速其可再生能源项目的部署和电网的现代化。这包括简化可再生能源项目的行政程序，以加快风电和太阳能等项目的建设速度。同时，增加对可再生能源和电网基础设施项目的财政支持。德国政府需要寻找新的资金来源，并可能需要调整现有的财政框架，以确保可持续能源转型的顺利进行。

另一方面，德国的汽车行业正处于关键的转型期。与美国和中国的竞争者相比，德国的大型汽车制造商在新能源汽车领域的发展明显落后。德国汽车行业需要依靠其长期建立的消费者信任和品牌实力来度过当前的困难时期。为了在未来具有竞争力，还应实现技术突破和守住市场份额。这要求德国汽车制造商加大在电动汽车和其他新能源汽车技术上的研发投入，同时也需要政府提供进一步的稳定的政策支持。

6.2.3 社会观察：德国社会的多面性

为了深入理解德国社会的多面性，我们将探讨几个关键方面，包括德国工会的强大影响力、中德商业交流中对"快"与"慢"的不同理解，以及外界对德国人所谓的"冷漠"性格的观察。这将有利于读者更全面地理解德国社会及德国人工作和生活方式的独特之处。

应该说，工会因素是本地化投资的重要考虑因素，很多中国企业对这一点的重要性缺少经验判断，很多知名企业在和工会的博弈中吃了很多亏。在欧美等成熟、合规市场上，工会因素几乎成了本地化的第一重要因素。德国工会有以下几个特点。

• 德国工会权力大

德国工会确实是一个具有显著影响力的组织，它在德国的社会和经济生活中扮演着重要角色。德国的工会不但代表着工人的利益，而且在劳动市场政策、工资谈判以及工作条件的改善方面拥有重大的话语权。

一方面，德国的工会组织结构完善，覆盖多个行业和领域。它们拥有广泛的会员基础，这为工会与雇主或政府进行谈判提供了强大的支持和议价能力；另一方面，德国采用的集体谈判制度使工会在确定工资水平和工作条件方面能起到关键作用。工会代表工人与雇主进行谈判，签订集体协议，这些协议对整个行业或公司的员工都具有约束力。

德国的社会压力显然已经达到了前所未有的高度。不同的工会提出了各自的要求，例如，德国铁路工会要求在不减少工资的情况下，将工作时间从 38 小时减少到 36 小时，而空乘人员工会则要求增加 15% 的薪资，并提供一次性 3 000 欧元（约 3 330 美元[⊖]）的通货膨胀补贴。这些要求明显超出了雇主代表和德国经济部的预期，双方陷

　⊖　按照 2024 年 9 月 5 日的汇率计算。

入了僵局，最终工会通过不断罢工来展示其力量。更加令人头疼的是，频繁的罢工导致德国每天经济损失高达 1 亿欧元（约 1.1 亿美元⊖），对于已经陷入衰退的德国经济来说，这无疑是雪上加霜。

• 德国人观念中的"快"与"慢"

在中德商业交流中，理解双方对于"快"与"慢"的不同观念至关重要。中国文化高度重视效率，通常以快速完成任务和获得结果为荣。这种做事方式在中国商界被广泛认可，因为它符合快节奏的商业环境和激烈的市场竞争。例如，中国的互联网公司常常采取"快速迭代"的策略，通过迅速推出新产品并根据市场反馈进行调整，来抢占市场份额。

相比之下，德国文化更加强调彻底的规划和深思熟虑的决策过程。在德国，做决定之前花时间进行全面的研究和规划至关重要。这种方法的优点是能够减少错误和未来重做，确保项目从一开始就建立在坚实的基础上。例如，德国的工程项目，如汽车制造，就非常注重设计的每一个细节，确保产品能达到高标准的质量和性能。

这种文化差异在中德商业谈判中可能导致预期的偏差。中国代表往往希望能够迅速开展合作，通过实践来测试和验证想法，相信在动态的市场环境中可以灵活调整策略。而德国代表则倾向于在确定合作之前，有一个清晰的计划和目标，以及对合作各方面的深入了解，他们认为这是确保合作成功的关键。

例如，在一个中德合资企业的成立过程中，中方可能希望尽快签署协议并启动项目，以便快速进入市场。而德方可能会坚持先进行市场研究，评估潜在风险，并制订详细的业务计划。这种差异可能会导致谈判进程缓慢，但如果双方能够理解并尊重彼此的工作方式，就有

⊖　按照 2024 年 9 月 5 日的汇率计算。

可能找到一个平衡点，结合双方的优势，建立一个更加稳固和成功的合作关系。

- 德国人的"冷漠"

在商业交往过程中，很直观地可以感受到，相比热情的美国人，德国人显得有些"慢热"和有距离感。这让很多人误以为德国人傲慢或者清高。然而，这些行为的背后其实很大程度上反映了德国文化的一些特点。比如说德国社会高度重视规则、效率和计划性，这些特性在德国人的日常生活和工作中都有所体现。为了更好地理解中德之间的文化差异，笔者梳理了以下几点供读者参考。

首先，德国人的交往方式往往更加保守和正式。与南欧国家以及北美国家相比，德国人可能不会那么快地与陌生人建立亲密的关系。这并不意味着他们不友好或不愿意与陌生人交往，而是他们通常需要更多的时间来建立信任和熟悉感。一旦跨过了这个初始的障碍，很多人会发现德国人是非常可靠和忠诚的朋友。

其次，德国人对秩序和纪律的重视，实际上是社会高效运转的基石。这种对规则的尊重体现在生活的各个方面，从遵守交通规则到准时参加会议。这种行为模式有助于减少误解和冲突，确保社会和谐稳定。

然而，这并不意味着德国文化中缺乏温暖或幽默感。实际上，德国人也有轻松和幽默的一面，只是这种幽默感可能更加含蓄，需要时间去理解和欣赏。在熟识的人中，德国人往往会展现出更轻松的态度，愿意分享笑话和趣闻。同时，德式幽默也确实需要一定的时间才能真正理解。

6.2.4　出海建议

对于出海德国或者通过德国出海欧洲的中国企业，我们总结了以下几点提示，建议出海企业就此深入展开市场调研。

• 德国消费者要求高，市场需要时间完成长周期布局

德国市场与中国市场有着显著的差异，这主要源于两国消费者的购物习惯和市场环境的不同。在德国，消费者对品牌的忠诚度较高，更加重视产品的质量和售后服务。

你可以说德国消费者是比较趋于理性的消费者，甚至说有一些苛刻，他们对产品稍有不满意，就会选择退货。对于大部分德国消费者而言，即使看到了铺天盖地的商业广告，听到了天花乱坠的推销，也并不会完全买单。恰恰相反，他们会有一点儿"找茬儿"的心态，在看到某一个功能与其需求不符，或者一个细节与其价值观相左的时候，就会选择放弃购买。所以，要想在德国市场获得成功，就必须格外注重每一个细节，包括制作工艺是否环保、材料是不是有机的、运输过程的碳排放量高不高、产品质保是否符合一般消费者预期等。

足以见得，德国市场是一个长期靠低价走不通的市场，要想获得稳定的市场份额，企业必然要在前期研发和开发客户过程中增加更多的投入。因此，对于进入德国市场的企业而言，需要采取一步一个脚印的策略，循序渐进地建立市场份额。这通常需要 5 ～ 10 年的时间，企业需要通过持续的品牌建设和优质的产品与服务，逐渐赢得德国消费者的信任。

德国市场的另一个特点是，它主要由成熟的行业参与者构成。这些企业通常已经在市场上建立了稳固的地位，与经销商和供应商之间也形成了长期的合作关系。对于新进入的企业而言，要想打破这种格局，需要投入大量的时间和精力，与当地的经销商和供应商建立信任关系。这个过程可能会比较漫长，但一旦建立了稳固的合作关系，企业就可以获得相对稳定的市场份额。

以日本和韩国汽车品牌为例，它们在 20 世纪 80 年代开始进入欧洲市场。起初，由于缺乏品牌知名度和消费者信任，它们的市场份额较低。但通过在欧洲建立工厂，完善售后服务体系，以及持续的品牌推广，日韩汽车品牌逐渐赢得了欧洲消费者的认可。如今，丰田、本田、现代等品牌已经成为欧洲汽车市场的重要参与者，拥有稳定的市场份额。

再以家电行业为例，中国家电品牌如海尔、美的等，经过多年的努力，在德国市场上也建立了一定的知名度。它们通过与当地经销商合作，提供优质的产品和服务，逐步扩大了市场影响力。虽然目前其市场份额还无法与德国本土品牌相提并论，但随着时间的推移和持续的投入，这些中国品牌有望在德国市场上取得更大的突破。

从这个角度来看，对于新进入德国市场的中国企业而言，需要有长期的战略规划和耐心。只有通过持续的品牌建设，提供优质的产品和服务，以及与当地合作伙伴建立稳固的关系，企业才能逐步扩大市场份额。这个过程可能需要 5 ～ 10 年的时间，但一旦取得了市场地位，企业就可以获得相对稳定的发展空间。

• 合规是重中之重

欧盟市场包含 27 个国家，每个国家在经济发展水平、消费者偏好、法律法规等方面都有所不同，这为出海欧盟的企业提供了多样化的选择和机会。企业可以根据自身的产品特点、目标客户群以及发展战略，有针对性地选择合适的目标市场，并制订差异化的市场策略。这种灵活性和多样性，有助于企业分散单一市场的风险，实现业务的可持续增长。

然而，企业在享受欧盟市场多样性带来的机遇的同时，也必须时刻警惕合规风险。一些企业可能会心存侥幸，试图通过钻空子或打擦边球的方式来规避风险，谋求短期利益。但从长远来看，这种行为不仅会给企业自身带来法律和声誉风险，还可能会引发欧盟监管部门的高度关注，导致相关法规的进一步收紧。

Temu 作为一个快速崛起的跨境电商平台，其在德国市场的迅速走红确实引发了广泛关注。Temu 通过提供种类丰富、价格低廉的商品，并依托高效的物流体系，迅速吸引了大量德国消费者。据统计，2023 年下半年，超过 26% 的德国人曾在 Temu 上进行购物，这一比例在跨境电商平台中可谓是非常亮眼的成绩。

然而，Temu 的快速崛起也引发了一些合规方面的担忧。欧盟对 150 欧元（约 166.5 美元[⊖]）以下的进口商品实行零关税政策，这为一些商家提供了钻空子的机会。通过将商品价格标注为 150 欧元以下，这些商家得以规避关税，给欧盟和德国政府造成了税收损失。此外，在 Temu 平台上销售的部分产品被发现不符合欧盟的安全标准，或涉嫌仿造知名品牌，这不仅侵犯了其他品牌的权益，也对消费者的权益构成了潜在威胁。

面对这些问题，欧盟和德国政府正在考虑采取措施加强监管。一方面，可能会对现有的免税政策进行调整，降低免税门槛或对特定类别的商品征收关税，以遏制逃税行为。另一方面，政府可能会要求平台承担更多的责任，加强对商家资质和产品质量的审核，确保只有符合欧盟标准的商品才能在平台上销售。

对于像 Temu 这样的跨境电商平台而言，合规经营将成为其在欧盟市场长期立足的关键。平台需要积极配合政府监管，完善自身的商家管理和产品审核机制，杜绝假冒伪劣商品和逃税行为。同时，平台也应当加强与品牌商的合作，打击侵权行为，维护品牌权益。

从长远来看，欧盟对跨境电商的监管趋严可能会对整个行业产生深远影响。中国的跨境电商企业将面临更高的合规成本和更严格的市场准入要求。那些能够及时调整策略、严格自律、提供优质产品和服

⊖　按照 2024 年 9 月 5 日的汇率计算。

务的企业，将在未来的竞争中占据有利地位。而那些过度依赖钻空子和打擦边球的企业，则可能面临被市场淘汰的风险。

基于以上分析和研判，我们认为德国对于中国制造业和服务业来说，是一个出海本地化的战略制高点，但显然难度很大。出海企业需要很多系统的专业支持，寻找精通本地化的伙伴深入合作，尽量避免损失，少交学费。

6.3 匈牙利：中国企业投资欧洲市场的桥头堡国家

2024 年是中国与匈牙利建交 75 周年，高层间的互访更是将中匈双边友好关系推向了高潮。中匈之间不仅在政治上往来密切，在商业领域的合作更是如火如荼。2023 年，中国制造业流传着一句话："不是在匈牙利建厂，就是在去匈牙利建厂的路上。"

这句话的流行，不仅反映了中国企业对海外市场拓展的热情，也凸显了匈牙利作为中国企业投资欧洲的切入点地位。事实上，这股趋势自 2022 年以来就已经形成，当时宁德时代和比亚迪宣布在匈牙利的投资项目，便为这股向欧洲发展的风潮吹响了号角。而匈牙利也是在多种因素的影响下，成为中国企业投资欧洲的重要市场。

宁德时代和比亚迪的先行一步，引发了中国新能源汽车和锂电池产业链核心企业的关注。华友钴业、欣旺达、蔚来、亿纬锂能、华塑科技、震裕科技、智佳能等企业也紧随其后，相继宣布了它们的海外发展计划，选择匈牙利作为它们在欧洲的生产基地。这些企业的投资领域涵盖了从原材料提炼、电池制造到新能源汽车的整个产业链，投资总额约 121 亿欧元（约 134.3 亿美元⊖）。这一系列的投资行动，不仅反映了中国企业在全球新能源产业链中的竞争力，也显示了匈牙利

⊖ 按照 2024 年 9 月 5 日的汇率计算。

在吸引外资方面的巨大潜力。

匈牙利到底具备什么样的战略优势可以吸引如此大批量的中国企业前来投资？匈牙利作为进军欧洲市场的跳板是否具备长期的可行性及其潜在风险如何？本研究基于我们在匈牙利进行的实地调研，以及与匈牙利政府官员和已成功出海至匈牙利的中国企业进行的深入访谈。本研究旨在提供一个多维度的视角，全面展现匈牙利市场的现状和潜力，并为企业决策者在欧洲市场的战略布局提供有价值的参考意见。

6.3.1　宏观洞察：匈牙利务实政策有利中国投资落地

匈牙利展现出其作为一个非典型西方国家的独特面貌：虽然它既是欧盟成员国，也是北约的一部分，但在许多关键性问题上，它经常展现出与美国及欧盟总部布鲁塞尔不同的立场。在当前全球版图日益被战略竞争所主导的背景下，匈牙利坚持采取一种独立自主的外交政策，避免明显倾向于任何一方。过去十年间，匈牙利依托其务实且开放的政策精神，成功地将国家从经济危机的边缘拉回，不仅成功重塑了国家经济，还在全球供应链的未来发展中为自己争取到了极为有利的地位。

• 匈牙利在东西方之间找到了微妙的平衡

匈牙利独立自主的政策和战略视野导致其在西方媒体中频频受到批评。不论是德国、法国、英国还是美国的媒体，普遍的评论基调是对匈牙利的谴责——批评它未能与西方国家的利益保持一致，甚至指责其背离了西方国家的价值观，同时也对其国内政策和外交行为进行了严厉的批判。

然而，这些批评往往忽略了匈牙利自 2010 年以来所做出的努力：通过一系列的改革，成功地将国家经济从崩溃的边缘拉回，并逐步缩小与世界经济强国如德国、韩国、日本以及中国的产业差距，吸引它们到匈牙利投资。匈牙利的务实主义政策被一些人误解为对西方国家的背叛，这种解读显然是不公正的。

匈牙利的国家战略核心旨在维护国家利益，这一点在其军事设备采购政策中表现得尤为明显。匈牙利坚持军事装备的部分本土化生产，目的是确保国家在长期内能够拥有独立的话语权。这种做法深刻体现了作为一个小国，匈牙利在关键问题上追求独立发言权的坚定决心。在匈牙利著名政治学家巴拉兹·欧尔班的著作中，匈牙利的这一战略被清晰阐述——在资源和地理位置均不具有优势的情况下，匈牙利必须走出一条独立自主的发展道路。

匈牙利对战略独立的重视，根源于其悠久而复杂的历史。历史上，匈牙利似乎总是处于不利的地位，无论是一战还是二战期间，匈牙利都选择了错误的一方，最终战败。奥地利虽然同样曾是奥匈帝国的一部分，但没有为过去的错误支付太多代价，相反，匈牙利却不得不承担重大的领土割让和赔款，国土面积缩减至一战前的三分之一不到。20 世纪 90 年代后期，匈牙利选择拥抱西方国家。在加入欧盟和北约之后，国际资本疯狂涌入，一度让匈牙利成为中东欧最亮眼的明星，但如图 6-5 所示，2008 年的金融危机让匈牙利经历了前所未有的挫折，国家再度陷入严重的衰退。根据世界银行的统计数据，2008 年匈牙利的 GDP 一度出现了 −6.6% 的下滑趋势，失业率在 2010 年飙升至 11.2%。

这些可谓惨痛的历史经验教训使匈牙利的政治精英深刻认识到，要实现国家的长期稳定和复兴，必须依靠自身的力量。因此，匈牙利开始走上一条独立自主的发展道路，不断探索如何在国际舞台上实现东西方之间的平衡，以更好地维护国家利益。这些基础逻辑也是匈牙利政府能够推动"向东看"政策的基础。

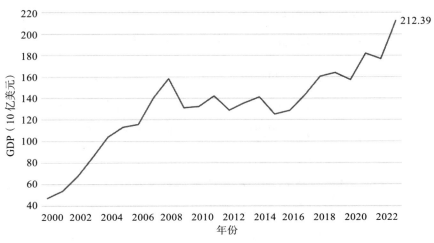

图 6-5　匈牙利 2000 ~ 2023 年 GDP 变化趋势图

资料来源：世界银行。

- **"参与超重量级搏击的重要选手"**

对于匈牙利这样一个人口不足 1 000 万（跟济南差不多）、2023 年
GDP 刚过 2 120 亿美元[⊖]（跟黑龙江省差不多），其在国际舞台上"以
小博大"的实践无疑需要更多的智慧和策略。笔者在匈牙利进行实地
调研期间，深刻感受到了匈牙利人对全球环境的看法。总体而言，他
们对匈牙利国家战略的方向表示了坚定的认同。一位前政府官员在与
笔者的交流中形象地比喻："当下匈牙利就好像正在参与一场超出自身
重量级的拳击赛。在这场比赛中，匈牙利最多只能算作 50 公斤级的轻
量级选手，然而它所面临的对手，包括韩国、日本、德国、法国、中
国、美国等，都是重量级，乃至超级重量级的强手。匈牙利能做到现
在的以小博大，已经不易了。"

这段话向我们揭示了匈牙利成功的秘密。如今，匈牙利不仅吸引了
来自东亚投资者的广泛关注，同时也成为全球产业链中一个不可忽视的

⊖　资料来源：世界银行。

节点。匈牙利的这种"以小博大"的国际战略，展示了一个小国如何通过智慧和策略，在全球化的舞台上寻求自身的最大利益和影响力。

• 高知、高效、年轻的政商界精英

在笔者对匈牙利的考察过程中，笔者与匈牙利多位政商界人士进行了深入交流和互动。我们明显感受到了匈牙利精英群体的年轻化特征，这是一个由不到 40 岁的年轻人组成的群体，他们不仅拥有国际化的教育背景，而且能够流利使用英语和德语交流，其中大多数成员还拥有博士学位。这群掌控着匈牙利未来的实干派以其敏捷的反应、对投资者开放的态度以及高效的执行能力给我们留下了深刻的印象。

对于中国投资者而言，这无疑是一个巨大的优势。要知道如果想要在德国、法国等传统西欧国家谈生意，谈判过程往往是非常漫长的，由于长期形成的发达国家视角，这些国家的谈判人员缺少必要的灵活性。而在与匈牙利政商界的沟通中，我们能明显感受到，匈牙利的对接人往往都是非常坦率且直接的，这样的沟通方式大幅缩短了谈判时间，提高了效率。

此外，匈牙利在推动国内创新和科技发展方面的积极姿态，也为国际投资者提供了充满潜力的合作机会。通过建立科技园区、提供税收优惠等措施，匈牙利正在成为中东欧地区科技创新和研发的重要中心。

总体来看，匈牙利对中国投资者的态度非常友好，高层间顺畅的沟通为中国企业投资匈牙利提供了很好的顶层保障。

6.3.2 经济洞察：投资欧洲市场的桥头堡

匈牙利在 2010 年之后用了 14 年的时间，完成了从一个默默无闻的中欧小国到欧洲制造业中心之一以及世界汽车和电池制造行业的核心的转变。

• 2010 年新经济措施助力匈牙利经济成功转型

匈牙利在 2010 年之后，通过一系列被称为"欧尔班经济学"的改革措施，成功地推动了匈牙利的经济复苏和发展。这些改革主要包括以下四点。

其一，税制改革。匈牙利实施了欧盟内最低的 9% 的企业税和 16% 的个人所得税，以吸引投资和刺激经济增长。

其二，补贴政策。通过提高补贴和与跨国公司达成战略合作协议，匈牙利吸引外资，尤其是在制造业领域，以实现经济的稳定和增长。

其三，产业重组。利用公共采购和国有化手段，对烟草、储蓄合作社以及农业等领域进行了重组，以刺激经济活动和支持国家资本的增长。

其四，金融改革。匈牙利央行实施扩张性货币政策，为经济增长提供金融支持，创造了更有利的货币环境。

这些措施的实施，尤其是税制改革和金融改革，为匈牙利经济提供了强有力的刺激。

从 2010 年到 2023 年，匈牙利经济和工业的发展取得了显著的成就，尤其在投资、工业发展和金融稳定性方面表现突出。这一时期内，匈牙利的投资总额不仅稳步增长，而且在 2016 年之后显示出显著的上升趋势，到 2020 年时，投资总量已是 2010 年的 16 倍还多，是 2016 年的 2.5 倍$^{\ominus}$。根据世界银行的统计，如图 6-6 所示，显示了匈牙利 2000 ～ 2022 年外国直接投资的变化趋势。这一增长趋势反映了国际和本地投资者对匈牙利经济增长潜力的认可和信心。例如，引入低企业税率后，匈牙利成功吸引了多家外国企业投资者和跨国公司，如德国汽车制造商奥迪和宝马，它们在匈牙利设立了生产基地，为当地经济发展和就业做出了重要贡献。

$\ominus$　资料来源：世界银行。

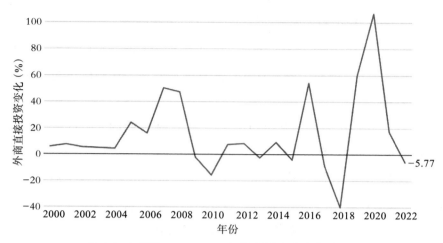

图 6-6   匈牙利 2000 ～ 2022 年外国直接投资变化趋势图

资料来源：世界银行。

在工业发展方面，自 2010 年以来，匈牙利的工业部门持续呈现出积极的发展态势。这得益于政府推出的一系列利好政策，包括税收减免、投资补贴和创新激励措施，工业在国民经济中的比重不断提升。实体工业企业数量和销售额的显著增长，特别是在汽车制造、电子产品和制药等高附加值行业，进一步巩固了匈牙利作为中东欧工业生产和创新中心的地位。

在金融风险管理方面，匈牙利政府和央行采取了有效措施以降低金融风险，提高金融体系的稳定性。2010 年到 2018 年期间，中小企业的贷款利率下降了 80%，这不仅降低了企业的融资成本，还刺激了中小企业的增长和创新。同时，银行业对外国直接投资的依赖显著下降。这一变化反映了匈牙利金融体系日益多元化和国内资本市场的成熟。此外，匈牙利央行实施的自筹资计划成功鼓励银行将更多资本投入政府债券，有效降低了政府对外币债务的依赖，增强了国家的财政稳定性。

• 匈牙利汽车产业发达

匈牙利的汽车制造业历史悠久，在苏联时期是东方阵营的主要发动机生产基地。进入 20 世纪 90 年代以后，匈牙利更是吸引了来自全球的汽车制造业巨头，包括德国、美国、英国、日本、韩国等国的企业，将其作为在欧洲的核心生产基地。虽然 2008 年的全球金融危机导致部分企业撤离，但匈牙利凭借其深厚的汽车产业基础，依然在汽车制造领域占据重要地位。

2011 年以来，欧尔班政府推出了一系列投资利好政策，极大地促进了匈牙利汽车行业的发展。2009 年到 2021 年间，匈牙利汽车行业的就业人数增长了一倍以上，产值占到整个匈牙利制造业的 25%。德国企业在这一过程中扮演了极其重要的角色。匈牙利投资促进局（HIPA）的数据显示，2014 年到 2022 年上半年，超过 171 家德国企业在匈牙利完成了投资，总额达到了 78.6 亿欧元，并创造了 3.2 万个工作岗位。如今，超过 3 000 家德国企业在匈牙利运营，雇用了超过 30万匈牙利人，几乎每 20 个匈牙利劳动者中就有 1 人在德国企业工作，充分展示了德国企业在匈牙利经济中的重要影响力。

在众多德国企业中，汽车制造业无疑是投资最大的板块。全球顶尖的汽车制造商如宝马、奔驰、奥迪，以及一级供应商如博世、大陆等，都在匈牙利设立了整车或者零部件生产基地。值得一提的是，匈牙利成为继德国和中国之后，全球第三个同时拥有宝马、奔驰、奥迪三大豪华车制造工厂的国家。特别是奥迪，自 1993 年进入匈牙利以来，其在匈牙利的投资总额已超过 115 亿欧元（约 127.6 亿美元⊖），创造的就业岗位数量甚至是德国本土的 4 倍。

⊖ 按照 2024 年 9 月 5 日的汇率计算。

● 匈牙利已经是东亚企业进军欧洲的桥头堡和重要目的地

自 2015 年起，匈牙利准确洞察到全球汽车行业向电动化转型的趋势，并采取了一系列前瞻性措施来推进其"向东开放"的政策，目的是在新能源汽车及其相关产业领域占据有利地位。在当时，尽管大多数东亚企业更倾向于选择德国、法国等西欧传统强国作为其欧洲市场的跳板，匈牙利却通过实用主义策略和降低姿态的方式，积极与新能源汽车制造商及电池生产企业接触，努力吸引它们在匈牙利进行投资。

匈牙利不仅在政策层面上展现出了极大的灵活性，还推动了《劳动法典》的修改，这一改变充分体现了匈牙利在创造一个对外资企业友好的灵活劳动市场环境方面的决心。

2016 年，三星 SDI 宣布在匈牙利进行价值 12 亿欧元（约 13.3 亿美元⊖）的投资，这不仅标志着匈牙利开创了电池产业和新能源汽车产业发展的新纪元，也为后续的产业投资奠定了基础。随后，以韩企和日企为主的企业纷纷在匈牙利投资，覆盖了电池制造业的各个环节，包括导电膜、隔膜、电池本体、电解液、电极及电池回收等。官方数据显示，从 2016 年到 2022 年，匈牙利共批准了 44 个电池工厂项目，吸引了超过 152 亿欧元（约 168.7 亿美元⊖）的投资，并创造了超过 2.1 万个工作岗位。在此期间，韩国一直是匈牙利最大的投资来源国，直到 2023 年，这一地位被中国取代。

匈牙利的成功不仅仅局限于电池和新能源汽车产业，该国还成功吸引了大量来自东亚的制造业投资，尤其是在光伏产业领域。得益于其地理位置优势、吸引人的投资政策、良好的产业链基础以及灵活的劳动市场，匈牙利已经成为东亚企业在欧洲设立重要生产基地的首选地之一。

通过这一系列策略和努力，匈牙利不仅在新能源和电池产业领域

⊖ ⊖ 按照 2024 年 9 月 5 日的汇率计算。

取得了显著成就，还成功地将自己定位为一个对高科技制造业和创新
型产业开放、友好的国家，为其经济发展注入了新的活力和潜力。

• 匈牙利制造在欧盟各国市场畅通无阻

欧盟实行的统一大市场政策，意味着货物和人员一旦进入任何一
个成员国，就可在整个联盟内自由流通。这一政策为匈牙利提供了一
个独特的优势，在匈牙利境内完成生产的产品，可以毫无障碍地进入
欧盟的其他国家市场，这无疑大大拓展了其市场的边界。

匈牙利作为欧盟内部的劳动力性价比洼地，具有明显的成本优势。
以匈牙利的平均月工资水平为例，大约为 600 欧元（约 665.9 美元[⊖]），
这一数字与德国、法国、意大利等西欧国家相比要低得多。尤其是对
于那些劳动密集型产业，这种低劳动力成本使得匈牙利成为吸引制造
业和组装业的一个理想地点。除了劳动力成本低，匈牙利还提供了相
对发达的基础设施和政府对外资企业的各种优惠政策，这进一步降低
了企业的运营成本。

此外，匈牙利的地理位置也为其经济战略增添了一层重要的意义。
位于欧洲中心的地理位置使得匈牙利成为连接东西欧的桥梁，为企业
提供了便利的物流和运输条件。这不仅有助于降低物流成本，还能缩
短产品从生产线到消费者手中的时间。

利用这些优势，匈牙利能够吸引许多国家的企业在此设立制造基
地，进而利用欧盟的统一大市场政策，将产品销往整个欧洲市场。对
于中国企业而言，这不仅意味着可以以更低的成本进入一个拥有 4.5
亿人口的巨大市场，还意味着能够更加灵活地应对全球市场的变化，
提高自身的国际竞争力。通过匈牙利投资欧盟的这一出海策略，为中
国企业提供了一条进入欧美高端市场的高效通道。

　⊖　按照 2024 年 9 月 5 日的汇率计算。

• 经济受能源价格增长影响，通货膨胀率居高不下

匈牙利近年来面临的经济挑战主要源于其对能源的高度依赖，尤其是对俄罗斯石油与天然气的依赖。随着欧洲内部区域冲突，能源价格的剧烈上涨给匈牙利经济带来了不小的冲击。2023 年一季度通货膨胀率一度高达 25.9%，在 2023 年下半年出现了明显的回落，但全年仍高达 17%。不过随着能源危机的逐步解除，匈牙利的通货膨胀率有望在 2024 年回落到 4.1%。

2024 年年初，笔者在匈牙利走访发现，物价上涨已成为一个不可忽视的问题。特别是基本生活物资的价格飞速上涨，一个小面包的价格从 2019 年的 100 福林（约 0.3 美元[⊖]）上涨到了 200 ～ 300 福林（约 0.5 ～ 0.8 美元[⊖]），而大部分民众的工资并没有明显的变化。这种物价上涨与工资增长不匹配的状况，导致了民众实际购买力的下降，从而影响了匈牙利社会整体的经济活力。

除了明显感受到物价上涨，另一个引人注目的现象是不少匈牙利年轻人因为实际收入降低，不得不选择离开自己的国家，前往奥地利、德国等邻近国家寻找更好的就业机会。这种趋势在匈牙利年轻一代中变得越来越普遍，以至于在布达佩斯，可以听到本地人这样的感慨："我认识的每一个家庭都有年轻人逃离国家的现象。"这句话深刻反映了当前匈牙利社会面临的一个严峻挑战，即人口流失问题。年轻人作为国家未来的希望和动力，他们的大量流出不仅对匈牙利的劳动力市场构成压力，也对国家的长期发展和竞争力带来了潜在的负面影响。

• 匈牙利人口老龄化问题突出，出现劳动力短缺问题

匈牙利自 20 世纪 80 年代以来的人口老龄化和人口负增长问题，确实对其经济和社会发展构成了长期且复杂的挑战。人口数量持续下降，从 20 世纪 80 年代的 1 080 万降至 2022 年的约 960 万，不仅削弱

　　⊖ ⊖　按照 2024 年 9 月 5 日的汇率计算。

了国内市场的潜在消费力，还加剧了劳动力市场的紧缩，尤其是在高技能劳动力领域。65 岁及以上的老年人口比例超过 20%，意味着匈牙利的社会保障系统面临着日益增长的压力，同时劳动年龄人口的减少也限制了经济的潜在增长能力。此外，如图 6-7 所示，匈牙利的人口老龄化趋势将会在未来一段时间内持续放大。

在匈牙利这样的人口结构背景下，劳动力市场面临的双重挑战对企业运营造成了显著影响。一方面，匈牙利急需高技能劳动力，特别是在科学、技术、工程和数学教育（STEM）等关键领域。锂电池制造业便是一个典型例子，对化学化工方面的工程师需求极高，以至于这些专业领域的毕业生往往还未毕业就已经被企业预订。然而，教育机构在扩大这些领域的招生规模上却步履维艰，难以迅速响应市场的需求，导致许多企业难以在匈牙利本土找到所需的专业人才。

另一方面，如图 6-8 所示，随着匈牙利劳动力总量的减少，连同该国创历史新低的失业率——已降至 4% 左右，即便是普通技术工人的招聘也将是一项挑战。东亚企业在匈牙利建厂和运营的经验深刻反映了这一点。"我们的工厂建在匈牙利的郊区，这里原本就没有过多的剩余劳动力，因而我们必须扩大招工半径并且配备宿舍和接送大巴等，即便如此，我们还是面临很大的劳动力缺口。"一位中国企业负责人这样表示，揭示了企业在匈牙利招聘工人时所面临的实际困境。

匈牙利曾试图通过各种措施来应对这些挑战，包括通过教育改革以提升国内劳动力的技能水平，以及尝试引进欧盟以外的第三国劳动力来缓解劳动力市场的紧张状况。然而，教育改革的效果并不立竿见影，而引进外国劳动力的提案也因匈牙利社会保守势力的反对而遭到搁置。这些问题的复杂性和持久性意味着，对于计划在匈牙利投资建厂的企业来说，必须提前做好充分的准备，包括考虑如何应对劳动力短缺的问题，以及如何通过培训和技术创新来提高生产效率。

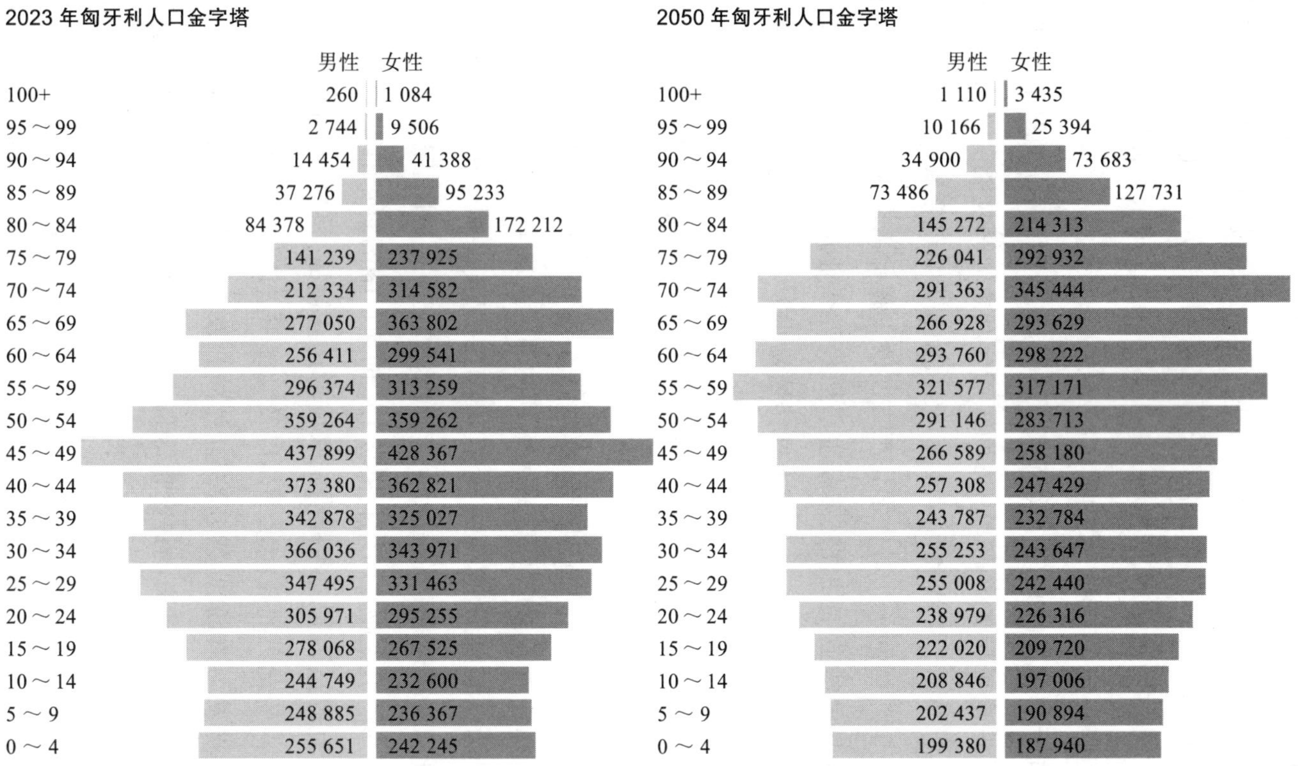

2023 年匈牙利人口金字塔

年龄	男性	女性
100+	260	1 084
95~99	2 744	9 506
90~94	14 454	41 388
85~89	37 276	95 233
80~84	84 378	172 212
75~79	141 239	237 925
70~74	212 334	314 582
65~69	277 050	363 802
60~64	256 411	299 541
55~59	296 374	313 259
50~54	359 264	359 262
45~49	437 899	428 367
40~44	373 380	362 821
35~39	342 878	325 027
30~34	366 036	343 971
25~29	347 495	331 463
20~24	305 971	295 255
15~19	278 068	267 525
10~14	244 749	232 600
5~9	248 885	236 367
0~4	255 651	242 245

2050 年匈牙利人口金字塔

年龄	男性	女性
100+	1 110	3 435
95~99	10 166	25 394
90~94	34 900	73 683
85~89	73 486	127 731
80~84	145 272	214 313
75~79	226 041	292 932
70~74	291 363	345 444
65~69	266 928	293 629
60~64	293 760	298 222
55~59	321 577	317 171
50~54	291 146	283 713
45~49	266 589	258 180
40~44	257 308	247 429
35~39	243 787	232 784
30~34	255 253	243 647
25~29	255 008	242 440
20~24	238 979	226 316
15~19	222 020	209 720
10~14	208 846	197 006
5~9	202 437	190 894
0~4	199 380	187 940

图 6-7 2023 年与 2050 年匈牙利人口金字塔图

资料来源：联合国人口司。

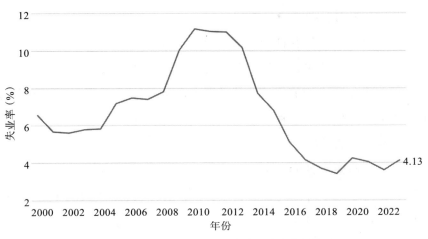

图 6-8　匈牙利 2000 ～ 2023 年失业率变化趋势图

资料来源：世界银行。

6.3.3　社会洞察：文化孤立性导致与欧洲的融合存在一定挑战

匈牙利相比其他欧洲国家，具有很多特性，甚至是孤立性，这些特性既体现在其独特的历史背景上，也反映在其语言、习俗和价值观上。

匈牙利语是一种对于大多数欧洲国家来说相当独特的语言，它属于乌拉尔语系的芬兰－乌戈尔语族，这使得它与大部分欧洲的印欧语系语言有着本质的区别。匈牙利语的最近亲属包括芬兰语和爱沙尼亚语，它们之间的相似性有限且相隔遥远，这进一步凸显了匈牙利语在欧洲的孤立性。

• **相对传统的价值观**

由于历史上匈牙利长期作为天主教国家，其社会价值观倾向较为传统，其中家庭和社区意识尤为重要。这种深植于文化中的价值观影响了匈牙利人对各种社会现象的看法，包括对外来移民的态度。

整体而言，匈牙利社会对大规模的外来移民，尤其是那些来自非西方发达国家的移民，持有一种谨慎甚至保守的态度。这种态度部分源于对文化和社会价值观可能发生变化的担忧。自我保护意识在匈牙利社会中相对较强，这在一定程度上反映了人们对维护传统生活方式和社会稳定性的重视。

在布达佩斯之外的乡村地区，这种对外来移民的谨慎态度可能表现得更为明显。乡村社区通常更加紧密，对外来者的接受度可能较低，尤其是对那些外来务工人员。这种不信任感可能源于移民对社区文化和经济资源的潜在威胁，以及匈牙利人对语言和文化差异的担忧。

- **匈牙利对德语区国家的好感**

历史上，匈牙利和奥地利联系紧密，特别是1867年奥匈帝国的成立，确立了这两个国家在政治、经济和文化上的联盟，这一联盟一直持续到第一次世界大战结束。在这个时期，德语不仅是奥匈帝国的官方语言之一，也是匈牙利社会精英和教育系统中的重要语言。因此，德语在匈牙利有着悠久的使用历史和深厚的文化根基。

尽管英语在全球化的背景下已经成为匈牙利最普及的外语，但德语仍然保持着其在匈牙利社会中的重要地位。在教育系统中，德语是学校外语教学中的主要语言之一，许多学生从小学开始学习德语。此外，由于德国和奥地利是匈牙利最重要的经济合作伙伴，德语在商业和专业领域的重要性仍然十分突出。

德国对匈牙利的大量投资加深了两国之间的联系。德国企业在匈牙利的投资涵盖了汽车制造、电子、化工、金融服务等多个领域，为匈牙利经济发展和就业做出了重要贡献。因此，对于寻求在这些领域工作的匈牙利人来说，掌握德语是一个重要的职业优势。

匈牙利人对德国及其品牌的仰视反映了德国产品和技术在匈牙利市场上的高品质和强大影响力。德国品牌在匈牙利的汽车、家电、制药和工程技术等领域享有盛誉，享有较高的市场份额和消费者信任度。

6.3.4　出海建议

根据上述的各方面内容，我们梳理了几条针对出海匈牙利的建议。

- **建议在匈牙利采取"本地建厂+西欧国家建总部"的"1+1>2"模式**

对于中国企业而言，进入欧盟市场是扩大其国际业务的关键一步。在这个过程中，采取将制造中心设在劳动力成本较低的匈牙利，而将总部设在西欧国家的策略，是一种兼顾成本效益和品牌溢价的高效方法。这种"1+1>2"的策略不仅能够最大化企业的利润空间，还能有效提升企业在欧洲的竞争力。

选择匈牙利作为制造中心，主要是因为该国相对于西欧国家有着更低的劳动力成本和生产成本，这对降低整体的制造成本极为有利。此外，匈牙利位于欧洲中心，拥有良好的地理位置和发达的交通网络，便于企业将产品快速分销到整个欧洲市场。匈牙利政府对外国投资者也提供了各种优惠政策，如税收减免和投资补贴，这些因素共同构成了匈牙利成为制造中心的有力理由。

将总部设在西欧国家，能够有效提升企业的品牌形象。西欧国家通常与高品质、高标准联系在一起，企业的总部地理位置可以作为一种品牌资产，有助于提高产品的市场认可度和溢价能力。同时，西欧是一个成熟的消费市场，总部设立在西欧国家有助于企业更加紧密地跟踪市场动态，更好地理解消费者需求，从而制订更为有效的市场策略。此外，西欧国家稳定的政治环境、成熟的法律体系和高效的商业基础设施，为企业的运营提供了坚实的保障。

因此，这种在匈牙利设立制造中心而在西欧国家设立总部的策略，为中国企业提供了一个既能够有效控制成本，又能提升品牌价值和市场竞争力的有效途径。通过这种策略，企业不仅能够利用匈牙利的成本优势，还能借助西欧国家的品牌溢价能力，实现在欧洲市场的成功布局。

• 建议在匈牙利建立辐射欧美的本地化研发中心

匈牙利的经验展示了一个国家如何成功吸引外资进入其制造业，同时也凸显了在将这些投资转化为本土创新和产业升级方面所面临的挑战。对于中国企业来说，匈牙利不仅是建设生产基地的一个理想选择，更是一个潜在的研发中心。如图 6-9 所示，匈牙利在研发上的投入持续增长。在中美战略竞争加剧的背景下，中国企业在美国的研发合作受限，匈牙利则提供了一个绕开这些限制、促进与欧洲乃至全球合作的平台。通过在匈牙利建立研发中心，中国企业不仅能够加深与欧洲的科研合作，还有机会探索与美国及其他国家的合作潜力。

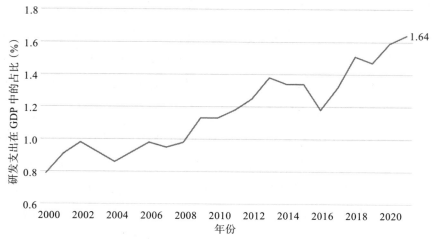

图 6-9　匈牙利 2000 ~ 2021 年研发支出在 GDP 中占比的变化趋势图

资料来源：联合国。

匈牙利的强项之一是其科技和研发领域，尽管其研发支出占 GDP 的比例仍低于欧盟平均水平，但近年来该比例持续增长，显示出匈牙利政府对科研创新的重视。匈牙利的软件开发和 IT 服务行业的成熟度，以及其高等教育体系对工程师的培养，为中国企业提供了良好的技术和人才基础。此外，匈牙利的地理位置、语言优势以及相对合理的成本结构，使其成为连接欧洲和北美市场的理想桥梁。

匈牙利政府的研发机构，如匈牙利国家研发创新署以及匈牙利科学院等，为科研创新提供了强有力的支持和资助。这些机构不仅是匈牙利科研创新的推动者，也是国际合作的桥梁，为外国投资者提供了合作和资助的机会。

对于中国企业而言，利用匈牙利的科研创新资源建立研发中心，不仅能够促进技术创新和产业升级，还能够增强其在全球市场的竞争力。通过与匈牙利及欧洲的科研机构和企业合作，中国企业可以更好地融入全球创新网络，加速技术交流和知识共享，推动企业的长期发展。此外，能够尽早在匈牙利建立研发中心的中国企业，不仅可以享受匈牙利政府提供的支持和优惠，还能够在全球科技创新竞争中占据有利地位。

• 建议抓住出海匈牙利的黄金时间窗口

确实，匈牙利对中国投资者的开放态度并不意味着这种情况会永远持续。根据我们的长期研究，尽管匈牙利的大门目前对中国投资者敞开，但这种情况可能会随着时间和政策的变化而改变。作为欧盟的一员，匈牙利虽然可以在一定程度上挑战或调整某些政策，但它无法完全推翻欧盟层面的既定法律。例如，如果欧盟通过了更加严格的对中国企业的绿地投资法律，匈牙利在国家层面也将无法为中国企业提供特殊通道。中国企业需要根据不同行业的具体情况，及时进行海外布局。

对于中国企业而言，这意味着在考虑将匈牙利作为投资目的地时，需要有前瞻性和灵活性。企业应该根据自身所处的行业和发展战略，选择最适合的投资地点和布局方式。对于那些科技和研发密集型的企业，利用匈牙利的科研资源和人才优势，建立研发中心可能是一个明智的选择。同时，制造业等行业的企业可能会更加关注匈牙利的地理位置、成本优势以及市场接近度，以此作为建立制造中心的依据。

- **建议投资前期要进行专业的尽职调查并与多方沟通**

笔者在走访匈牙利期间，通过与一些有中国企业投资的村落的村民交谈发现：尽管投资带来了显著的经济效益，如工作机会的增加、基础设施的改善以及土地价格的上涨，但村民们更为关注的是生存环境问题。例如，原先他们能够自由活动的空地，因为工厂的建立而不得不绕道而行；曾经能够以较低价格租到的公寓，如今租金大幅上涨。这种普遍的态度与投资者的预期存在显著差异，凸显了在进行海外投资时，充分进行前期的尽职调查的重要性，特别是需要深入了解不同社会阶层及各利益相关方的真实态度和期望。

为了避免在项目建设过程中出现意外，建议在投资前期，组织深入的社区调研和沟通活动，了解当地居民的需求和担忧。这不仅可以帮助企业预测和规避潜在的矛盾，还可以通过积极响应社区关切，建立良好的与社区的关系。

总体来看，在中东欧国家中匈牙利是和中国关系比较紧密的国家，相比西欧国家具有一定的劳动力成本优势，也有一定规模的高端人才。中国企业存在比较明显的聚集效应。对于立志于进入欧美市场的中国企业来讲，匈牙利是一个必选的考察之地。

6.4 美国：全球购买力最强和合规要求最高的统一大市场

美国市场对中国企业具有极其重要的战略意义。

作为全球最大的经济体，长期以来美国一直为中国企业提供了大量的拓展机会，有助于它们拓展业务范围并增加收入。根据世界银行数据，2023 年美国的 GDP 约为 27.36 万亿美元，占全球总量的 25%，这为中国出口企业提供了接触庞大高端消费群体的机会。不可否认，美国市场在全球属于购买力最为高端的市场之一，产品出口美国的企业往往盈利颇丰。

除了市场规模大，美国市场以其创新驱动的经济和先进技术部门而闻名。美国拥有全球最具竞争力的技术产业，其科技公司在全球市场占据主导地位。进入美国市场不仅可以让中国企业接触到尖端技术，还能够跟随行业趋势迅速迭代发展，从而在全球市场中保持竞争力。特别是对于科技型和成长型企业来说，美国市场提供了更为理想的估值环境。很多跟随硅谷创新的中国科技公司，这些年都取得了不俗的成绩。

一些知名的中国科技企业，比如阿里巴巴、百度、腾讯、拼多多、京东、蔚来、新东方等，通过在美国上市，提高了企业的全方位能力。这些企业在美国上市不仅获得了更广泛的投资者认可，还增强了其品牌在全球的知名度和竞争力。例如，2014 年阿里巴巴在纽约证券交易所上市，成为当时规模最大的首次公开募股（IPO）。这一举措不仅为阿里巴巴带来了大量资金，还让全球投资者更加关注和认可这一中国科技巨头。

尽管中美之间的贸易摩擦自 2018 年以来逐渐加剧，然而中国企业对进入美国市场的热情从未减退。进入美国市场的中国企业的数量在 2018 ～ 2023 年期间一直保持着 8% 左右的年增长率。截至 2022 年年底，约有 5 000 家中资企业在美国开展业务，涵盖科技、制造、金融和房地产等不同行业。

回顾过去 40 年，中国企业主要通过出口服务于美国市场获取利润，而且它们在美国设施上的投资已经为美国创造了大量就业机会。

截至 2023 年上半年，中国企业在美国设施上的投资超过 530 亿美元，为美国创造了超过 119 000 个直接就业机会。

回头看这几年，纵然美国对华贸易策略有所转变，但是从未削减中国企业对美国市场的兴趣与尝试。2023 年上半年开始，中国光伏企业如隆基绿能、天合光能、晶澳科技、阿特斯、TCL 中环、昊能光电等巨头纷纷宣布在美国建厂，虽然宁德时代在美国独资建厂的计划失败，但是它仍然在不断探索新的合资方式。如同宁德时代董事长曾毓群所言，地缘政治是短暂的挑战，而商业关系才是更长远的。

很显然，对于中国企业而言，美国市场的重要地位从未被撼动，只不过出海美国的方式需要不断演变。本文结合了笔者长期对美国经济、文化、社会等多方面观察以及深度访谈，希望呈现给读者多方面视角之下的美国市场，从而帮助中国企业更好地认识和理解美国市场的变化，特别是关注美国和中国战略竞争中潜在的政策出牌逻辑，这些都有利于客观评估美国市场的投资价值，为企业全球出海本地化战略做出对标参考。以下几点我们认为尤其重要。

6.4.1　营商观察：中美战略竞争格局将长期化，贸易合作需更加谨慎

在中美战略竞争格局明朗的背景下，贸易合作变得更加谨慎和复杂。双方之间的贸易摩擦和政治紧张局势持续升级，导致贸易关系面临更多不确定性和挑战。出海企业需审慎应对变化的环境，制订灵活的商业战略，以保持自身的竞争力并实现在美国市场的长期可持续发展。以下几点尤其需要关注。

• 美国产业策略转变

美国自 20 世纪 90 年代之后，由于国内生产成本的增加，逐渐开

始通过"离岸外包"的方式将工业企业从国内迁到劳动力成本更低的国家，如中国、印度以及拉美国家。中国凭借稳定的宏观环境、高性价比的劳动力成本和社会的高效运作，逐渐成为美国制造业的主要承揽国。2003 年起，中国超越加拿大成为美国最大的贸易伙伴。2018 年，中美贸易总额达到历史新高的 6 335.2 亿美元。

　　然而，随着 2016 年美国总统大选换届之后，美国为了削减中美贸易逆差，开始实施一系列单边关税措施：2018 年 1 月，美国对中国约 500 亿美元的进口产品征收 25% 的关税，主要涉及工业产品和科技产品；2018 年 7 月，美国又增加 2 000 亿美元中国产品的关税率，其中部分高科技产品和机械设备的关税率提高到 25%；2019 年 1 月，美国将 2 000 亿美元的中国商品的关税率从 10% 提高到 25%，主要针对消费品。

　　这些单边关税举措对中美双边贸易产生了很大影响。2018 ～ 2019 年，中美贸易额开始大幅下滑。2019 年，中美贸易额为 5 413.8 亿美元，同比下降了 14.5%。此外，关税也导致中美在一些关键领域如半导体的贸易额大幅下降。

- **"近岸外包"政策推动对美贸易格局加速转变**

　　美国通过美墨加协定以及《通胀削减法案》等一系列法案实施了新的政策措施。这些法案的重点在于通过补贴的方式直接限定了生产位置和原材料来源，以促进本地生产和供应链的发展。这就意味着第三国企业只有在寻找到一定数量的本地供应商，并将生产逐渐集中到北美地区时，才能享受到《通胀削减法案》带来的高额抵扣。

　　比如电动车制造商如果从中国直接出口到美国要被征收 100% 的关税，但如果汽车是在墨西哥境内完成生产的，那么在进入美国时可以享受最低的 2.5% 的关税。而倘若该工厂生产的汽车满足 2020 年美墨加协定所严格规定的 75% 的本地零部件标准，它们甚至可能无须缴纳关税。

再以电动车行业为例，根据《通胀削减法案》的规定，电动车制造商有资格获得最高 7 500 美元 / 辆的总抵免额补贴。要想获得这完整的 7 500 美元补贴，需要做到两点：其一是生产车辆所使用的电池关键矿物至少 40% 来自北美地区；其二是要保证电池组件价值中有 50% 来自北美地区。此外，这个比例还在不断上调。因此，如果企业想要长期获得抵免额，就需要在 2027 年达到 80% 的电池关键矿物来自北美地区，在 2029 年则需要达到 100% 的电池组件价值来自北美地区。显而易见，这样的萝卜加大棒政策就是为了帮助美国实现供应链的回归。

在这样的驱动下，全球汽车产业投资者纷纷在墨西哥开始布局，其中也不乏中国企业的身影：北汽、奇瑞、长安等整车厂，汽车零部件的上市公司如拓普集团、新泉股份、旭升集团、爱柯迪、嵘泰股份、伯特利、三花智控、岱美股份、银轮股份、上声电子等也都在墨西哥实现了量产。比亚迪、奇瑞等新能源汽车企业也纷纷在探讨在墨西哥设厂的可能性。

美国这一系列的政策彻底改变了中国与美国之间的贸易格局。国际清算银行 2023 年 10 月发表的研究表明，中美之间的供应链已经发生了重大的改变，从原来的中国制造出口美国市场的简单流程，转为"中国零部件—第三国（印度 / 越南 / 墨西哥）组装—出口美国"的多步骤复杂供应流程。

最直观的改变就是中美直接贸易额的下降和中墨之间贸易额的增长：2023 年，墨西哥成为美国最大的进口国。不过这背后最有意思的变化是，虽然中美直接贸易减少，但是中墨以及美墨之间贸易增长迅速。根据中国海关总署的数据，2023 年中墨贸易总额达 1 002 亿美元，相比 2018 年，增长了 72%。墨西哥也在 2023 年超越中国成为美国最大的贸易国。如果结合这几个动态变化可以很明显地看到，墨西哥已经成为中美贸易中最重要的中转国和加工国。

总的来说，新的国际环境给中国企业提出了全新的挑战，但由于中国制造业在过去 40 年的积累，中国仍然是美国诸多产品的最主要源头，中国企业也从未放弃过进军美国市场的决心，只不过将墨西哥等第三国作为中国制造的跳板，继续服务美国市场。说到底，美国仍然是全球最大的消费市场，美国的消费者仍然会是中国制造最大的全球买家。

• 中国企业在北美投资的不确定性因素加强

虽然美国市场对中国制造业仍然具有很强的依赖性，但美国对中国企业在本土和墨西哥的投资仍持有强烈的戒心。随着中美战略竞争关系不断明朗化，这种态势在未来 5 年内出现反转的可能性并不大。

在美国本土，自美国颁布了《外国投资风险评估现代化法案》，进一步扩大了美国外国投资委员会（CFIUS）对外国投资的审查范围，包括非控股投资项目。这进一步影响了中国企业在美国的投资。特别是如果中国企业希望收购美国企业或参与关键产业项目，如高科技、基础设施、军工等领域，都可能面临 CFIUS 更为严格的安全审查，一些交易项目因此被迫取消或重新设计。

与此同时，对中国企业与美国企业的合资项目的审查力度也在不断加大。宁德时代与美国福特原本计划在密歇根州合资建设电池工厂，即使在福特汽车拥有工厂的所有权，宁德时代仅提供电池专利技术许可的情况下，依旧未能通过，合资工厂计划被搁置数月，规划产能也被进一步缩减。另外一家中国电池供应商国轩高科在密歇根州的零部件工厂计划也在厂房建设过程中，因为与地方政府出现了矛盾而进入了司法程序。可见，中国企业在美国本地化建厂过程中依旧遇到了不小的阻力。

再看墨西哥方面，虽然说墨西哥从联邦到地方都对中国投资表现出了极大的欢迎，但从 2023 年开始墨西哥的贸易和投资政策似乎也在发生着变化：2023 年 8 月 15 日，墨西哥总统签署《关于修改一般进出口关税法行政命令》，上调包括钢铁、铝、化工产品在内的多种产品关税。关税税率将根据不同行业调整到 5% ~ 25%。鉴于中国是墨西哥的最大进口来源国，可以说这一举措对中国企业造成了不小的挑战。

2023 年 12 月美国和墨西哥还签署了一份意向备忘录，其中就包含建立一个美墨双边外国投资审查组。这些都预示着在中国企业对北美的布局过程中，无论是在美国本土投资，还是通过北美布局，抑或是通过越南、泰国等进行中转，都需要充分考虑以上不同层次的风险，更好地进行投资路线选择以及优化。

6.4.2　经济观察：美国经济具有很强的基本面支撑，贫富差距巨大之下的消费存在结构性特点

美国市场是世界上最具吸引力的消费市场之一。根据世界银行的统计数据，美国人口超过 3.4 亿，是全球第三大人口国。

进入美国市场前，一些品牌在全球范围内的影响和认可度可能并不是很高。但是，成功打开美国市场后，它们获得了全球性的认可，真正成长为全球品牌。瑞典音乐流媒体服务商 Spotify 在美国以外地区的影响力起初不大，但通过在美国成功推广其音乐订阅服务，逐步扩大了全球用户规模，成为全球首屈一指的音乐平台。中国品牌联想也是在进入美国市场后，才逐渐成为全球知名的电脑品牌之一。

从以下几个特点我们可以看出美国市场的投资机会。

• 美国消费者消费欲望强

美国是一个当之无愧的购买力大国。根据世界银行的数据，如图 6-10 所示，2023 年美国人均 GDP 为 73 637 美元，在世界主要发达经济体中名列第一位。在美国，无论身处纽约、洛杉矶这样的大都市，还是密西西比州这样的二三线区域，都会发现到处弥漫着商业的气息。特别是在美国高速公路上开车，时不时就会看到坐落在公路旁的一些商业综合体。置身其中，到处都是琳琅满目的商品以及推着推车不断选购的美国消费者。

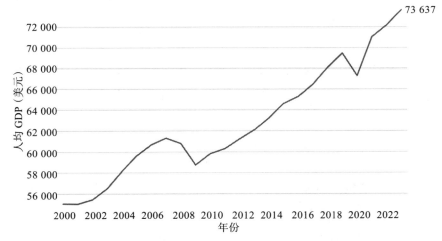

图 6-10　美国 2000 ～ 2023 年人均 GDP 变化趋势图

资料来源：世界银行。

在笔者走访美国市场的时候，对比欧洲市场，笔者有一个很直观的感受，那就是美国消费者更喜欢大分量、大包装的产品，而欧洲消费者则更偏向小而精的产品。这一点在超市里体现得淋漓尽致，首先德国和法国的大部分超市在规模上就比美国一般超市要小很多，超市内通常都是零售产品。然而到了大西洋另一边的美国，完全就是另一番景象，超市不但占地面积大，而且大部分超市的产品都是成箱或者成打卖，颇有批发的既视感。如果说欧洲消费者通常只要骑自行车就完全可以将购物所得带回家，那么美国消费者必须要开一辆小皮卡才能把满满一大车的货物拉回去。

说到美国与欧洲市场的区别，在餐饮行业也有很强的对比感，本书的专家组成员凯德先生说："欧洲人的主菜在美国人眼里充其量就是前菜。美国消费者重视量，所以他们不习惯喝特浓咖啡，但是往里面兑水，变成了美式咖啡，他们就习惯喝了。"

不过美国市场这几年的消费能力明显受到了通货膨胀的影响。特别是 2020 年到 2023 年期间，美国国内市场开始进入波动比较大的周期。在与做中美跨境电商的企业交流过程中，笔者得知，它们在近几年选品和开发市场的时候会特别关注美国消费者有没有获得补贴、补助，因为只要获得了补助，它们的订单就会明显增长，反之则平平。不过随着 2024 年美国通货膨胀率逐渐稳定在 2% ～ 3%，消费也逐渐回归平稳态势。

• 美国贫富差距加大

美国是全世界贫富差距最大的发达国家之一，根据英国帝国理工学院的一份研究，在过去的 50 年中，美国和欧洲的平均家庭财富在稳定增长，但相比欧洲"均贫富"的再分配制度，美国的贫富差距产生了剧烈的变化。如图 6-11 所示，2021 年美国收入最高的 10% 人群占有社会 30.1% 的收入。

背后的主要原因有两点。

其一，股市的差异。美国和欧洲在过去半个世纪都经历了房地产价格的上涨，但美国富有阶层之所以拉大了与欧洲富有阶层的距离，主要是因为他们拥有巨额的股票和债券等金融资产，而美国股市的收益率是远高于欧洲的。

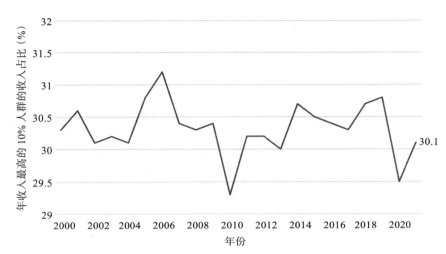

图 6-11　美国 2000 ～ 2021 年收入最高的 10% 人群的收入占比变化趋势图

资料来源：世界银行。

　　其二，欧洲的最高工资与最低工资之间的差距较小。比如在欧洲西门子等企业内部有着明文规定，不允许最高工资与最低工资之间的差距过大。因而所有人无论是保洁员还是高级工程师，收入差距最多在 4 ～ 5 倍的区间。然而在美国，不同职业之间的收入差距是巨大的，达到了几十倍，甚至上百倍，因而最终产生巨大的财富差异。

　　这种巨大的财富差异本身就会导致社会不同阶层之间的互相不理解。高收入者往往认为低收入人群之所以无法提高收入是因为他们不够努力，然而低收入者则认为高收入者之所以可以获得巨额财富是因为他们垄断了社会资源。这也是为何之前美国爆发了一系列类似"占领华尔街"的游行示威活动。很显然，美国社会是一个更注重效率，一定程度上忽略公平的社会。

　　当这种阶层之间的财富差异叠加种族问题的时候，就会出现一系列的暴力冲突。在美国，白人家庭的净资产中位数约为 190 000 美元，而西班牙裔或黑人家庭净资产的中位数仅仅只有 2 500 美元，前者大约是后者的 7.5 倍。很多黑人女性需要依靠不到 1 000 美元的收入养育一家四口甚至五口，在这样的情况下，是很难保证这些孩子的生活和教育的。最终导致了美国社会的不稳定因素产生，比如美国超市中屡屡发生的"零元购"事件。

很多中国企业看重美国市场的消费潜力以及统一市场优势，在电商、游戏、制造业上收益颇丰，这方面有很多案例显示了美国市场驱动企业快速成功的独特价值。

6.4.3　社会观察：理性的精英与两极化的社会

作为全世界商业中心，美国社会值得我们深度洞察和仔细体会。应该说中国企业一直在学习美国企业的模式，因而和美国企业有很多相似点，但两者区别也很大。

• **美国商业社会拥有"效率优先，结果说话"的价值观**

很多人可能认为中国国内的商业竞争已经非常激烈了，因为大家都在不断地"卷价格""卷质量""卷服务""卷性价比"，但其实美国有过之而无不及。甚至可以说长期残酷的竞争，让美国商业社会形成了"效率优先，结果说话"的价值观。

比如在公司里，如果你只是一个任劳任怨的员工，老板或许不会批评你，但肯定也不会打心眼里认可你，因为你没有把工作时间的价值最大化，没有给公司创造更大的价值，因而只会持续做低附加值的工作，从而获得晋升的机会就少了很多。相反，如果可以提出建设性的意见，提高公司整体的运作效率，或者帮助公司拿下大单，那么即使你没有按照上司的指令行事，也不会有人故意刁难，甚至都会为你让路。

同样的道理，和美国咨询公司打过交道的人都有一种体验，美国咨询公司与中国企业"先结识再商谈"的习惯是截然相反的。通常，美国咨询公司第一次沟通的核心就是确认对方"能不能支付得起咨询项目的费用"。如果在能力范围内，那么双方会有第二次沟通，如果在能力范围之外，就没有继续沟通的可能了。

- **美国社会的精英阶层存在另一种类型的"卷"**

长期以来，很多人都认为美国教育模式更讲究快乐和自由，与中国的教育模式形成了很大的反差。但事实上，这是对美国教育的一种误读。美国的公立教育确实主张的是简单、快乐教育，但是私立的精英教育主张的则是另一套"德智体美劳"全方位发展。

笔者在硅谷调研期间就发现，在这里的精英家庭，不仅要买学区房，还要请家教，争分夺秒地让孩子吸收更多的知识，提高学习成绩。同时，家长还需要"卷"出新意和高度，比如让孩子学马术、学曲棍球、学花样滑冰等，才能在未来常春藤联盟的选拔过程中突出重围。

让人印象最深刻的就是，美国精英阶层很少会喊"累"，可能前一晚还在熬夜加班，第二天早晨六点就会起床去参加早餐会，周末还需要参加各种公益活动。"高效"和"不知疲倦"可以说是对他们最贴切的形容。

- **美国社会不仅多元而且两极分化严重**

美国社会两极化的问题不仅存在于政治层面，也已经渗透到日常生活的各个方面。越来越多的美国家庭在选择居住环境和孩子的教育机会时，都会考虑自己支持的政党立场。例如，支持民主党的家庭可能不愿意和支持共和党的家庭住在同一个社区，也不希望自己的孩子和对方党派支持者的孩子在同一所学校受教育。

两党支持者在媒体选择上也存在明显差异。民主党人较喜欢看CNN 等主流媒体的政治新闻，而共和党人倾向于选择福克斯新闻等右派媒体渠道获取政治新闻。这更加深了两党观众在政治立场和价值观上的分歧。除此之外，两党支持者在生活方式和消费习惯上也显示出明显差异。例如在饮食结构、娱乐消遣方式、宗教信仰等方面都存在分化。这些日常细节层面的两极化也进一步扩大了两党群众在世界观和价值体系上的鸿沟。

6.4.4   出海建议

综合以上对美国市场的简单介绍，我们为出海美国的企业提供以下几点建议。

• 出海美国，地点选取至关重要

对于出海美国，特别是有在美国建厂规划的企业，选取地点是格外重要的。因为美国不同州有着不同的产业政策。共和党控制的"红州"与民主党控制的"蓝州"之间的差异越来越大：美国的"红州"通常都是商业友好型的，税负比较低，但是大部分共和党支持者往往将中国投资者看成假想敌，比如佛罗里达州、南卡罗来纳州以及俄克拉何马州都已经宣布禁止或者限制中国公民购买房产；相较之下，美国的"蓝州"虽然说对中国投资者相对更友好，比如爱达荷州在中国一直设有办事处，希望吸引更多的中国投资，但是这些"蓝州"的税负更高而且工会力量大，企业运营成本会大幅增加。

除此之外，在美国不同的州还有不同的税收政策，对于制造业出海企业而言，这也是至关重要的。比如，得克萨斯州和加利福尼亚州在企业税收政策方面存在显著差异。

首先，在企业所得税税率方面，得克萨斯州的企业不需要在州层面缴纳企业所得税，不过收入超过 120 万美元的企业则需要缴纳边际税。相比之下，加利福尼亚州的企业则需要缴纳 8.84% 的所得税，高

于美国平均水平。其次，在州营业税方面，得克萨斯州没有州营业
税，这对企业来说是一大优势，减轻了企业的负担；而加利福尼亚州
实行 7.25% 的州营业税税率，增加了企业的税务成本。此外，在资
本利得税方面，得克萨斯州不对资本利得征税，这对投资者来说更具
吸引力；而加利福尼亚州对资本利得超过 1 万美元的部分征收税率为
1.5% ～ 3.8% 的资本利得税，增加了投资者的税负。最后，在研发税
收抵免方面，得克萨斯州提供高达 5% 的研发费用税收抵免政策，鼓
励企业加大研发投入；而加利福尼亚州虽然也有类似政策，但条件相
对严格。

　　除了税收，在水电方面不同州的价格相差也很大，比如加利福尼
亚州的电费差不多是 12 美分 / 度，得克萨斯州是 6 ～ 7 美分 / 度，而
亚利桑那州则是 20 美分 / 度。对于制造型企业而言，这无疑会对产品
价格产生很大的影响。因此，前期全方位的考察和核算，对于企业出
海而言是至关重要的。

　　• 美国合规要求高，补贴并非能轻松获得

　　一些企业受到《芯片和科学法案》和《通胀削减法案》等相关补
贴政策的吸引，纷纷选择在美国建厂。然而，实际上，尽管这些补贴
看似丰厚，但由于美国的合规要求较高，企业要想获得这些补贴并不
容易。以台积电在亚利桑那州建厂为例，原本可以获得高达 530 亿美
元的补贴，但在实际投资建厂后发现，获得补贴的门槛极高，需要提
供大量数据，并且补贴并非一次性到位，而是逐步发放的。

　　2023 年中国光伏和新能源电池厂商在补贴政策的刺激下，纷纷宣
布了在美国投资的计划。然而，要长期满足获得补贴的标准，需要付
出更多代价。例如，对于可再生能源发电产品系统必须要满足的要求
就包括钢铁部分必须 100% 来自美国本土，且整个产品中美国本土制

造的价值比率也要随着时间的推移而不断提高。对于这些出海企业来说，如果不能深入了解这些成本组成和后续流程，就很可能会面临困难局面，最终导致美国工厂运营不善而被迫关闭。

因此，出海企业考虑在美国建厂时，除了眼前的补贴诱惑，还需要深入了解美国的法规要求和补贴政策细则，以避免后续面临不必要的风险和困难。只有在充分了解并能够满足相关要求的情况下，才能更好地提高美国工厂的运营效率和持续发展速度。

• 美国运营成本组成与中国差异大

在美国建立工厂绝非易事，看过纪录片《美国工厂》中关于福耀玻璃美国工厂的故事的人都有很深刻的印象。在美国不但人工成本比国内贵，而且由于当下美国劳动力市场火爆，人工更是难求。美国工人背后往往有庞大的工会组织撑腰，因此如果工人的生产条件没有达到要求，或者其他工厂提供了更好的条件，都会造成延迟开工或者罢工。此外，厂房建设过程中需要的一系列证件办理、法规学习等隐性成本也都包含在企业的前期建设成本中。

不过相对于中国而言，在美国建厂也有优势，那就是美国部分州的土地使用成本、水电价格以及天然气价格要低于中国沿海地区。比如铜管生产企业海亮股份所在的得克萨斯州电费只有 6 ～ 7 美分 / 度，比中国要低；由于美国开发页岩气，因此天然气的整体价格是中国的一半左右。

• 跨文化管理挑战大

在美国经营对企业的跨文化运营有着很高的要求，一个大的挑战是管理方式的差异。中国企业通常采取更集中和自上而下的管理模式，强调等级制度和对上级的服从。但是，美国企业更注重个人主义和参与式管理，给予员工更多自主权和发言权。

　　另一个挑战是不同的文化价值观。中国企业重视集体目标和长远发展，而美国文化强调个人成就感和个人发展机会。当中国企业没有充分考虑这些差异时，可能导致美国员工流失率高，因为美国员工感觉自身需求未被满足。此外，两种文化的沟通方式也有很大差异。中国企业通常倾向于含蓄和间接表达，而美国企业更重视直接明确地表达。如果不能很好地适应这种差异，很容易在工作目标设置和执行过程中产生误解。纪录片《美国工厂》中的第一位美国总经理就是因为不能适应这样的差异最终导致劳资关系紧张，而后来的第二位负责人明显在这方面更擅长，从而更加积极地消除了中国老板和当地员工之间的沟通隔阂。

　　在出海美国方面，我们可以简单地概括出三种情况：一种情况是电商的贸易出海，也是产品出海，这种情况下需要紧密关注美国的政策和电商平台的政策；第二种情况是制造业或者配套产业链出海，这种情况下需要关注北美自由贸易区的总体特点，以及落地的时候需要考虑工会等因素，最好能有大客户能够协助解决这些问题；第三种情况就是大型公司在美国的本地化运营，我们推荐对标 TCL、联想这两家公司，这两家公司不仅在美国市场最为成功，而且社会各个层面对这两家公司也非常认可。

　　总之，出海美国首先要做好面对全球最为严格的合规体系的思想准备。企业一旦在美国市场生根发芽，企业的管理能力就必然上一个台阶，这一点是很多在美国成功运营的企业家反馈的。

　　中国企业相对来说对美国文化并不陌生，这和我们改革开放以来主要学习美国企业模式有关，有一定规模且符合美国产业政策要求的企业往往经过一段时间的探索，可以在美国经营得不错。沟通问题依然是很多企业的最大挑战，或许也是进入这个全球购买力最强和合规要求最高的统一大市场必备的代价。

第 7 章

CHAPTER 7

中东、南亚和中亚市场

放眼整个亚洲，除了东亚和东南亚，仍然有三大新兴发展力量在冉冉升起，那便是——中东、南亚和中亚市场。在过去十年间，以沙特阿拉伯（后简称沙特）为代表的中东、以印度为代表的南亚以及以乌兹别克斯坦为代表的中亚都经历了新一轮的开放，推动了本土经济的不断发展，同时也吸引了诸多中国企业的目光。对于中国企业而言，这些地区是一片充满机遇和挑战的"热土"，为中国出海企业提供了广阔的发展空间。

一方面，这些新兴市场基础设施建设需求旺盛，为中国建筑、能源、通信等行业的企业带来了大量商机。中国企业参与了中巴经济走廊、沙特阿拉伯吉达经济城等重大基建项目的建设。

另一方面，这些地区消费市场正在兴起，中国企业在消费电子、智能家电、电动汽车、跨境电商和泛娱乐等领域都取得了不俗的成绩。以印度为例，小米手机在当地智能手机的市场份额达 23.3%，仅次于三星，位列第二。

　　然而，挑战也不容忽视。政治风险是在这些市场开展经营活动的中国企业面临的主要挑战，这些市场部分地区局势动荡，增加了投资运营的不确定性。以印度为例，近年来中印关系时而紧张，时而缓和。印度政府对华企业的态度也有所波动，这给中资企业带来一定风险。

　　文化差异也给本地化经营带来一定的阻力。以印度和中东地区为例，这些地区的宗教文化根基非常深厚，对当地人的生活方式、价值观念有着深远影响。企业在运营过程中需要格外谨慎，尊重当地的宗教信仰和文化习俗，避免引起本地人的不适。比如在印度，印度教在这个国家占据主导地位。印度教徒视牛为神圣动物，中国企业在当地开展业务时，就需要注意不去伤害或冒犯这一信仰。比如在食品加工、皮革等行业避免使用与牛相关的材料。在中东和中亚地区，伊斯兰教是主导宗教。伊斯兰教非常重视斋戒等宗教仪式，企业的一些商业活动安排需要规避相关的禁忌期。比如在斋月期间，企业可能需要调整工作时间、避免公开饮食等，以示尊重。

　　此外，一些国家法律法规执行存在不确定性，营商环境有待改善，这增加了企业的运营成本和风险。尽管挑战重重，但中国企业成功出海的案例仍然层出不穷。通过深入当地市场调研、加强风险管控、提升本地化运营能力，中国企业正逐步提升在这些新兴市场的影响力。例如，小米、荣耀和传音在中东地区有着不俗的表现。特别是小米，在阿拉伯联合酋长国（后简称阿联酋）的零售门店已经从 4 家增加到了 12 家。小米在 2023 年第 4 季度有着不俗的表现，力压苹果成为第三大热销品牌。再看向中亚，2024 年年初，比亚迪在乌兹别克斯坦的生产线也完成了第 1 万辆汽车的交付，成为当地最受欢迎的电动汽车品牌之一。即使印度政府针对中资企业的措施层出不穷，中国企业并没有选择退出，依旧持续耕耘，扎根本土，像海尔以及小米等企业已经在这场出海印度的持久战中越挫越勇，越挫越猛。

随着这些新兴市场的持续发展，中国企业将继续迎来新的机遇和挑战。在这些充满希望的热土上，中国企业不仅要坚持创新与本地化，更要以坚韧和智慧应对各种不确定性。未来，中国企业将在全球化进程中不断突破自我，创造新的辉煌，为世界经济的发展注入源源不断的中国动力。

7.1　阿联酋：中东最具科技眼光和全球视野的开放中心

阿联酋在近些年越来越多地进入中国人的视野，特别是迪拜的全球航运中心的位置，为越来越多的中国人所熟知。

阿联酋依靠独特的开放和务实政策，连续成为中东和北非地区最大的外国直接投资目的地。联合国贸易和发展会议（UNCTAD）2024年发布的数据显示，阿联酋在2023年获得的外国直接投资总额高达306.88亿美元，相比2022年增长了35%。其中，绿地FDI项目公告中排名在美国之后，位列全球第二，共计1323个项目，比2022年增长了33%。在全球宏观经济充满不确定性的当下，着实不易。

当下的阿联酋不仅是阿拉伯世界的经济枢纽，还是整个中东的贸易、物流以及投资中心，吸引了大量外资企业前来探索，其中包括海康威视、阿里巴巴、华为、腾讯等中国头部企业和投资者。

在迪拜的街头，不仅在龙城有很多中国商家，在迪拜标志性的市中心商场也经常会听到中国歌曲和看到中文标识。这一切都极大地提高了中国出海企业以及投资者对中东市场的便利感和亲近感，为双方合作搭建了更加坚实的桥梁。这种文化和商业的密切联系，不仅促进了商业合作，也促进了两国人民之间的相互了解和友好关系。2024年是中国与阿联酋建交40周年的"大年"，中国已成为阿联酋的第一大贸易伙伴，双方有望在此之上进一步加强合作，这也意味着中国企业在阿联酋市场发展的机遇的进一步增多。

笔者基于对中东地区的追踪和研究，为读者提供关于阿联酋政治、经济和文化方面的深入洞察。阿联酋作为一个营商环境稳定、经济发达的国家，其独特的地理位置和开放的商业环境吸引了全球投资者和企业家的目光。深入了解阿联酋市场必将有助于中国出海企业更好地理解当地的商业环境和市场需求，从而更有效地开展业务。

7.1.1　营商洞察：在七个酋长国的竞争与合作中实现全球化转变

纵观阿联酋的整体营商环境，最大的特点是开放、多元文化和面向全球的连接能力。

• 迪拜的成功秘诀：勇于摆脱资源陷阱，拥抱全球化

阿联酋的历史可以追溯到 19 世纪初，当时该地区由一系列小型、独立的酋长国组成。随着时间的推移，现代阿联酋的七个酋长国（阿布扎比、迪拜酋长国、沙迦酋长国、哈伊马角、阿治曼、富查伊拉、乌姆盖万）开始联合起来，形成联盟和伙伴关系，最终成为阿拉伯联合酋长国。

在 20 世纪 70 年代的建国初期，每个酋长国都负责自身经济，当时主要依赖采珠、航海和捕鱼等传统产业。然而，很快阿联酋就迎来了历史的转折点——石油资源的发现。阿布扎比、迪拜、沙迦等酋长国随即展开了石油的勘探和生产活动，为国家带来了巨大的收入和经济增长，使得阿联酋迅速成为世界领先的石油生产国之一，为国家的现代化和繁荣奠定了基础。

在迪拜的石油开采初期，迪拜的酋长意识到与阿布扎比相比，迪拜的石油资源有限，根本无法支持长期经济的稳定发展。因而，迪拜

很早就放弃对石油出口收入的单一依赖，积极进行多元化布局。

从 20 世纪 70 年代开始，迪拜着手大规模建设基础设施，包括建设世界级机场、海港和高速公路系统。迪拜国际机场、杰贝阿里港、拉希德港以及高速公路的建设奠定了迪拜作为重要物流中心的基础。随后，在 80 年代，迪拜加大对大学和医疗机构的投资，建立了迪拜大学等高等教育机构，以及迪拜医疗城和迪拜医疗中心等医疗机构。此外，迪拜还建设了文化景点和艺术中心，如迪拜博物馆和艺术中心，促进了文化艺术的发展，吸引了游客和艺术爱好者。

从 21 世纪初开始，迪拜逐渐减少对石油出口的依赖，着力发展服务业，特别是旅游和贸易相关的服务业。迪拜在 2004 年推出了国际金融中心计划，逐步发展为 IT 和金融等服务行业的全球中心。这一举措直接推动了迪拜的房地产行业和其他服务行业的发展。迪拜的标志性建筑，如哈利法塔、迪拜帆船酒店等，也都是在这个时期建设完成的，作为城市的象征，吸引着世界各地的游客和投资者。

尽管 2008 年的金融危机对迪拜的房地产市场造成了不利影响，但通过更高程度的开放政策，迪拜成功吸引了全球 IT 行业的投资，确立了自身国际科技中心的地位。迪拜在建立迪拜技术、电子商务和媒体自由区的过程中吸引了诸如微软、惠普、戴尔、甲骨文、IBM 等企业，同时也吸引了路透、CNN、BBC 等媒体组织的进驻。

如今，迪拜的 GDP 核心主要是服务业，尤其是旅游和贸易相关的服务业，占迪拜 GDP 的 70% 以上，而石油出口仅占不到 1%。迪拜已经彻底摆脱石油出口的束缚，成功转型为一个多元化经济体，跻身全球舞台。

• 阿联酋内部竞争与合作的文化促使国家长期繁荣

阿联酋连续 15 年成为中东和北非地区最具有投资吸引力的市场，

如图 7-1 所示，所吸引的外商直接投资总体呈增长态势，与其国内充满竞争与合作的关系密不可分。该国的七个酋长国都秉持着共同的价值主张，即在经济上全面对外开放，通过融入全球贸易、资本和产业链，实现国家的长期稳定。同时，在阿联酋内部，尤其是在迪拜和阿布扎比之间的竞争也十分激烈。

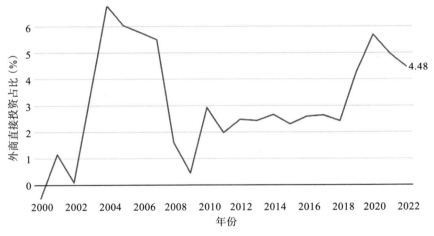

图 7-1　阿联酋 2000 ～ 2022 年外商直接投资变化趋势图

资源来源：世界银行。

　　阿布扎比和迪拜分别是阿拉伯联合酋长国中最著名和最大的酋长国。两"兄弟"之间的经济竞争是一个持续的过程。其中一个典型例子是主权财富基金的竞争。阿布扎比投资局（ADIA）成立于 1976 年，是代表阿布扎比政府进行全球价值投资的全球多元化投资机构，手中掌控着总量为 1.5 万亿美元的投资基金。而迪拜政府的主权基金——迪拜投资公司（ICD）成立于 2006 年，规模为 3 050 亿美元。从金融竞争的角度来看，阿布扎比的基金在规模和投资影响力方面仍占据优势。

　　自 2008 年金融危机以来，迪拜的主权基金由于大规模投资房地产和基础设施项目而陷入债务困境，难以自拔。在危急时刻，迪拜向阿布扎比请求援助,阿布扎比慷慨提供了 50 亿美元的援助,帮助迪拜主权基金渡过难关。这种相互支持不仅体现了兄弟之间的团结,也维护了整个阿联酋的利益和稳定。特别是在周边国家如科威特、卡塔尔和沙特渴望争夺阿联酋的国际地位的背景下,阿布扎比的援助显得尤为重要。

在这种兄弟之间相互扶持、共同竞争的环境中,阿联酋逐渐脱离原本的保守文化,走向世界的中心舞台。这种合作与竞争的模式不仅推动了阿联酋经济的快速发展,也展现了阿联酋在地区和全球舞台上的影响力和地位的逐步提升。

7.1.2 经济洞察:开放包容的经济政策,关注高科技等全球投资机会

根据世界银行的统计数据,如图 7-2 所示,2023 年阿联酋人均 GDP 高达 75 627 美元,在中东地区仅次于卡塔尔,是第二高消费人群聚集市场。

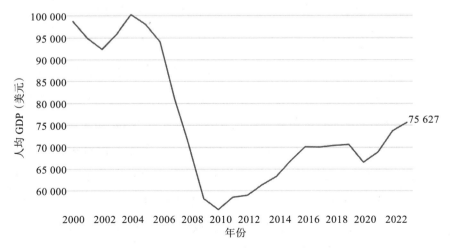

图 7-2   阿联酋 2000 ~ 2023 年人均 GDP 变化趋势图

资源来源:世界银行。

　　根据世界银行的统计数据，阿联酋人口自 20 世纪 70 年代以后一直呈相对稳定的上升趋势，特别是从 2005 年开始，5 年时间人口增长近一倍，从 428 万增长到 2010 年的 848 万。近年来总人口保持平稳增长，2023 年人口达 951 万。究其原因是阿联酋政府推行相对宽松的移民政策，对外籍人士态度较为开放。据统计，阿联酋的外籍人口占全国总人口的 88%，其中绝大部分外籍人士都聚集在迪拜。

　　在笔者走访阿联酋市场的时候，可以很清晰地感受到，这是一个国际化的现代大都市，也是一个建在移民背上的城市，由于阿联酋本地人口稀少，所以像出租车司机或者酒店餐饮等服务性行业主要由南亚移民支撑。在街头，摩天大楼拔地而起，如果不是干旱的沙漠气候，笔者有时候会误以为回到了深圳。在这里，能看到来自不同文化背景的人，能明显感受到，虽然阿联酋保留了自身原始文化的一部分，但它是十分包容的，允许多元化文化的出现。

　　正因为阿联酋市场的开放以及消费者对新事物都有非常高的接受度，阿联酋市场逐渐成为许多国际品牌和创新产品的首选市场。

• 商业友好型法律环境：伊斯兰法与民法的结合

　　阿联酋目前采用的法律体系是混合法系。在商业和金融领域，阿联酋采用的是民法和商法，这些法律主要受到欧洲法系的影响。在营商环境方面，2021 年起阿联酋实施了修订后的《商业公司法》，放宽了对外国投资者的限制，允许外国投资者 100% 持有公司股份，不再要求阿联酋居民为公司主要的持股人。此外，阿联酋政府通过实施更加透明和便利的商业注册程序，简化了外国投资者在当地设立企业的流程，不断吸引更多外国投资者前来投资。

　　还有一个细节很有意思，要知道大部分中东国家是周五周六休息、周日到周四工作，但是迪拜为了保证与国际接轨，在 2022 年就修改了立法，实行与中国相同的周一到周五工作、周六周日休息的作息表。

• 科技发展的领头羊

阿联酋是中东地区科技发展的领头羊之一。在世界知识产权组织（WIPO）发布的 2022 年全球创新指数中，阿联酋较去年提高两位，排名全球第 31 位，连续 7 年的排名都是阿拉伯国家首位。阿联酋在数字化、智能城市建设、可再生能源等领域的发展尤为显著。通过大力投资于基础设施和教育，阿联酋已经建立起一个相对先进的科技生态系统。

在科技发展的顶层设计方面，阿联酋政府积极推动全国范围内的数字化转型，推出了"迪拜智能城市"计划，使用 AI 优化城市服务，推行智能交通系统、智能建筑技术，落地智能城市建设。迪拜已成为全球重要的信息技术和创新中心之一。

在增进发展潜力方面，阿联酋政府建立了迪拜硅绿洲（DSO），这是一个专门的自由贸易区，为注册公司提供免除企业税和个人所得税的优惠，免除对资本和利润汇出的限制，外国企业可以享受 100% 的所有权，公司注册流程简单高效。DSO 内还设有多个孵化器和加速器，如 DSO 孵化中心，为初创企业提供资金、技术指导等支持，同时提供先进的基础设施和商业设施，这吸引着信息科技、电子、通信等行业的企业在此建立基地。

在布局未来发展方面，阿联酋投资于太空探索技术，并在 2020 年成功发射了"希望"号火星探测器。除了太空探索，阿联酋也在积极推动数字货币和区块链技术等金融科技的发展和应用。迪拜政府推出了迪拜区块链战略，目标是使迪拜成为全球首个完全运行在区块链上的城市。阿联酋中央银行与沙特中央银行联合发起了"阿卜杜拉"项目，该项目是一个数字货币和分布式账本技术（DLT）的试点，旨在探索金融交易的新方式，提高跨境支付的效率和安全性。阿联酋的私营部门也积极参与区块链技术的应用，包括智能合约的使用以及非同质化通证（NFT）市场的开发，这些应用在艺术品、版权、房地产等领域取得了显著进展。迪拜和阿布扎比已经建立了加密货币交易所，并正在制定相关的法规和监管框架。这些举措旨在吸引加密货币企业和投资者，同时确保市场的透明度和安全性。

• 阿联酋加入全球 AI 竞赛

当前全球商业模式的巨大转变和经济朝向"虚拟数字时代"的发展趋势，使得阿联酋逐渐成为 AI 时代中不可小觑的角色，并为这场人类变革积蓄能量。在前沿科技竞赛方面，阿联酋展现出了认真的态度。早在 2017 年，阿联酋就成为世界上首个设立人工智能部门的国家。

另外，阿布扎比政府还投入巨资成立了先进技术研究委员会，并在全球招募了 25 名顶尖计算机科学家，致力于深度学习算法的研究。在 2023 年 9 月，阿联酋发布了名为"猎鹰"的人工智能模型，迅速引起全球轰动，被认为是最先进的开源大型语言模型之一，预示着阿联酋在人工智能领域的迅速崛起。此外，微软的萨提亚曾访问阿联酋，也表明了阿联酋在人工智能领域的重要地位。

阿联酋在 AI 竞赛中的优势显而易见：一方面，阿联酋拥有强大的现金储备，可以支付世界顶级硬件来支持模型训练；另一方面，阿联酋拥有稳定的电力供应，能确保设备和数据中心的稳定运营。此外，阿联酋还在调动国家资源，制定政策吸引世界顶尖的人工智能研究人员，这些政策包括免征所得税等措施。

OpenAI 首席执行官萨姆·奥尔特曼在 2024 年 2 月频繁与阿联酋投资者接触，希望深度参与其 AI 芯片制造计划。显然，阿联酋在人工智能领域的发展之路才刚刚开始。

• 初创企业的天堂

阿联酋作为一个蓬勃发展的初创企业生态系统，不断吸引着全球初创公司和企业前来创业。根据阿联酋经济部的数据统计，目前在迪拜超过 50% 的企业以前都是初创企业。除了提供丰富的市场和投资机会，阿联酋还为初创企业提供了多样化的支持和资源。

首先，阿联酋拥有多个产业园区和创新中心，分别位于迪拜机场自由区、阿布扎比－哈里法经济区等。这些地方为初创企业提供了办公空间、孵化器服务、导师支持等资源，帮助它们快速成长。

其次，虽然阿联酋的主权基金并不直接投资初创企业，但它们会与风险投资公司合作共同投资初创企业。此外，阿联酋还有丰富的私人投资者和天使投资者群体，可以为初创企业提供融资支持。

此外，由于阿联酋是一个国际展览和贸易中心，参与展览活动可以帮助初创企业拓展业务网络、找到合作伙伴和渠道商，以及获取市场反馈进行产品调整。

最后，阿联酋政府致力于推动创新和创业，不断优化法规环境和政策支持，为初创企业提供更好的发展条件和机会。总的来说，阿联酋的初创企业生态系统正在蓬勃发展，为全球初创者提供了丰富的资源和机会，使他们可以在这个创新友好的环境中实现梦想并取得成功。

• 可持续发展前景广阔

作为一个传统的石油出口国，为应对全球气候变化和可持续发展的挑战，阿联酋正在努力减少其经济对化石燃料的依赖，向更多元化和可持续的能源解决方案转型。该国在可再生能源项目上进行了大量投资，特别是太阳能和核能项目，以确保能源供应的多样化和可持续性。

2013 年 3 月，耗资 6 亿美元的"太阳一号"太阳能发电站在阿布扎比投入运营，成为中东规模最大的集中式太阳能发电站，占地面积达 2.5 平方公里，能为 2 万户家庭提供电力。阿联酋已成功从一个以石油为主导的经济体转型为一个多元化、现代化的经济实体。

阿布扎比的马斯达尔城专注于清洁能源和可持续技术的创新和发

展，旨在最小化碳足迹和废物，使用可再生能源（特别是太阳能）以及先进的废物管理系统。城市的设计包括高效建筑、智能交通系统和绿色空间，以支持生态友好的城市生活方式，旨在让阿布扎比成为世界上最具有可持续性的生态城市之一。它吸引了全球清洁能源和环保技术公司的投资。城内设有马斯达尔科技学院，与麻省理工学院合作，专注于可持续能源、环境和其他先进技术的研究。

石油储备原本就比较低的迪拜对能源转型的诉求更为强烈，投入也非常大。迪拜计划到 2050 年可再生能源将占其能源组合的 75%。为了达到这一目标，迪拜启动了穆罕默德·本·拉希德太阳能园区工程计划。该项目预计在 2030 年能够达到 5 000 兆瓦的装机容量，这与一些大型煤电或核电站的装机容量相当，足以满足数百万居民的中等规模城市的每日电力需求。

除了大型项目的投入，阿联酋还通过实施绿色增长战略，来促进绿色经济的发展，在保护生物多样性和生态系统方面也采取了措施，包括建立海洋和陆地保护区，以及推广持续的水资源管理。此外，政府推出了多项倡议，如在学校和高等教育机构中引入可持续发展课程，以教育年轻一代关于环境保护和可持续生活的重要性。政府还支持多种公共宣传活动，如环保节日和研讨会，以提高公众对气候变化、资源节约和清洁能源的认识。

7.1.3　文化洞察：多元文化的守卫者

阿联酋的商业文化是独特的，它融合了传统阿拉伯习俗与现代商业惯例，这种融合不仅体现了传统文化的价值观和原则，还增添了多元文化的元素，形成了一种富有活力和包容性的商业文化。这种独特的商业文化模式为阿联酋创造了一个独具特色的商业环境，吸引着全球企业和投资者前来探索合作机会。

- **多元文化的守护者**

相对其他中东国家，阿联酋更加包容和开放。例如，阿联酋每年都会举行活动，提升人们对拥抱多元文化重要性的认识。此外，阿联酋也通过多种多样的文化交流项目，来促进不同文化之间的交流和互动。

阿联酋的教育体系展现出多元化和先进性，包括设立于迪拜的迪拜美国大学、高等技术学院等重要高等教育机构。国家设有专业教育区域如迪拜知识园，以促进国际教育合作。至 2021 年，阿联酋成人识字率达到 98.13%。学校普遍采用数字化学习工具，如平板电脑和智能白板，以提升教育质量。政府通过"迪拜未来基金"等计划，积极推动教育领域的创新和科技应用，支持学生全面发展。

- **阿联酋文化的敏感性**

尊重和欣赏阿联酋文化是成功在该地区开展业务的关键。了解并尊重当地的习俗和传统对建立良好的商业关系至关重要。对本地习俗表现出敏感性是想在该地区开展经营活动需要具备的能力，特别是在斋月期间，商务活动可能会受到一定程度的影响。

虽然英语在阿联酋的商界被广泛使用，但学习一些阿拉伯语可以极大地帮助你与当地的合作伙伴建立融洽的关系，展示对当地文化的尊重，并增进与阿联酋商业伙伴之间的沟通。学习一些简单的阿拉伯语，如问候语、感谢用语和基本的商务用语，可以极大地增强与当地人交流时的亲近感和融洽感。由于汉语和阿拉伯语之间的差异，雇用专业的翻译以及提前准备好不同版本的文稿也是有必要的，可以提高沟通的效率和准确性。

7.1.4 出海建议

对于阿联酋这样一个多元市场，与中国相比还是有着极大的不同，我们综合以上几点，对中国企业出海阿联酋提出几个建议。

- **阿联酋是中东市场的制高点，具有一定的全球辐射能力**

尽管阿联酋在国家体量上只有约 1 000 万人口，面积不及邻国沙特阿拉伯的 1/25，但凭借其长期的探索和发展努力，阿联酋如今已经成为中东以及北非地区最具有国际视野的国家之一。特别是迪拜和阿布扎比这两个主要城市，它们已经成为世界前沿科技、商业和文化的中心。

迪拜作为阿联酋最繁荣的城市之一，以其雄心勃勃的城市规划和创新性而闻名。哈利法塔、迪拜帆船酒店、迪拜购物中心等标志性建筑物是世界级地标，吸引着全球游客和商业精英。迪拜不仅在旅游业上有着显著的成就，还在金融、科技和创新领域取得了重要进展，是国际商务和金融中心之一。

与迪拜齐名的阿布扎比，作为阿联酋的首都和政治中心，在科技和创新领域也取得了显著进展。阿布扎比的发展重点包括可持续能源、教育和医疗保健等领域，致力于建设未来型城市。此外，阿布扎比还是一些重要的国际会议和活动的举办地，为国际交流和合作提供了重要平台。

- **适合聚焦中东市场的出海企业，作为基地探索中东市场**

从阿联酋的定位和整体环境来看，可以认为阿联酋更适合作为中东市场的总部，而不是国际总部。这一观点的背后有两个主要原因。首先，阿联酋目前发展的产业结构仍然以服务业为主，尤其在轻运营的互联网和科技领域具有较大优势。由于阿联酋地处沙漠热带地区，实现规模化的工业制造面临着一定挑战，因此更适合发展高附加值的服务型产业，如金融、科技和创新领域。

其次，对于有融资需求的出海企业而言，如果其市场目标并非阿联酋或中东、北非地区，可能会面临融资困难。如果没有在阿联酋寻找到合适的投资人，特别是对于那些希望扩大国际业务的企业来说，可能会受到一定限制。因此，对于那些希望在全球范围内拓展业务的企业来说，阿联酋可能并不是最理想的选择，而更适合将中东市场作为核心，以阿联酋为基地向周边地区拓展。

尽管阿联酋在科技、金融和服务业方面取得了显著进展，但考虑到其地理位置和市场特点，将阿联酋视为中东市场的总部更为合适。出海企业通过在阿联酋建立稳固的基础，利用其优越的地理位置和便利的商业环境，更好地服务中东地区的客户，并在未来逐步拓展至其他市场。这种策略有助于企业更有效地利用阿联酋的优势，实现在中东市场的战略发展和增长。

- 尊重中东文化极为重要，需要谨慎小心

尽管阿联酋是一个多元且整体环境包容性很强的国家，市场开放程度相对较高，但其本土文化仍然是很多中国企业不熟悉和不了解的。因此中国企业在与阿联酋企业合作或进入该市场时，需要充分了解并尊重当地的文化习俗和价值观。

在跨文化交流中，产品的包装、视觉效果和文字表达都需要保持谨慎态度。曾经有一些游戏产品因涉及文化因素而经历了长时间的修改，导致错失了在该市场最佳推出时机。这表明了在进入阿联酋和中东市场时，中国企业需要更加细致地考虑当地文化对产品和营销策略的影响，以避免可能产生的文化冲突和误解。

- 高端和平价市场并存

阿联酋是一个非常与众不同的市场，在这里有消费力极其旺盛、对品质和品牌都有极致追求的本地人和外资企业外派人员。不过，从人数来看，更多的是从南亚、北非或者其他中东国家来阿联酋工作的打工人群。前文提到过，阿联酋有高达 88% 的人口都是外来人口，这部分人口中有很多人从事的都是比较基础的服务工作，因而收入水平并没有那么高，月薪大约在 680 美元左右。对于这部分消费者而言，他们的需求更多是高性价比的产品，而不太注重品牌和高品质。

所以中国企业在进入阿联酋市场之前需要做好消费者调研，搞清楚自己的产品或者服务针对的是高端市场还是平价市场，才能更好地进行营销和市场推广。

总体来看，我们认为阿联酋是中东市场向全球敞开的一扇机遇之窗，值得中国出海企业关注与深入探索。

7.2 沙特阿拉伯：中东最具有全面开放潜力的最大市场

沙特阿拉伯在过去十年中经历了一系列重大的经济变革和开放举措，这些变化在全球范围内都引起了广泛关注。

自 2016 年以来，随着沙特宏观环境逐步走向稳定，经济改革措施也逐渐推行开来。作为中东主要石油生产国之一和传统国家，沙特正在逐步开放其经济，并吸引了更多外国投资者的投资和合作。

根据阿联酋国家银行的统计数据，在 2023 年中国企业在沙特的绿地投资达到新高，总价值达到 168 亿美元。这些投资涉及科技、可再生能源、农业和旅游等多个领域。2024 年 3 月在沙特举办的 LEAP 大会上，看到了很多中国企业的亮相，除了阿里云、华为、腾讯、字节跳动等中国头部科技企业，也有很多来自中国互联网、泛娱乐领域的中小企业亮相。其中来画的 AI 相框格外吸引人注意，据创始人所言，这款相框的灵感来自迪拜的金相框，配合着 AI 数字人生成技术，可以让消费者与世界上任何一个人用多种语言对话，这一技术迅速火爆沙特乃至中东。

显然，面对中东这一淘金热门赛道，谁也不甘心屈于人后。不过，如同到任何一个陌生的市场，出海沙特远非表面上看到的那么简单。本文基于笔者对沙特宏观、经济以及社会的追踪，希望通过深入地分析，给读者展现一个多重视角的沙特市场，以帮助中国企业以及投资者更好地参与中东市场的开拓。

7.2.1　宏观洞察："2030 愿景"带领沙特走上开放之路

沙特的宏观环境正以耳目一新的方式刷新外界的认知。

沙特长期以来以封闭和神秘而闻名，对于外国人来说，在过去，想要获得前往沙特的签证一直是一个烦琐且困难的过程，需要提交大量证明文件并经过严格审查。因此，沙特过去被视为一个近乎与世隔绝的国家。然而，随着"2030 愿景"计划的逐步实施，沙特市场正在不断走向开放，笔者在此细数一二。

• 逐步打开的沙特大门

在重要的转变中，最引人注目的当属沙特旅游业的开放和迅速发展。沙特将旅游业视为新的经济增长引擎，将其形容为"沙特的新石油"，并设定了雄心勃勃的目标："到 2030 年每年接待 1 亿人次游客。"

随着沙特签证要求简化、电子签证的普及、酒店业和服务业的逐步放开，如今利雅得已经成为中东炙手可热的旅游热点城市。特别是当 2021 年 12 月阿根廷球星梅西成为沙特的旅游大使之后，更是帮助沙特成功吸引了世界的目光。2022 年，沙特吸引了 1 800 万入境游客；到了 2023 年，沙特接待游客总数超过 1.06 亿人，其中国际游客达 2 740 万人。旅游业共产生了 2 500 亿里亚尔（约 666.7 亿美元[⊖]）的收入，对沙特的 GDP 贡献也从微不足道增长至 4%。2023 年 2 月联合国旅行与旅游委员会授予沙特"非凡成就"奖。受到这一繁荣发展的鼓

⊖　按照 2024 年 9 月 5 日的汇率计算。

舞，沙特再次提高了其"1 亿"目标，希望在 2030 年前每年吸引 1.5 亿名游客，并将旅游业打造成沙特的第二大雇主行业。

- **经济转型核心：向可再生能源的过渡**

相较于邻国阿联酋在 20 世纪 70 年代早期开始的经济转型，沙特在国家能源转型方面似乎有些后知后觉。在沙特提出的"2030 愿景"里明确强调了绿色经济和可持续发展的重要性，希望通过多项环保政策和多个项目减少对化石燃料的依赖。目前，沙特的石油行业出口占总出口的 80% 以上，贡献了国家 46% 的 GDP，与阿联酋 30% 的石油出口占总出口的比例相比，存在着巨大的差距。

沙特政府目前对能源转型的逻辑与迪拜和阿布扎比所采取的方式相似，即"以油养可再生"，具体来说，就是通过对沙特的国有公司阿美石油进行 IPO 筹集资金，再将资金投入可再生能源领域。

为了实现能源转型的宏伟目标，沙特启动了多个可持续发展项目，其中包括名为 NEOM 的超级城市，该城市完全依靠风能和太阳能实现能源自给自足。此外，沙特提出了"绿色沙特"和"绿色中东"的倡议，旨在通过植树造林改善环境质量，应对沙漠化等挑战。这些项目计划在未来几年内种植数亿棵树，增加绿色覆盖率，促进生物多样性，以助力沙特更好地融入可持续发展的国际主流社会。

7.2.2　经济洞察：转型之路底气十足，但挑战重重

丰富的石油资源储备构成了沙特经济环境的基本盘，沙特已探明石油储量占全球已探明石油总储量的 17%，石油收入是沙特重要的收入来源。在过去，得益于源源不断的石油收入，沙特跻身全球富裕国家行列。根据世界银行的数据，如图 7-3 所示，2023 年年底沙特 GDP 总额已超 1.067 万亿美元，跃居全球第 17 位。

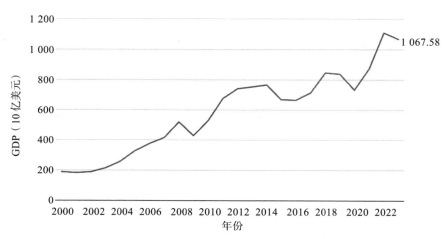

图 7-3　沙特阿拉伯 2000 ～ 2023 年 GDP 变化趋势图

资料来源：世界银行。

然而，随着沙特经济转型的推进，这一个石油大国的经济格局似乎也将迎来新的发展和希望。沙特转型的方向和挑战，有以下几点值得出海企业关注。

● 沙特市场经济还在萌芽阶段

沙特阿拉伯的经济在市场结构上显示出明显的特点：国家在经济发展中扮演着主导角色，而民营经济仍处于起步阶段。目前沙特最引人注目的项目，如 NEOM 超级城市和沙漠绿洲，都是围绕"2030 愿景"展开的。尽管沙特一直倡导公私合作进行投资和管理，但实际上，国际基金对这些项目的跟投相对较少，目前仍然是沙特的主权基金扮演着主要投资者的角色。

在法律方面，沙特在过去没有成文的民法典或合同法，而是主要依据教法。不过，从 2023 年 12 月开始，沙特《民事交易法》正式实施，涵盖了诸多商业领域的常见问题，如合同的成立、履行、终止以及违约问题。这一法律的实施意味着沙特在法律体系方面正在向现代化迈进。

- **沙特的制造业领域基础参差不齐**

沙特阿拉伯的制造业呈现出"参差不齐"的发展状况。一些行业如食品、石化和金属制品制造表现良好，显示出发展潜力；而烟草、计算机、电子和光学、制药和交通设备制造等行业则被认为是不发达的，存在发展滞后的情况。

虽然沙特是整个中东和北非地区最大的工业生产国，但长期以来沙特的制造业仍然是以石油、天然气和石化生产为主导的，主要受益于丰富的碳氢化合物资源和低开采成本。这与现代化的工业国家（中国、美国、德国、日本）有着巨大的差异，一方面是工业技术上的差异，另一方面是产业发展上的差异。

面对这种情况，沙特目前的政策是希望在原有的工业基础上，先引入国际先进技术提高生产效率，比如在大型石化项目的生产过程和交付环境中应用数字化和自动化技术，从而帮助科技领域的发展，推动民营经济的进步。

- **未来发展重点：汽车行业**

沙特非常重视汽车行业的发展。中东和北非地区的高温气候使得汽车成为不可或缺的交通工具，因此该地区对汽车的需求非常旺盛。然而，尽管需求旺盛，沙特作为该地区的中心却一直没有建立本地汽车生产基地，导致沙特一直依赖进口汽车来满足市场需求。

沙特希望改变这一现状，它制订了一个"一石三鸟"的计划，通过引入新能源汽车制造商，一方面实现汽车行业的产业发展，另一方面推动向可再生能源的转变，同时推动沙特在前沿科技领域的进步。

自 2018 年开始，沙特不断接触世界各地的汽车制造商，宣布了多项合资计划。然而，无论是与韩国、日本的企业合作，还是与中国的企业合作，最终都因各种原因而未能实现。为了实现从无到有的突破，沙特主权基金 PIF 向美国路西德汽车前后投资了 36 亿美元，创立了沙特自由汽车品牌 Ceer，并建立了一家电动汽车金属工厂。

这项投资的目标是到 2026 年实现年产量 15 万辆电动汽车，到 2040 年达到 50 万辆。2023 年 9 月，沙特第一家汽车工厂正式开工。然而，到 12 月，工厂仅组装了 800 辆汽车，而且是在美国路西德提供的套件基础上完成的，引发了许多人对原本目标的质疑。

目前来看，沙特要在汽车行业实现真正的突破，单纯依靠沙特主权基金的巨额投资还不够。沙特将面临来自全球制造强国如德国、日本、韩国、中国、美国等的激烈竞争；同时，由于沙特缺乏真正的龙头企业，本地产业链难以建立。如果完全依赖进口，最终制造成本将无法具备竞争优势。

从中国绝大多数企业的发展来看，把沙特作为全球战略的一个支点目前是不具备条件的，但这个市场确实非常诱人，适当程度地参与还是充满机会的。

7.2.3　社会观察：消费能力强，女性市场有新机遇

沙特市场处于开放的初期，所以呈现出一片万象更新的景象。随着沙特女性获得更多工作和外出的机会，她们给社会带来了前所未有的活力。不过需要注意到，由于教育等问题需要更长周期去应对，因此沙特当下面临极大的高素质劳动力缺口。

• 沙特人均消费能力强，新兴娱乐行业发展迅速

如图 7-4 所示，沙特人均 GDP 在 2023 年就达到了 49 568 美元，是全球平均消费能力最强的国家之一。

"2030 愿景"不仅推动了沙特旅游业的开放，也推动了该国娱乐业的发展。沙特特别成立了沙特娱乐总局（GEA），负责推动娱乐业增

长，旨在与相关公私部门合作，规范培育娱乐业，使其成为一个自给
自足的行业。虽然沙特娱乐总局负责发起新的活动和娱乐项目，但目
前主要的娱乐公司 MDL Beast 和 Sela 都由公共投资基金（PIF）拥有，
并负责具体组织这些活动。此外，PIF 旗下的子公司 SEVEN 正在开发
永久性娱乐公园和主题场所，希望未来能为游客提供更多的家庭娱乐
选择。

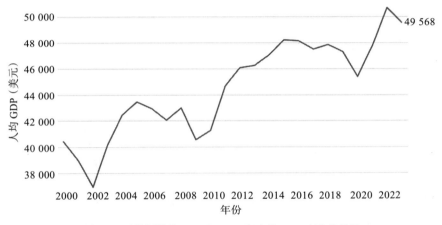

图 7-4　沙特阿拉伯 2000 ~ 2023 年人均 GDP 变化趋势图

资料来源：世界银行。

根据沙特娱乐总局的统计数据，自 2016 年愿景计划启动以来，沙
特的娱乐企业数量从不到 10 家激增至 4 000 家，创造了超过 15 万个
就业机会。仅在 2023 年，媒体部门就为沙特的国内生产总值（GDP）
贡献了近 40 亿美元的收入。此外，沙特还创办了 Soundstorm 国际音
乐节，2022 年该音乐节吸引了全球超过 10 万名游客和 200 多名艺术
家。这足以看出沙特泛娱乐市场未来发展的潜力。

• 沙特女性"她"经济蓬勃发展

沙特长期以来一直是一个比较传统的国家，但随着"2030 愿景"

开放计划的推进，女性获得了更多在生活以及工作上的空间，可以外出、开车以及参与更广泛的职场工作等。同时，新的保护措施如同工同酬权和劳动法改革等实施，以消除就业歧视。

这些沟通和宣传活动对促进女性工作的社会规范变化起到了积极的作用。这些努力导致了沙特女性劳动力参与率的显著提升。根据世界银行和沙特官方数据，如图 7-5 所示，2018 年至 2023 年间，女性劳动参与率从约 22% 增长至超过 34.5%。特别是在酒店和餐饮业中，女性劳动力占到了 40%。

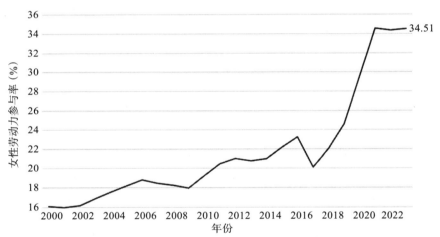

图 7-5　沙特阿拉伯 2000 ～ 2023 年女性劳动力参与率变化趋势图

资料来源：世界银行。

尽管与邻国阿联酋等地相比，沙特女性在职业选择方面仍面临一些限制。但相比过往，这无疑是一项重大进步。这一变化展示了沙特在促进性别平等和女性参与社会活动方面的决心，同时也为未来的进一步改革和发展奠定了基础。

• 沙特缺少高素质劳动力

与阿联酋相比，沙特的失业率较高。根据世界银行的数据，2020

年沙特的失业率达到了 7.45%，但近两年有所下降，如图 7-6 所示，2023 年降至 4.88%。沙特失业率偏高的原因之一是女性失业率远高于阿联酋，同时沙特国民享有较高的补贴，缺乏就业意愿。此外，长期以来的传统教育导致教育与现代行业之间存在一定的差异，年轻人即使有就业的意愿，也比较难找到合适的工作。

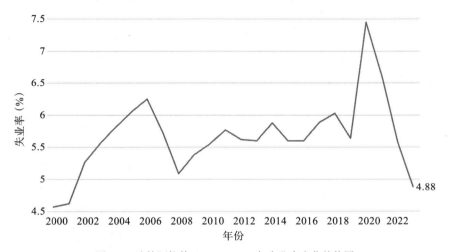

图 7-6　沙特阿拉伯 2000～2023 年失业率变化趋势图

资料来源：世界银行。

　　沙特要想进一步发展经济，特别是制造业，摆在面前的人口老龄化问题是最大的阻碍之一。根据联合国人口司的推测，如图 7-7 所示，如果不进行积极干预，到 2050 年沙特超过 60 岁的人口将会超过4 000 万，占其总人口的 25%。很显然，这样的人口结构是无法满足制造业或者开放经济对劳动力的需求的。

　　为了应对这一挑战，2024 年 1 月，沙特高级居留中心推出五项计划以吸引投资者、企业家及专业技术人才，用以解决沙特劳动力市场的结构性问题。此外，沙特还计划改革其教育系统，以更好地与国际标准接轨，并确保教育内容与市场需求相匹配。

2050 年沙特阿拉伯人口金字塔

年龄组	男性	女性
100+	538	1 374
95~99	9 510	12 570
90~94	81 599	59 963
85~89	321 011	172 837
80~84	785 703	393 305
75~79	1 372 109	739 093
70~74	1 926 723	1 077 744
65~69	1 933 439	1 147 470
60~64	1 638 890	1 202 590
55~59	1 521 215	1 374 367
50~54	1 331 738	1 208 728
45~49	1 388 795	1 326 209
40~44	1 581 628	1 476 318
35~39	1 705 669	1 588 692
30~34	1 689 734	1 577 217
25~29	1 616 576	1 517 789
20~24	1 516 303	1 432 699
15~19	1 478 811	1 404 691
10~14	1 488 650	1 416 797
5~9	1 505 008	1 432 421
0~4	1 495 186	1 422 825

2023 年沙特阿拉伯人口金字塔

年龄组	男性	女性
100+	106	180
95~99	1 290	1 688
90~94	7 115	6 975
85~89	25 921	27 069
80~84	47 394	54 505
75~79	62 259	87 916
70~74	116 363	131 463
65~69	343 285	213 775
60~64	702 031	317 989
55~59	1 202 031	497 674
50~54	1 708 749	792 379
45~49	2 244 984	1 155 980
40~44	2 314 970	1 276 144
35~39	1 878 639	1 223 945
30~34	1 627 042	1 392 632
25~29	1 402 474	1 277 619
20~24	1 298 164	1 263 251
15~19	1 417 087	1 368 564
10~14	1 615 123	1 538 650
5~9	1 616 208	1 536 751
0~4	1 614 896	1 535 735

图 7-7 2023 年和 2050 年沙特阿拉伯人口金字塔图

资料来源：联合国人口司。

7.2.4　出海建议

对于希望出海中东，特别是探索沙特市场机会的中国企业，笔者梳理了以下几条建议。

• 涉足沙特前期调研至关重要，需要全面了解之后再做判断

正如前文所述，由于沙特目前处于开放的初期阶段，许多政策仍在摸索和落实中。除了成熟的化工和食品加工等行业，沙特的大部分行业仍处于发展初期，存在较大的不确定性。因此，在进入沙特市场之前，需要充分进行实地调研和尽职调查，以确保了解市场潜力。例如，尽管沙特正在致力于发展新能源汽车行业，但从目前的投资进展和合资项目进程来看，沙特在新能源汽车领域未来 3 ～ 5 年取得重大突破的可能性仍较低。因此，相关战略应更加谨慎，避免过早投入，以免公司面临结构性挑战。

在考虑进入沙特市场时，除了行业发展阶段，还需考虑沙特的法律法规、文化习俗和市场竞争情况。了解当地市场的宏观环境、经济状况和消费者行为是至关重要的。此外，建立良好的合作关系和了解当地商业惯例也是成功进入沙特市场的关键因素。综合考虑这些因素，制订一个全面的市场进入策略将有助于降低风险并提高成功的可能性。

• 政府端业务更为核心，服务好大客户可以稳定业务

以国家为主导的经济体意味着政府在经济中扮演着重要角色，因此政府端的业务可能更为关键。为了在沙特市场获得成功，中国企业需要与当地政府建立良好的关系。这意味着中国企业需要更加贴近本土进行布局，以便形成良好的关系。

一种有效的方式是招聘更多的本地人才。通过雇用当地员工，中国企业可以更好地融入当地社会和市场，并建立起与政府和当地企业

的联系。笔者在与很多已经在沙特当地有布局的外资企业的交流过程中发现，外来企业其实更喜欢在当地招聘女性员工。一位在当地从业超过 8 年的中国企业家坦言："沙特女性更加踏实肯干，很多工作我只要交代清楚就好了，而且她们很希望通过劳动提高自身的收入，这种心理诉求是很强的，所以配合度更高。"

除了招聘本地人才，中国企业还可以通过与当地供应商和合作伙伴合作，参与当地社区活动，以及遵守当地法规和规定来增进与沙特政府和企业的关系。建立信任和合作关系是在政府主导的经济体中取得成功的关键因素。

基于以上分析，笔者做出的判断是：沙特的开放带给中国企业机遇，虽然沙特政府资本雄厚且有巨大的购买力，但沙特本地的运营环境还有诸多挑战。简言之，沙特几乎是一个仁者见仁、智者见智的市场，值得挖掘和尝试，但需要时刻提防政治和地缘变化带来的潜在风险。

7.3　印度：巨大机会和巨大风险并存的多层次发展中的大市场

近年来，中国企业在印度市场的经历充满了起伏，赚钱的赚得"盆满钵满"，亏钱的也几乎"倾家荡产"或者"颗粒无收"。印度总体来讲是一个看上去很诱人的大市场，但似乎又处处存在挑战，在很多中国成熟跨国公司的分类中是一个观望大于投入的区域。

即使是大公司，在印度市场也从来没有过一帆风顺。从小米在 2022 年因特许权使用费被扣押的 7.25 亿美元，再到 TikTok、微信等中国开发的应用被印度直接下架，这些事件不仅给中国企业造成了直接的经济损失，也对它们在海外市场的信誉和运营造成了一定程度的影响。

　　面对这些挑战，中国企业在印度市场的信心不可避免地受到了打击。长时间的法律纠纷以及印度对中国企业的强硬态度，都让中国投资者在考虑进入印度市场时变得更加谨慎。尤其是在印度对美国的不断示好、试图遏制中国企业的背景下，中国企业在印度的操作空间似乎越来越狭窄。大逻辑是：印度这个市场对于外来企业赚到大钱有一些不平衡，不仅是针对中国企业，欧美企业也经常"吃亏"。

　　然而，印度市场仍然具有不可忽视的吸引力。其快速增长的人口和中产阶级的壮大，为消费品、技术、服务等各类中国企业提供了巨大的市场机遇。与欧美市场和东南亚市场相比，印度市场的低获客成本和广阔的增长空间，对于那些寻求海外拓展的中国企业来说，具有不小的吸引力。

　　在面对印度市场这一复杂且充满挑战的环境时，中国企业需要明确其未来的发展方向。我们对印度市场进行深入和持续的研究，旨在从政治稳定性、经济增长潜力、文化多样性等多维度全面解析印度市场的现状与机遇。通过这种多角度的分析，我们希望能够为对印度市场充满兴趣的中国企业提供实用的策略建议和出海操作指南，为其全球化战略提供专业支持。

7.3.1　宏观洞察：宏观环境不稳定对于投资者来说挑战大于机会

　　想要在印度进行投资，深入了解其复杂的政治体系至关重要，尤其是需要认识到印度作为一个后殖民主义国家的独特性质以及其民主运作机制的特点。

• 对外资持较保守的态度

　　印度的历史背景深受其作为后殖民主义国家的影响，尤其是在 17

世纪初至 20 世纪中叶，印度经历了长达 300 多年的英国殖民统治。这段历史不仅塑造了印度的社会结构和文化认同，还在多个方面对其现代化进程产生了深远影响。

首先，殖民时期的经历使得印度社会在某种程度上对外部势力保持了警惕。这种心态部分源于殖民时期外来势力的经济剥削和社会压迫，例如，英国东印度公司在印度的经济垄断、严苛的税收政策及对本土产业的冲击。印度独立后，这种历史背景使得印度在面对外国投资时，采取了相对谨慎的态度。

其次，长期的殖民统治对印度的自力更生能力产生了显著影响。在此期间，印度的社会、经济和政治结构被重塑，以服务于殖民者的利益，导致国家在独立时缺乏自主发展的基础。英国将印度视为原材料供应地和成品市场，抑制了印度本土工业的发展。这种依赖性的经济结构在印度独立后未能迅速转变，导致国家发展面临挑战，社会组织和政治体系也经历了较长时间的调整期。尽管独立后的印度尝试建立自主发展的框架，但在实施过程中也遇到了效率和腐败等问题。

为应对这些挑战，印度实施了一系列改革措施以促进经济现代化和社会进步。1991 年的经济改革标志着一个重要的转折点，政府放宽了对外资的限制，推动了私营企业的发展。近年来推出的"数字印度""印度制造"等计划，旨在利用全球化的机遇，提升印度的产业竞争力，同时努力减少对外资的依赖。

尽管如此，印度在转型过程中仍面临诸多挑战。历史遗留问题与现代化进程之间的矛盾、全球化带来的机遇与风险，以及如何在保护国家利益的同时构建一个开放和包容的社会，都是印度在未来发展中需要认真思考和解决的复杂议题。

• 宏观环境稳定性提升空间大

印度的宏观环境以其高度复杂和多变而著称，这对中国企业家和投资者构成了不小的挑战。许多在印度开展业务的外资企业普遍反映，他们在办理各种手续时经常感到迷茫和束手无策。这主要归因于当地各种手续不仅烦琐，而且频繁变动，有时即使某一步骤已经完成，也可能因为对接人员更换或其他政策调整而需要重新操作。对于中资企业而言，这意味着它们必须花费大量的时间和资源去理解、适应这一体系，显著提高了进入印度市场的门槛和成本。

印度的法律体系虽然延续了以英国的三权分立原则为核心，但在与印度的有关部门进行实际对接时面临着显著的挑战，尤其是在中央与地方由不同党派掌控的情况下。政策执行和行政流程经常因中央与地方的分歧而变得复杂且效率低下。印度首个高速铁路项目——孟买—艾哈迈达巴德高速铁路就因地方的反对而面临延期。类似地，加尔各答地铁扩展项目由于联邦与地方在资金分配上的分歧而多次推迟。因此，对于在印度进行投资的企业而言，理解并有效应对中央与地方之间的动态关系，是确保项目顺利进行和成功的关键。

近年来，印度经历了一系列的改革，旨在提高行政效能和增强宏观稳定性。像"印度制造"倡议，就是为了吸引外资并促进印度国内制造业的发展，以及简化税制的商品及服务税（GST）的引入。不过，从目前的结果上来看，与其他国家相比，印度在这方面仍有较大的改善空间。

• 不同邦之间政策差异大，跨邦合规运营挑战大

在印度，由于各邦和联邦区之间在劳动法、税收政策、土地和环境法规，以及投资激励和补贴方面的显著差异，跨州经营的企业面临着具体而实质的挑战。这些差异要求企业不仅要对自身的业务模式有深刻理解，还需要对每个潜在经营地的法律和政策环境进行详细的研究和规划，以确保其运营的合法性和效率。

以劳动法为例，不同邦和联邦区对于工作小时、加班支付以及假期安排的规定存在差异。马哈拉施特拉邦和泰米尔纳德邦在这些方面的法律就有所不同，这意味着在这些邦经营的企业需要根据各自的法律来调整其人力资源政策，以避免违法风险，从而提升员工满意度。

再比如在税收政策方面，尽管 2017 年印度实施了全国统一的商品及服务税，以简化税收体系，但各邦以及联邦区在房地产和酒精等特定领域仍有权征收特定税种。这导致企业在不同地方的税负可能会有所不同，影响企业的财务规划和成本控制。

7.3.2　经济洞察：人口红利也是人口压力，印度市场潜力需要慎重评估

从商业和投资角度看，印度市场最大的魅力还是基于人口的消费力。更具体来说，印度市场凭借庞大而持续增长的人口基数，成为全球投资者瞩目的焦点。这里面最为中国企业关注的就是印度的中产阶级的崛起，不仅在数量上有显著增长，其消费能力和购买力也在不断提升，为各类产品和服务打开了巨大的市场空间。

• GDP 增长迅猛

自 21 世纪初以来，印度经济展现出了显著的增长势头，如图 7-8 所示，印度国内生产总值（GDP）持续增长，几乎未见停滞或衰退的情况。特别是自 2020 年以来，印度 GDP 的增长速度加快，年均增长率达到了 6%～7%。根据世界银行统计数据，2023 年印度的 GDP 也达到了近 3.55 万亿美元，超越英国成为全球第五大经济体。

这一增长的背后，与"印度制造"计划密切相关。该计划旨在将印度打造成一个全球制造中心，通过一系列激励政策吸引外资和鼓励本土企业发展，包括根据企业的效益提供补贴，从而刺激经济增长。

根据当前的增长趋势，预计到 2027 年，印度有望超过日本，成为

世界第四大经济体。然而，考虑到印度庞大的人口基数，其人均 GDP
仍然处于中等偏下的水平。这一矛盾凸显了印度经济增长的不均衡性，
尽管总体经济规模迅速扩大，但人均收入提升的步伐相对缓慢。

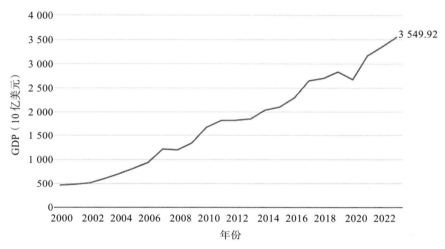

图 7-8　印度 2000 ～ 2023 年 GDP 变化趋势图

资料来源：世界银行。

与此同时，印度也是全球亿万富翁数量众多和收入不平等程度
最高的国家之一。根据世界不平等研究所 2024 年 9 月发布的报告，
2022 ～ 2023 年，这种不平等程度达到了历史的最高水平，国家排名
前 1% 的高收入者拥有全国 22.6% 的收入和 40.1% 的财富。这种收入
差距导致一部分人口因经济增长而受益，进入全球富豪的行列，但大
量普通民众尚未充分享受到经济发展的红利。一个具体的体现就是印
度孩子的发育状况，根据 2023 年全球饥饿指数，印度在全球 125 个国
家中排名第 111 位，表明当下印度儿童饥饿程度严重。

- **人口红利时代悄然拉开序幕**

随着印度人口的快速增长，特别是年轻人口的大幅增加，印度正

迎来其人口红利的黄金时期。根据世界银行的统计数据，2023 年印度总人口超过 14.3 亿，成为全球人口最多的国家。从当下印度的人口结构来看，印度当下有 47% 的人口年龄在 25 岁以下，这不仅意味着印度拥有全球最大的年轻劳动力市场，也意味着印度将成为全球最大的消费市场之一。

联合国的预测进一步强调了印度人口增长的前景，如图 7-9 所示，预计到 2030 年，印度人口将突破 15 亿；到 2050 年，将达到 16.68 亿。这种快速的人口增长，尤其是劳动力市场的扩大，为印度经济发展提供了巨大的潜力。

除了规模优势，印度年轻人还体现出旺盛的创新创业活力。当前印度科技行业蓬勃发展，初创企业不断涌现，很大程度上得益于年轻人的激情和才智。凭借人口和市场优势，印度在软件外包、数字服务等领域已跃升为世界级中心。有着"印度硅谷"之称的班加罗尔、IT 公司中心的海得拉巴和金奈都是这些科技创新企业的聚集之地。随着新一代年轻人的成长，将会进一步推动印度在全球产业分工中的地位提升。

• 人口增长赶不上工作岗位增长，人口红利未必可持续

在印度，每年有超过 2 000 万的年轻人步入法定就业年龄，但面对的是仅有 800 万个可用的工作机会，这一现象显著地暴露了就业市场的不足以及教育体系与经济需求之间存在的巨大鸿沟。

印度裔美国教授阿绍卡·莫迪在其文章中提到，这一挑战不仅减缓了印度享受人口红利的步伐，而且可能将这一红利转变为沉重的人口压力，甚至可能引发社会动荡。这一问题的复杂性在于，它不仅关乎经济增长和就业创造，还涉及教育质量、技能培训以及产业结构的调整。

2023 年印度人口金字塔

年龄	男性	女性
100+	16 738	26 310
95～99	125 846	189 203
90～94	558 356	836 592
85～89	1 713 863	2 454 947
80～84	3 977 189	5 148 977
75～79	7 513 995	8 795 238
70～74	13 931 999	14 786 861
65～69	20 185 255	20 772 739
60～64	26 031 286	26 069 396
55～59	31 842 839	31 102 674
50～54	37 760 084	36 310 896
45～49	43 593 628	41 341 580
40～44	49 836 709	46 559 969
35～39	56 233 065	52 275 115
30～34	60 411 250	55 800 866
25～29	64 207 310	58 266 240
20～24	67 032 649	60 693 928
15～19	66 321 372	60 169 667
10～14	65 116 605	59 187 293
5～9	61 777 518	56 602 469
0～4	58 663 972	54 385 165

2050 年印度人口金字塔

年龄	男性	女性
100+	105 420	190 400
95～99	695 689	1 111 242
90～94	2 705 232	3 973 477
85～89	7 087 556	9 407 233
80～84	13 774 606	16 801 401
75～79	22 329 934	25 221 110
70～74	31 311 227	33 174 631
65～69	40 923 172	41 464 151
60～64	48 976 063	48 331 670
55～59	55 177 458	52 705 832
50～54	60 143 864	55 966 417
45～49	63 216 512	58 415 505
40～44	62 485 977	57 355 272
35～39	61 311 606	56 246 282
30～34	58 616 988	54 098 321
25～29	56 506 041	52 697 862
20～24	56 162 707	52 920 701
15～19	55 163 191	52 312 363
10～14	53 511 106	50 914 567
5～9	51 441 268	49 004 749
0～4	49 438 419	47 093 361

图 7-9　2023 年与 2050 年印度人口金字塔图

资料来源：联合国人口司。

• 制造业长期发展缓慢，基建缺乏影响长远

尽管印度一直在大力发展制造业，但 2011 ～ 2023 年印度制造业在 GDP 中的占比却从 17% 下滑至 13%。这背后所揭示的，是印度在追赶全球制造业强国的道路上所面临的困难。要知道，与 20 世纪 60 年代至 80 年代快速工业化的日本，以及 90 年代之后的中国相比，印度的制造业确实存在着一定的发展差距。

那么差距具体体现在哪里呢？最主要的就是在基建方面。根据世界经济论坛的《全球竞争力报告》，印度在道路质量方面的排名较低，2021 年排名第 70 位，这意味着无法完全满足制造业的运输需求。再看电力方面，根据国际能源署（IEA）的数据，尽管印度在电力接入方面取得了进展，但仍有约 3 000 万家庭缺乏稳定的电力供应，这对正常的经济活动和生活还是有比较大的影响的。

虽然说印度这些年在基建上下了很多功夫，但由于"底子薄"、历史积累问题，导致整体基建无法在短期内完全跟上工业发展的速度，因此很多制造业企业望而却步。

笔者在走访印度市场的过程中也发现，不同产业在印度市场的经营差异很大，在与中国很多小商品出口商访谈中，他们表示印度客户对价格极其敏感且整体诚信度低于欧美客户；大公司反馈政府能力有限，往往承诺不能兑现，这些都是中国出海企业需要注意的区域特点。

综合来看，虽然印度市场的增长潜力巨大，但要准确把握这一潜力的实现路径和速度，就需要进行更加深入和专业的市场调研和经济评估。这包括对印度宏观经济环境、行业发展趋势、消费者行为以及政策和法规变化等方面的全面分析。基于专业深入的洞察，才能更有效地制订出海的战略规划，避免盲目乐观，确保在印度市场中实现稳健和可持续的增长。

7.3.3　社会洞察：种姓制度根植其中，外资企业管理本地团队的文化挑战加大

印度被誉为神奇的国度，其文化的多样性令人叹为观止。然而，在这幅多彩的文化画卷中，种姓制度以及男尊女卑等固有秩序的存在给印度社会带来了深刻的影响和挑战。尽管印度宪法已明确禁止任何形式的种姓歧视，同时政府也试图建立一个男女平等的社会，但种姓制度和男尊女卑的思想在印度社会中仍然根深蒂固，影响着人们的生活和工作。

• 种姓制度给外资运营带来巨大挑战

种姓制度将印度社会划分为严格的等级，这些等级之间存在着难以跨越的界限。最低的种姓群体被称为"达利特"[⊖]，常常只能从事社会地位极低的工作，如清洁工、垃圾收集员或皮革工人等。这种固化的社会结构加剧了社会不平等，限制了个人的发展机会。

在现代企业管理中，种姓文化的影响尤为显著。笔者在印度市场的调研中发现，种姓制度经常与现代管理科学发生冲突。例如，一家手机制造商的印度工厂遇到了种姓挑战：当管理人员因业绩优异提拔某位员工时，其他员工因为该员工的种姓较低而不接受，甚至发生肢体冲突，对企业造成了严重损害。这样的例子在印度并不罕见，高种姓人群的固有优势使他们在社会和职场中占据有利地位，而企业在雇用员工时，往往需要考虑团队内部的种姓构成，以避免潜在的冲突。

• 男尊女卑思想深入人心

印度的社会文化在商业实践中展现出独特的复杂性，特别是在性别角色方面。尽管印度经济在全球化的背景下积极吸纳西方文明的商

⊖　Dalit，意为"被压迫者"。

业理念和实践，但其深植的父权社会结构和种姓制度仍然对女性的职业生涯和社会地位产生重大影响。

根据世界银行的统计，如图 7-10 所示，印度女性参与劳动力市场的比例异常低，常年不到 33%，是全球女性就业率最低的国家之一。这一现象的背后，是印度传统观念中对女性角色的严格限制。在印度的许多家庭中，女性外出工作被视为不名誉的行为，尤其是当家庭不需要额外收入时，女性往往被禁止参与工作。这种观念不仅限制了女性的经济独立和社会参与，也加剧了性别不平等。

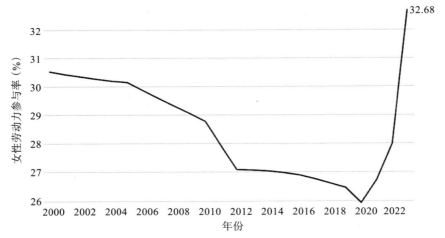

图 7-10   印度 2000 ～ 2023 年女性劳动力参与率变化趋势图

资料来源：世界银行。

然而，有迹象表明，这种状况正在逐步改变。一些外资企业，包括中国企业，在印度运营的工厂愿意雇用本地女性员工，看重她们的务实态度和对稳定收入的需求。这些企业认识到，通过提供食宿保障，可以为女性员工创造安全的工作环境，实现企业与社会的双赢。然而，这种做法有时会引发保守派的反对，他们认为雇用女性破坏了传统的社会秩序。更严重的是，一些男性将个人的婚姻问题归咎于女性的就业，导致对女性员工的骚扰甚至攻击。

面对这种情况，外资企业在招聘女性员工时必须更加谨慎，采取措施规避潜在风险。这包括加强对工作场所的安全保护，提高对性别平等的认识，以及与当地社区合作，逐步改变对女性工作的负面看法。

7.3.4　出海建议

综合以上的研究，我们对出海印度的中国企业有以下几点建议。

- **采取务实的策略和架构，注重本地化合规**

基于过去外资企业在印度的经验，中国企业如果出海印度，一定要注意降低潜在的风险，以保护自己的投资和利润。

一种策略是，在印度进行投资时利用本地的银行贷款，分散风险；另一种策略是，借鉴一些中国企业的做法，在国内注册专门的采购公司，为其在印度的业务供货。这样做的好处是，可以在中国完成零部件的采购和利润的累积，然后再将产品销售给印度的公司。这不仅确保了供应链的控制权和利润的最大化，同时也减少了直接在印度进行大规模生产所面临的风险。

- **动态进行风险判断，本地化规避风险**

笔者在与很多出海印度市场的企业交流的过程中，发现很多企业仍然抱有一定的"侥幸心理"，因而并不特别关注一些环境的改变。这一点对企业而言是非常不利的，特别是在印度这样一个宏观环境以及市场变化迅速的市场。

从笔者深入调研外资进入印度市场的情况来看，进入印度市场需要更加谨慎和细致。一方面，需要深入了解印度的市场环境，包括消费者行为、行业趋势及相关政策环境；另一方面，考虑到印度相关政策执行的不确定性，中国企业需要制订灵活的战略，以应对可能的政策变化和市场波动。

在投资决策时，中国企业还需考虑到印度特定的社会文化因素，包括语言多样性、宗教信仰和地区差异等，这些因素对产品定位、市场推广策略都有着重要影响。

总结来看，中国企业在考虑进入印度市场时，不仅需要关注市场和需求方面的信息，还需要对整个运营周期进行系统性的考量，特别是宏观环境、社会文化因素以及法律法规等，从而做出全面的判断和准备。只有通过这样的方式，中国企业才有可能在印度市场上稳健前行，实现可持续发展。

7.4　乌兹别克斯坦：中亚市场社会稳定的重要制造业基地

位于丝绸之路上的乌兹别克斯坦是一个并不为太多世人所了解的内陆国家。它的地理位置极其独特，一方面它地处亚欧之间运输走廊的战略位置，另一方面它也是世界上仅有的两个双重内陆国家之一。该国不仅没有自己的出海口，其周边的五个邻国也均无出海口，这意味着要到达最近的大洋，必须穿越至少两个国家的边境。

这个中亚市场在最近几年的发展堪称惊艳。特别是 2016 年实行了经济改革政策以来，彻底打开了这个市场的大门，逐步从计划经济走向市场经济。

在过去的几年间，随着乌兹别克斯坦石油和天然气探明储存量的提升，许多能源公司相继在乌兹别克斯坦进行投资，其中就有中国石油、道达尔能源以及俄罗斯天然气等行业巨头。除了在能源开采方面，中国光伏以及新能源汽车企业也相继进入乌兹别克斯坦。葛洲坝海投公司⊖2022 年投资建设了 1 吉瓦光伏项目，是中国企业在中亚投资的

⊖　现更名为中能建海外投资有限公司。

最大光伏项目。2022 年奇瑞集团授权乌兹别克斯坦吉扎赫工厂组装汽车，2023 年正式下线销售。2023 年 3 月比亚迪与乌兹别克斯坦汽车制造商合资建设工厂。2024 年比亚迪宣布宋 Plus DM-i 在乌兹别克斯坦正式投产下线，并且交付了当地市场的第 1 万辆电车——一辆价值百万的仰望 U8。除了本地化生产，比亚迪还抢占了乌兹别克斯坦的电动大巴市场，2023 年年底，首都塔什干向比亚迪采购 2 000 辆电动大巴。

显然，乌兹别克斯坦已经成为中国企业开拓中亚市场的重要切入口。本文基于笔者对乌兹别克斯坦市场的追踪和研究，希望从宏观、经济、社会等不同维度解析这个令人心生向往的中亚市场，帮助中国企业决策者更好地梳理在这片区域出海布局的新思路。

7.4.1 宏观洞察：社会整体治安良好，具备大规模工业生产条件

自从 1991 年独立以来，乌兹别克斯坦一直是中亚几个国家中宏观环境最为稳定的国家之一。根据世界银行的数据显示，2021 年乌兹别克斯坦已经超过哈萨克斯坦，成为中亚政治稳定系数最高的国家。

在乌兹别克斯坦，人们常说这里是"一片晴朗的天空"，意思是强有力的稳定性，用来比喻国家稳定的内部环境。

笔者曾在 2015 年前后在乌兹别克斯坦有过外派经验，印象很深刻的一点是当时乌兹别克斯坦拥有庞大的行政体系。那个时候不像现在，申请签证都是很复杂的，往往需要很多手续和沟通才能获得一个短期签证。十年前，对于新抵达乌兹别克斯坦的外国人，都需立即前往居住地附近的有关部门报备，否则本人或者邀请方都有可能面临严厉处罚。值得一提的是，即使是在十年前，乌兹别克斯坦还没有完全开放的时候，相较于其他中亚国家，国家整体犯罪率就很低。根据笔者实地经历和本地同事所言，平常基本没有听闻有偷窃抢劫事件发生。

7.4.2　经济洞察：改革打开了市场大门，欢迎八方来客

乌兹别克斯坦拥有丰富的自然资源，在独联体中经济实力排第四位，这可能是很多人没有想到的。其黄金储量占世界第四位，石油已探明储量为 1 亿吨，天然气已探明储量约 1.86 万亿立方米，铜和钨的储量在独联体国家中均居前列，白银、白金、锌、铝矾土等金属矿藏也非常丰富。乌兹别克斯坦盛产棉花，享有"白金之国"的盛誉，是世界第六大棉花生产国。传统的养蚕业、水果种植业也远近闻名。

随着 2016 年经济的放开，乌兹别克斯坦的 GDP 也出现了比较快速的恢复性增长。根据世界银行的统计，如图 7-11 所示，2023 年乌兹别克斯坦的 GDP 约为 908.9 亿美元，与中国江西省相当，是中亚第二大经济体。根据乌兹别克斯坦官方公布的数据，2024 年 1～6 月，乌兹别克斯坦 GDP 增长 6.4%，其中工业产值增长了 7.8%，建筑业增长了 10.1%，服务业增长了 12.9%。

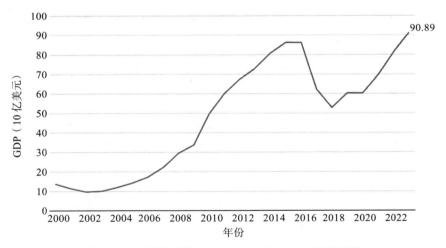

图 7-11　乌兹别克斯坦 2000～2023 年 GDP 变化趋势图

资料来源：世界银行。

在全球经济进入不确定周期的当下，能有正向高速增长，甚至是两位数的增长，着实难得。从这也能看出，在经历多年的沉寂之后，如今乌兹别克斯坦市场正在爆发。

从经济角度，笔者为读者梳理了乌兹别克斯坦以下几个亮点。

• 经济改革打开市场大门

2016 年乌兹别克斯坦换届之后，设立了具体的中长期目标：一是 2026 年贫困率减半；二是 2030 年平均收入翻一倍，成为中高收入国家；三是 2030 年乌兹别克斯坦建设成中亚地区的 IT 外包中心，IT 服务出口增加到 50 亿美元以上。

从改革内容来看，有三个核心的发力点。

第一个发力点在于改善长期为国际关注的棉花产业的产品质量和其相关劳动力市场。通过获得更多的国际认可，增强乌兹别克斯坦的棉花在大宗商品市场上的竞争力，增加国家的直接收入。

第二个发力点在于开放市场，吸引外资。乌兹别克斯坦 2017 年之后就进行了一系列如放松货币管制、简化货物进出口流程和降低外资准入等政策，进一步展现其开放市场的决心，以吸引更多来自全球的投资。

这些改革政策很快有了效果，如图 7-12 所示，从 2018 年开始乌兹别克斯坦所吸引的外商直接投资数量出现了比较大的上升。2023 年，乌兹别克斯坦吸引了超过 195 亿美元的外国直接投资，相比 2022 年增长了 93%。同年，国家外贸额还创下了 626 亿美元的历史新高。根据乌兹别克斯坦官方预计，到 2030 年，投资额将会高达 2 500 亿美元。

第三个发力点在于希望通过经济发展，转变国家发展模式，从原本的资源依赖型国家向工业附加值国家转型。根据乌兹别克斯坦领导人在 2024 年塔什干国际投资论坛上演讲中所提到的，乌兹别克斯坦除了要持续发展旅游业、稀有矿产加工业和棉花产业，还要大力发展绿色能源、银行业、数字产业和基础设施行业。

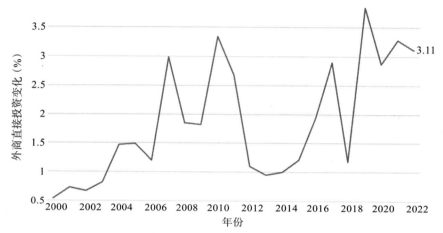

图 7-12   乌兹别克斯坦 2000 ~ 2022 年外商直接投资变化趋势图

资料来源：世界银行。

在这里，我们不妨进一步来看这些行业的发展。先说绿色能源方面，乌兹别克斯坦官方的数据统计，截至 2024 年 6 月，已经有 28 个绿色能源项目在进行中，仅 2023 年，就启动了容量为 1.4 吉瓦的大型风能和太阳能项目。此外，国家制定的目标是 2030 年创造超过 20 吉瓦的可再生能源，提高可再生能源占全部能源的比例到 40% 以上。

再说银行业，要知道笔者在外派到乌兹别克斯坦的时期，即使去银行开户这样一件小事情都是非常困难的，不仅需要翻译陪同，而且全程需要补充各种材料。而当下乌兹别克斯坦不但要对银行业进行放开，同时还要将自己打造成未来中亚国际金融中心，让首都塔什干成为金融中心。国家设立的目标是在 2026 年将私营部门的份额提高到 60%。目前乌兹别克斯坦已经与欧洲复兴银行签署了一份协议，将国家最主要的银行之一 ASAKA 银行进行私有化，为其他银行私有化做一个样板工程。

最后再说一下关于基础设施的建设。"要致富，先修路"，对于乌兹别克斯坦这样一个并没有太多出海口的国家而言，大力发展公路、铁路和航空是唯一的出路。当下，根据乌兹别克斯坦领导人所言，国家的铁路部门正在进行重大的改革，准备两手抓。一方面要建设收费公路和高速铁路，另一方面要落地更多的机场。在众多项目中，中国—吉尔吉斯斯坦—乌兹别克斯坦和乌兹别克斯坦—阿富汗—巴基斯坦战略铁路项目将是能最直接改变乌兹别克斯坦现状的两条战略性路线。

•"人民 IPO"的募资模式

目前乌兹别克斯坦的经济改革整体仍然处于转型期，为了进一步推动国有企业的私营化，目前在政府的支持下，已经有 20 多家企业通过审查获得了在乌兹别克斯坦国内公开上市进行 IPO 的资质。乌兹别克斯坦政府的策略逻辑很清晰：目前国内有 50 亿美元的非银行储蓄可以作为 IPO 的资金来源，如果可以利用这部分资金发展私营企业，不但可以加速推动企业的发展，还可以推动海外投资者的进入。

于是这场希望通过私人储蓄拉动金融发展的"人民 IPO"于 2023 年 2 月轰轰烈烈地开始了，乌兹别克斯坦汽车作为国家制造骄傲在塔什干股票市场发行了 5% 的股份，期待筹集 9 000 万美元资金，以供企业产能的进一步扩大。然而，事与愿违，乌兹别克斯坦汽车最终仅售出 0.29% 的股份，募集了 500 万美元的资金，远低于预期。

很显然，由于国家缺少投资文化以及现代化的金融服务，大部分潜在的投资者根本不理解 IPO 背后的逻辑以及如何利用股票市场获取回报。从乌兹别克斯坦汽车投资者的数据来看，超过 80% 的投资者是小散户，平均投资金额为 1 000 美元。不过即便如此，这仍然是乌兹别克斯坦历史上最大的 IPO。

这可以看出，乌兹别克斯坦的发展刚刚起步，缺少产业，更缺少资本。

- **中亚最大的汽车制造国，对中国汽车产业链吸引力较大**

乌兹别克斯坦是中亚最大的汽车制造国，目前年产量为 30 万辆，预计随着乌兹别克斯坦汽车的扩产，2024 年可以达到 50 万辆。根据乌兹别克斯坦的国家战略，预计到 2030 年产量可达到每年 100 万辆。

对于乌兹别克斯坦而言，随着俄乌冲突的爆发，诸多汽车品牌以及产业链企业都纷纷撤出了俄罗斯，导致俄罗斯从原来的汽车出口大国转变为进口大国，而乌兹别克斯坦俨然成为这场产业链转移的受益国。尽管乌兹别克斯坦不是欧亚经济联盟成员国，但是乌兹别克斯坦仍然被视为进入俄罗斯市场的潜在跳板，不过由于当下乌兹别克斯坦内部市场已经出现了强烈的供不应求的局面，因此可能仍然需要 1～2 年的时间才能做好大量出口俄罗斯的准备，目前在乌兹别克斯坦的市场内部，也需要等 3～5 个月才能提取新车。

除了俄罗斯，塔吉克斯坦以及哈萨克斯坦也都是乌兹别克斯坦生产汽车的主要出口市场所在。随着中亚汽车市场需求的涌现，比亚迪、奇瑞、起亚也都有在乌兹别克斯坦的扩大产能的计划。背后也有多重原因支撑了这个国家的汽车制造业。

其一，劳动力充足且性价比高。乌兹别克斯坦总人口自国家独立以来不断增加，根据世界银行的数据，从 1991 年的 2 095 万增加至 2023 年的 3 641 万，是中亚第一大人口国。从图 7-13 可以看出，即使到了 2050 年，乌兹别克斯坦人口老龄化压力依旧不明显，整体还是以青年和中年为主。换言之，长期来看乌兹别克斯坦依旧拥有较多的青年劳动力。此外，根据世界银行的统计数据，当地失业率并不高，2023 年只有 4.54%，是中亚国家中就业情况比较良好的市场。

2050 年乌兹别克斯坦人口金字塔

男性 女性

年龄	男性	女性
100+	60	438
95～99	1 602	7 216
90～94	15 233	46 907
85～89	71 902	162 457
80～84	181 548	327 341
75～79	361 297	547 901
70～74	590 202	781 101
65～69	873 631	1 035 517
60～64	1 186 237	1 299 173
55～59	1 344 239	1 408 527
50～54	1 240 793	1 270 684
45～49	1 184 439	1 185 528
40～44	1 406 562	1 374 719
35～39	1 609 479	1 538 223
30～34	1 870 433	1 762 775
25～29	1 909 079	1 796 074
20～24	1 720 505	1 617 340
15～19	1 693 852	1 588 138
10～14	1 755 935	1 644 558
5～9	1 856 858	1 738 437
0～4	1 852 810	1 733 389

2023 年乌兹别克斯坦人口金字塔

男性 女性

年龄	男性	女性
100+	2	79
95～99	476	1 910
90～94	4 361	13 420
85～89	19 701	49 936
80～84	51 686	96 645
75～79	93 423	141 825
70～74	219 222	307 877
65～69	389 313	481 955
60～64	583 665	671 164
55～59	707 357	774 051
50～54	805 951	857 294
45～49	962 975	997 607
40～44	1 138 796	1 149 977
35～39	1 411 188	1 391 013
30～34	1 546 683	1 507 699
25～29	1 477 821	1 435 797
20～24	1 294 600	1 247 439
15～19	1 390 485	1 321 603
10～14	1 628 587	1 526 481
5～9	1 835 186	1 702 251
0～4	2 036 667	1 888 766

图 7-13 2023 年与 2050 年乌兹别克斯坦人口金字塔图

资料来源：联合国人口司。

其二，乌兹别克斯坦劳动力平均素质在中亚国家中相对较高，根据联合国教科文组织统计，如图 7-14 所示，当地文盲率很低，几乎为零。

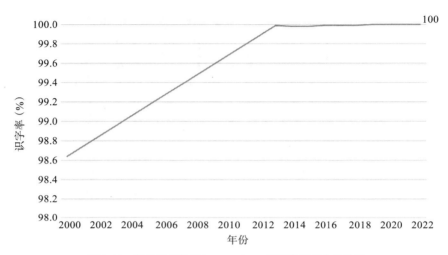

图 7-14　乌兹别克斯坦 2000 ～ 2022 年识字率变化趋势图

资料来源：联合国教科文组织。

乌兹别克斯坦也在不断增加对教育的投资。根据官方统计，在 2017 ～ 2024 年期间，高等教育的入学率从 9% 增加到了 42%，国家不仅通过奖学金等方式鼓励乌兹别克斯坦学生到海外求学，也希望吸引更多学校到乌兹别克斯坦建立分校或者与当地大学建立双学位的课程。高劳动力和智力水平是乌兹别克斯坦的重要资源，这些都为外来产业和资本带来了承接的基础。

7.4.3　社会洞察：多元且包容的社会

如果你走在乌兹别克斯坦街头，会被这里多元的文化所震惊。乌兹别克语为国家的官方语言，不过由于俄罗斯语是其第一外语，英语使用率依旧不高，仅有 5% 不到的乌兹别克斯坦人可以用英文进行交流。

乌兹别克斯坦自古就存在尊老爱幼的传统。由于大多数乌兹别克斯坦人是穆斯林，因此大多数人遵循穆斯林的生活方式。在斋月期间，从太阳升起到落山之前，穆斯林都不进食。斋月里，乌兹别克斯坦人也不会进行任何生意上的往来。在乌兹别克斯坦，人们认为使用左手传递东西或食物是不礼貌的行为，他们十分忌讳黑色，认为黑色是与丧葬相关的色彩。

整体来看乌兹别克斯坦是一个不但文化多元而且很包容的市场，多样性在这里是一种独特的社会价值。

7.4.4　出海建议

基于以上背景信息，我们给致力于开拓乌兹别克斯坦以及更广阔的中亚市场的企业和投资者如下出海建议。

- **由于中国国家品牌的强大，在乌兹别克斯坦的企业要保护好中国品牌的势能**

随着中国产品不断出口到乌兹别克斯坦，特别是此前消费电子品牌，如 OPPO、vivo、小米、华为、荣耀、联想等产品在乌兹别克斯坦市场的不断渗透，中国品牌已经在乌兹别克斯坦具备一定的品牌势能。因此，在建立合资公司的时候，可以尽可能保留中国品牌，以保持产品的品牌势能，提高溢价空间。

- **基于当地的特点，中国企业要习惯于"往返议价"**

在乌兹别克斯坦，商人之间的讨价还价是十分常见的现象，很多时候商业合作伙伴可能会故意表现出各种不满的"情绪"，以争取更好的价格。所以很多时候，即使对方已经表现出了极大的不满，甚至推门而出，但是最终还是会再折回来的。

- 如果想获得更好的管理层人才，可以考虑雇用有海外留学经验
  的本地人

　　由于乌兹别克斯坦本地大部分人只能用乌兹别克语或者俄罗斯语交流，因此在前期的市场拓展以及合作伙伴联系的阶段，中国企业是需要本地化团队的。2%～3%的乌兹别克斯坦学生有海外留学经验，大部分在俄罗斯、中国、日本、韩国、马来西亚等地区接受过高等教育，因而具有一定的跨文化沟通以及语言基础，可以帮助企业在前期完成基本的沟通工作。

　　综上所述，乌兹别克斯坦已经成为中亚地区的一个重要投资目的地，也是中国制造业投资在政治上相对安全可靠的区域，推荐企业和资本持有者去当地全面考察做出判断。

第 8 章

CHAPTER 8

非洲与拉丁美洲市场

非洲和拉丁美洲作为中国企业出海的"深水区",以其独特的机遇和挑战吸引了越来越多的中国企业前来探索。这两个地区不仅距离遥远,而且在文化、经济、法律等方面存在显著差异。因此,中国企业在这些地区的出海历程充满了未知和挑战,但也蕴藏着巨大的发展潜力。

一方面,非洲和拉美市场提供了广阔的增长空间。非洲大陆拥有丰富的自然资源和庞大的人口红利。根据世界银行的数据,非洲人口预计在 2050 年将达到 25 亿,成为全球人口增长最快的地区之一。这为消费品、基础设施建设、能源和矿产等行业提供了巨大的市场需求。

以传音控股为例,这家有着"非洲手机王"之称的深圳公司,其旗下的传音、itel 和 Infinix 品牌在多个非洲国家的市场份额位居前列。传音深耕非洲本土市场,推出的都是满足非洲本地消费者需求的手机产品，产品增加了很多符合当地属性的美白功能，成功打入当地市场并且站稳了脚跟。

再看大西洋彼岸的拉丁美洲，这片热土则以其丰富的农业资源和日益增长的中产阶级吸引了大量中国企业。阿根廷、巴西等国是全球重要的农产品出口国，而中国作为全球最大的农产品进口国，对拉美农产品的需求持续增长。此外，拉美地区的基础设施建设需求也为中国企业提供了广阔的合作空间。

比亚迪作为中国新能源汽车的领军企业，在巴西市场取得了显著成绩。比亚迪在巴西设立了电动大巴生产线，并与当地政府和企业合作，推动绿色交通的发展。2023 年，比亚迪在巴西市场的电动大巴销量超过 1 000 辆，成为当地市场的领导者之一。海尔集团对拉美市场的拓展同样值得关注。海尔在巴西、阿根廷等国设立了生产基地，通过本地化生产降低了运营成本，提升了市场竞争力，并根据拉美消费者的需求，推出了一系列适合当地市场的家电产品。

另一方面，非洲和拉美市场的复杂性和不确定性给中国企业带来了诸多挑战。首先，宏观环境的不稳定性是主要风险，非洲部分地区营商环境不稳定，政策变化频繁，增加了运营风险。拉美地区也面临类似的挑战，企业需紧密监测环境变化，以做出动态判断。其次，文化差异是另一个挑战。非洲和拉美的文化多样性和宗教信仰要求企业深入了解当地文化，尊重习俗，以赢得消费者的信任。最后，基础设施相对落后，物流和供应链管理面临巨大挑战。非洲部分地区交通不便，电力供应不足，而拉美则存在高物流成本的问题。

展望未来，随着非洲和拉美市场的不断演变，中国企业将更加灵活应对挑战，抓住机遇，推动自身的国际化进程，同时为本土经济的可持续发展注入新的活力。

8.1　摩洛哥：连接美欧、中东、非洲市场的超级枢纽

摩洛哥作为中国在非洲的主要投资目的地之一，已经吸引了大量中国投资，这个国家太特别了，几乎是连接美欧、中东、非洲的超级枢纽。

根据中国官方数据统计，2023 年中摩双边贸易总额超过 70 万亿美元，中国对摩洛哥的直接投资同 2022 年相比增加了 20.2%。多家企业展开了在摩洛哥的投资项目：2023 年 9 月，中伟股份宣布与摩洛哥私人投资基金 Al Mada 合作，共同投资一个价值 20 亿美元的产业基地，涵盖三元前驱体、磷酸铁锂和废旧电池回收；韩国最大的化学企业 LG 化学与中国华友钴业的子公司宣布在摩洛哥合作建设磷酸铁锂工厂，计划于 2026 年投产。另外，中国宝安集团旗下的贝特瑞新材料宣布投资 4.9 亿美元，在丹吉尔科技城建立年产 5 万吨的锂离子电池正极厂。中摩互利合作标志性项目丹吉尔科技城进入实施阶段，首家入园企业青岛森麒麟公司也在 2023 年开工建厂。

随着中美欧在新能源汽车以及电池行业竞争格局的形成，摩洛哥这样一个曾经名不见经传的北非小国成为中国企业全球化布局的重要节点。本文将从多个角度深度解读摩洛哥对于中国企业全球化布局的重要性，以及如何通过摩洛哥触及更广泛市场的机遇与挑战。

8.1.1　宏观洞察：中国制造通往欧美市场的战略性节点

摩洛哥是一个比较独特的君主立宪国家，虽然国家有议会和政府，但国王是国家元首，国王在政治、宗教和军事方面享有重要的权力。

从地理位置来看，摩洛哥位于非洲西北端。摩洛哥是连接非洲、欧洲和中东的重要门户国家。它与欧洲隔着约宽 15 公里的直布罗陀海峡，地理位置极为重要和具有战略性。数千年来，摩洛哥一直是国际贸易的主要中转站。

摩洛哥最大的城市与经济中心是丹吉尔，位于直布罗陀海峡入口处，是通往欧洲的重要门户城市。丹吉尔不仅是摩洛哥第一大城市，其人口规模和经济实力也远超其他城市，是整个摩洛哥国内外贸易的核心枢纽。丹吉尔港在 2023 年共处理了 860 万个标准集装箱，同比增长 13.4%，运输效率排名全球第四。除了丹吉尔港，还有为中国人所熟知的卡萨布兰卡港。

• 国内营商环境稳定

与其他的非洲国家相比，摩洛哥除了具有先天的地理位置优势，其长期稳定的宏观环境也是让其邻国艳羡不已的。

根据世界银行的统计，摩洛哥是北非（包含阿尔及利亚、突尼斯、叙利亚和埃及）中稳定性最高的国家。客观来说，这也是摩洛哥开展国际合作的最大优势。

• 美欧市场免税畅行，辐射 10 亿人口大市场

摩洛哥经济开放程度较高，在全球范围内看，摩洛哥是少数几个同时与欧盟和美国签署自由贸易协定的新兴经济体之一：1996 年，摩洛哥与欧盟签署了《欧洲共同体与摩洛哥欧洲 – 地中海协定》，从 2000 年开始生效；与美国签署的《摩洛哥 – 美国自由贸易协定》于 2006 年 1 月 1 日全面生效，摩洛哥成为非洲唯一一个与美国签订了自由贸易协定的国家，取消了 95% 以上符合条件的消费品和工业品的关税。这意味着"摩洛哥制造"产品基本可以零关税进入欧盟和美国这两个庞大市场，畅通无阻，不受美国出台的《通胀削减法案》以及欧盟的《电池与废电池法规》的产地束缚。

除了通往高端市场，摩洛哥也是通往非洲以及中东地区的门户：2004 年，摩洛哥与土耳其达成了自由贸易协定；2022 年，摩洛哥与埃及也达成了自由贸易协定。作为 2022 ～ 2025 年非洲联盟的轮值主席

国，摩洛哥也在推动非洲内部的关于自由贸易协定的讨论。

　　总体来看，"摩洛哥制造"免税的地区可以覆盖 56 个不同的国家，可以辐射 10 亿人口的大市场。对于近年来受到欧美市场关税限制，同时急于寻找新的市场增长点的中国企业来说，扎根摩洛哥显然可以带来一定的战略优势。

　　● "国家发展新模式" 计划

　　如图 8-1 所示，摩洛哥经济从 2008 年之后就呈现出增长缓慢的特点。2020 年前后，摩洛哥经济在经历了十几年的停滞状态后，逐渐陷入"中等收入陷阱"之中。彼时，经济的萎靡也导致社会矛盾更加凸显，特别是精英阶层与老百姓之间的矛盾更加突出。

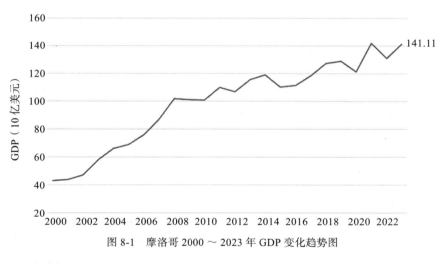

图 8-1　摩洛哥 2000 ～ 2023 年 GDP 变化趋势图

资料来源：世界银行。

　　2020 年，摩洛哥 GDP 出现近 7% 的下滑，国家经济深陷泥潭。面对这样的情景，摩洛哥国王组织了特设委员会[⊖]专注于探究摩洛哥的

───────────
　　⊖　该委员会全称为特别发展模型委员会。

国家发展之路。2021 年 5 月，该委员会发表了核心报告，明确了摩洛哥未来到 2035 年的发展道路，一句话概括：深度体制改革，改善国民生活；提高私营效率，大举吸引外资。

2021 年 9 月，摩洛哥新政府上台，出台多项举措推动摩洛哥向新兴国家的行列迈进。2023 年 2 月，摩洛哥新政府正式通过了相关投资法令，旨在通过在摩洛哥设立主要和特定的支持机制，促进战略投资项目的发展，明确相关的支持条件和治理结构，为此后的产业发展铺平道路。

从 2021 年开始，摩洛哥开发了一系列的"工业加速区"，进入加速区的企业前五年都享有不同程度的低额税率，比如，在丹吉尔和盖尼特拉前五年可以享受免征税政策。显然，政策优势也使得摩洛哥已经成为一个越来越有吸引力的选择。

2024 年 7 月，摩洛哥又规划在卡萨布兰卡南部投资 24 亿美元建设国家最主要的动力电池工业加速区，旨在建立完整的工业生态系统，打造集动力电池、化学、采矿、电子技术及汽车等行业于一体的工业创新中心。这与摩洛哥大力发展电动汽车（2030 年本土生产的电动汽车出口量达到汽车总出口量的 60%）这一工业目标相吻合。

综合以上信息可见，摩洛哥的发展具有一定的国家主导性，并且摩洛哥很看重工业和制造业对全球市场的影响力，对于中国制造出海是一个可以考虑的重要区域。

8.1.2　经济洞察：劳动力性价比高，工业基础具有区域性比较优势

摩洛哥是中等收入水平的发展中国家，根据世界银行的统计，2023 年摩洛哥 GDP 达到了 1 411.1 亿美元，是非洲第五、北非第三大经济体。根据世界银行发布的"2020 年全球营商环境报告"，摩洛哥营商环境在全球 190 个经济体中排名第 53 位，在北非地区居首位；在

中东和北非地区位居阿联酋和巴林之后，排名第 3 位；在非洲排在毛里求斯和卢旺达之后，名列第 3 位。

　　磷酸盐出口、旅游业和侨汇是摩洛哥经济的主要支柱。从产业结构上看，摩洛哥主要以服务业为主，根据世界银行与摩洛哥计划高专署的统计数据显示，2022 年服务业占 GDP 的 51.3%，工业占比为 27.2%，农业占比为 10.7%。摩洛哥有一定的农业基础，但粮食不能自给，渔业资源丰富，产量居非洲首位；摩洛哥工业发展势头良好，特别是汽车产业发展迅速且初具规模。

　　• 劳动力性价比高

　　随着摩洛哥越来越成为西方产业外包的热点，劳工问题也成为出海企业考虑的重点之一。总体来看摩洛哥的劳动力成本较低，像丹吉尔这样的以外资投资为主的地区拥有大量训练有素的劳动力，多所专业学校可以为投资者培训专门人才，生产效率甚至可达到工业化国家生产效率的 80% ~ 90%。如果在丹吉尔自贸区内雇用员工，由于雇员工资不用缴纳增值税，工业加速区内雇员的平均工资支出较区外要低 20%，因此支付工资的水平具有较大的吸引力。

　　2024 年，摩洛哥工人的平均工资为每年 5 000 迪拉姆，相当于 1 361 美元[⊖]，仅为西班牙工人工资的三分之一，也低于东欧国家。

　　摩洛哥劳动力整体素质较高，60% 以上的人口能流利使用法语，政府的诸多文件都是使用法语书写的，20% 的摩洛哥人能够使用英语进行交流，5% 的摩洛哥人能够使用西班牙语进行交流。这使得摩洛哥拥有发达的呼叫中心和 BPO 业务[⊖]，许多欧洲企业，尤其是法国企业的呼叫中心设在摩洛哥。

　　摩洛哥实行九年义务教育，摩洛哥政府每年教育预算约占预算总

　　⊖　按照 2024 年 9 月 5 日的汇率计算。
　　⊜　业务流程外包业务。

支出的 1/4，全国文盲率已从 1960 年的 87% 降至 2022 年的 23%，相较其他非洲国家较低。虽然摩洛哥提供免费的公立大学教育，但私立大学每年学费大约为 2 500 至 6 100 美元，因此只有中产阶层及以上能够负担私立大学的学费。不过由于对法国文化和教育的崇尚，上层社会家庭往往将子女送往法国留学，长期以来摩洛哥一直是法国最大的海外留学生来源国。

根据世界银行的统计，摩洛哥 2023 年有 1 130 万劳动人口，失业率为 9.11%，如图 8-2 所示。虽看似较高，但接近地中海地区的平均水平，失业人口中大部分为 18 到 35 岁的青年，这就意味着海外投资者仍然有比较大的选择余地，并且有可能和政府达成更优惠企业的雇用条件，比如进一步降低增值税率或者延长免税年限等。

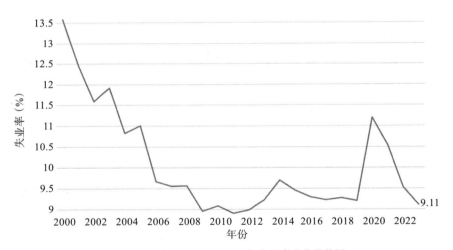

图 8-2   摩洛哥 2000 ～ 2023 年失业率变化趋势图

资料来源：世界银行。

• 互联网普及率高，电商平台增长迅速

摩洛哥的互联网普及率非常高，2024 年 1 月份达到了 93.24%，为非洲第一。虽然摩洛哥目前的电商和游戏等泛娱乐的市场规模并不大，但预计在 2024 年电商业务规模将会达到 6.33 亿美元，并且会保持 5% 的增长速度。阿里速卖通以及 Shein 都是摩洛哥电商市场的主要卖家。

摩洛哥的游戏产业也在日渐壮大，根据市场调查数据，到 2027 年，这个北非市场将会有 840 万名视频游戏玩家，渗透率将会从现在的 19.5% 上升到 21.2%。2027 年整个视频游戏产业规模也会从当下的 2.27 亿美元上升到 2.98 亿美元。为我们所熟悉的中国厂商如腾讯、米哈游、莉莉丝、智明星通等在 2015 年之后都相继进军北非市场，并且占据了当下摩洛哥的半壁江山。

• 工业基础良好，新能源汽车以及电池行业潜力大

对于新能源汽车以及电池行业而言，摩洛哥有三大优势——汽车产业基础、先进的研发能力与丰富的锂矿资源。

摩洛哥是非洲大陆第一大汽车生产国和出口国，2021 年汽车产量已经达到 70 万辆，预计 2025 年可以达到 100 万辆。2023 年汽车行业出口总额已经达到 139 亿美元，比 2022 年增长了 27%。如果说匈牙利是德国汽车产业的后花园，那么摩洛哥就是法国汽车品牌的海外聚集地。雷诺以及标致都在摩洛哥有着巨大的生产基地，其中雷诺在丹吉尔和盖尼特拉的工厂是非洲最大的工厂，总年产量为 38.2 万辆。此外，丰田、大众、现代和福特等也都在摩洛哥建立了生产基地。

由于欧盟汽车市场在 2035 年之前会逐渐向新能源汽车转型，摩洛哥作为欧盟汽车最大的海外制造国，也希望通过吸引海外投资，进一步参与其中。摩洛哥政府不但通过税收政策吸引更多的本土化的绿地投资，同时也在通过增加研发投资增强本国在新能源以及电池领域的研发能力。在电池方面，摩洛哥的科学家和发明家拉希德·亚扎米的

团队已经取得了实质性的突破，于 2023 年宣布成功研发了快速充电技术，可以用不到 1 小时的时间将电池充满，极大压缩了充电时间。

此外，摩洛哥在与毛里塔尼亚接壤的地区发现了大量的磷酸锂矿资源，已探明磷酸盐储量达 500 亿吨，占全球储量的 73%。摩洛哥磷酸盐集团（OCP）是世界最大的磷酸盐出口商和生产商，为摩洛哥电池行业的进一步发展奠定了基础。

从经济上看，摩洛哥对欧洲市场出口是很畅通的，虽然不是欧盟成员国，但在诸多行业起到了类似的枢纽作用。

8.1.3　社会洞察：阿拉伯文化影响下的新兴经济体

摩洛哥作为一个新兴经济体，充满着商机和潜力，对于希望在摩洛哥拓展业务的企业来说，积极了解当地市场和文化将有助于取得成功。

- **摩洛哥人强调"面子文化"**

在人际交往中，自尊心强是摩洛哥人的普遍特征，尤其在女性身上更为突出，因此在与摩洛哥人打交道时要注意给足他们体面。摩洛哥人与客人相见时，惯用拥抱礼，握手礼也日益普及。摩洛哥女子与客人相见时，通常行屈膝礼。

如果在摩洛哥与当地的阿拉伯人打交道，接、送礼物时只用右手而不用左手；去摩洛哥的阿拉伯人家做客时，如果见到主人的妻子，可以表示问候，但不可过分亲热，更不可主动握对方的手，因为这都是违反当地习俗的。

- **不同的时间观念**

摩洛哥人在时间和日程安排方面更加灵活。因此，在摩洛哥成功开展业务的关键之一是投入大量时间。通常情况下，仅通过邮件或电话联系可能不会得到及时回复，仅凭一两次会面就签署合同或建立长期联系也很困难。因此，若要在摩洛哥市场取得成功，建议在当地设立办事处，并雇用一两名本地员工以提高沟通效率。

此外，在语言选择方面，尽管阿拉伯语是摩洛哥的官方语言，但在商务领域，法语仍然是首选语言，有些公司也使用英语。将营销材料正确翻译成法语会受到欢迎，这表明你致力于该市场。

8.1.4　出海建议

综合以上信息，笔者对出海摩洛哥的企业提出以下几点建议。

• 汽车、新能源产业和电池产业可以考虑在摩洛哥布局出口欧美的制造基地

随着欧盟对电池和电动汽车制造标准的提高，中国整车出口到欧盟市场的成本也将持续上升。因此，在欧盟市场内部或周边享受免税待遇的国家设立工厂的必要性日益凸显。随着非洲市场的逐步开发，通过在摩洛哥设立工厂，同时打开几个市场的战略优势逐渐显现。

• 需要密切关注欧美对摩洛哥的政策走向

尽管美国和欧盟已经与摩洛哥签署了自由贸易协定，但随着整个产业的快速发展，未来政策仍可能出现一定程度的变化。特别是当中国品牌汽车出口到欧盟市场的总量超过当地本土汽车品牌，或者威胁到其市场主导地位时，当地可能会对中国在摩洛哥生产的产品进行调查并增加关税。因此，中国企业需要密切关注相关动态，与摩洛哥及欧盟本土经销商建立良好的沟通关系。

• 可以考虑通过与法国产业合作，提高品牌势能

与邻国阿尔及利亚相比，摩洛哥对法国及法国品牌有着更好的整体印象。由于许多法国企业一直在摩洛哥设立工厂，因此通过加强与

法国产业或研究中心的合作，中国企业可以极大提高自身影响力和中国品牌的整体势能，有利于进一步开发当地市场潜力。

总之，摩洛哥这个国家有一定的优势，主要体现为作为连接枢纽的价值，自身市场非常小，很难在摩洛哥本身获得大的商业收益。

8.2　尼日利亚：非洲高风险、高回报的第一大市场

尼日利亚这个国家有很多华人企业家，其中很多人在过去30年间淘到了第一桶金。

坐拥2.23亿人口的非洲人口第一大国——尼日利亚，是中国在非洲的第一大出口市场和第二大贸易伙伴以及中国企业在西非地区的主要投资目的地。2023年中尼双边贸易总额达到了225.6亿美元，其中中国出口额占201.8亿美元。与此同时，尼日利亚也是中国在非洲的第一大工程承包市场，根据中国商务部统计数据，截至2023年年底，中国企业在尼日利亚累计签订承包工程合同额1 626.8亿美元，主要承包企业有中土公司、中地海外、华为、中兴等20余家，主要涉及铁路、公路、房屋建设、电站、水利、通信、打井等领域。

尼日利亚是一个自然资源十分丰富的国家，拥有非常丰富的石油和天然气资源。根据国际石油组织欧佩克的数据，2023年尼日利亚的石油储量为370亿桶，天然气储存量为5.917万立方米。尼日利亚是世界第十大原油储备国和第八大天然气储备国。根据世界贸易组织的统计数据，2023年尼日利亚出口商品总额为459.46亿美元，其中原油和天然气出口占91.1%。显而易见，尼日利亚仍然是一个依靠资源获取国际收入的国家。

不过，在最近几年，在这个年轻人众多的非洲市场中出现了新的商机，那便是日新月异的电商和互联网行业。根据推测，2024年尼日

利亚电商市场规模可达到 85.3 亿美元，预计在未来五年内仍然会保持两位数的稳定增长，到 2029 年预计可达到 149.2 亿美元。这对于正在不断拓展海外市场的中国跨境电商平台以及企业而言，无疑是一个不可多得的机遇。

实际上，非洲市场的蓬勃发展早就吸引了中国出海企业的关注，然而，动荡的宏观环境确实给中国投资带来一定的风险，甚至可以说每一分钱都承担着巨大的风险。对于出海的企业，如何更好地平衡风险与机遇，是涉足非洲新兴市场的永恒课题。本书基于笔者对尼日利亚以及非洲地区不同层面的分析和洞察，旨在帮助读者更好地构建对尼日利亚市场的立体认知，力求降低投资风险，抓住市场机遇。

8.2.1　宏观洞察：安全问题多发，重资产投资需警惕风险

从营商角度，尼日利亚的宏观环境在过去总体来看并不稳定。根据《2020 年营商环境报告》，尼日利亚位居全球第 131 位。宏观环境的不稳定注定会为出海，特别是重资产投资的企业带来诸多挑战，需要更加谨慎。为了更好地展现尼日利亚的营商环境，笔者做了以下几点梳理。

- 宏观环境逐渐趋于稳定，反恐有一定成效

尼日利亚的动荡问题是多方面的，其中核心矛盾包括南北方的资源和宗教差异与北部、东部和西部之间的民族问题，以及国家精英与贫困大众之间的分歧。这些问题加上英国殖民主义的历史遗留问题，导致尼日利亚很少享有真正的和平与安宁。

不过，随着 2023 年 2 月尼日利亚换届，如今尼日利亚整体趋于稳定，政府不断加大反恐力度，取得了一定的成效。但由于经济受到国际大环境影响，尼日利亚国内绑架等安全事件时有发生。

• **倡导全面改革，促进非石油经济发展**

2023 年 5 月尼日利亚完成换届之后，就踏上了全面改革的漫漫征程。显然，当下的尼日利亚不但希望摆脱身陷的"资源陷阱"，而且希望通过非石油经济的发展，重建国家经济，求得更稳定的长期发展。

从改革进程来看，核心有三条。第一，削弱对石油出口的高度依赖。为此，尼日利亚已经取消了汽油相关的财政补贴。第二，外汇改革。促成了外汇市场的统一，真实反映市场汇率。第三，弱势群体补贴。由于国家长期依赖原油和天然气出口，削弱补贴力度和开放汇率会导致经济面临严重的通货膨胀压力，特别是对弱势群体的冲击会特别大。为了减缓这些负面影响，尼日利亚给 1 500 万个家庭发放临时补助，帮助他们在物价平稳前渡过难关。

改革没有不痛的，尼日利亚通货膨胀率居高不下。2023 年，根据世界银行的统计，尼日利亚的通货膨胀率为 24.7%。到了 2024 年 2 月，尼日利亚的通货膨胀率情况并没有得到改善，反而继续飙升至 31.7%，是过往 24 年以来的最高水平。通货膨胀加上经济缓慢增长，使得尼日利亚数百万人陷入贫困。不过，根据世界银行预测，随着改革初期冲击的消散以及宏观经济状况的稳定，特别是非石油经济领域的增长，尼日利亚的贫困率有望在 2026 年稳定下来。

这就意味着，在未来 2 到 3 年之内，尼日利亚整体环境可能还会面临一系列不稳定因素，出海企业需要谨慎评估这对自身所处行业的影响。

8.2.2 经济洞察：年轻人众多，电子商务发展迅速，南部科创环境好

根据世界银行统计，如图 8-3 所示，2023 年尼日利亚的 GDP 约为 3 628 亿美元，被南非超过。从图 8-3 中不难看出，其实 2014 年之

后尼日利亚的经济总体处于下行通道，2023 年的改革并未能马上扭转整体的趋势，国家经济尚未真正企稳。但这并不意味着尼日利亚市场不值得我们关注，虽然在低谷期，但是这个市场已经展现出诸多潜力特质，值得出海企业深入观察。

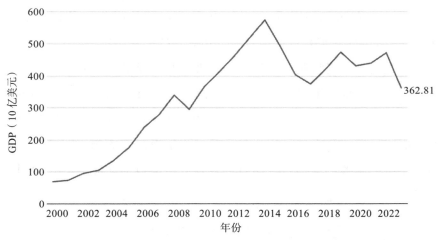

图 8-3　尼日利亚 2000 ～ 2023 年 GDP 变化趋势图

资料来源：世界银行。

• **互联网普及率高，电子商务、泛娱乐行业发展快**

尼日利亚是非洲最大的互联网经济体之一。其互联网普及率约为 55%，增长较为稳定。据尼日利亚通信委员会统计，截至 2023 年 8 月，尼日利亚互联网用户数为 1.59 亿户。可能很多人会有点儿意外，在遥远的非洲竟然还隐藏着这么大一个互联网用户群体。不过要知道，尼日利亚有 70% 的人口是 30 岁以下的年轻人。

有互联网的地方就会有电商。尼日利亚也不例外，随着电子支付账户的渗透率达到了 51%（非洲第三高，仅次于肯尼亚和南非），尼日利亚的线上消费也逐渐发展起来。根据各统计机构，尼日利亚电子商务市场在 2023 年的规模已经达到了 150 亿～ 190 亿美元，预计 2026 年将达到 330 亿美元。根据商业咨询机构的测算与推测，2023 年尼日利亚人平均在电商平台上的花费为 68 美元，而到了 2026 年，这一数字将上升至 137 美元，增长率为 101.5%，足以看出未来的市场潜力。

尼日利亚市场目前最主要的电商平台是总部位于德国柏林的 Jumia，2023 年在尼日利亚拥有超过 240 万的活跃用户。

与此同时，尼日利亚的泛娱乐行业，特别是电子游戏行业开始逐渐发展壮大。根据第三方统计机构预测，2024 年尼日利亚的视频游戏市场规模可达到 5.13 亿美元。这个市场大概率会保持高速稳定增长，在 2027 年用户数量会达到 7 870 万，行业规模将突破 6.53 亿美元。对于中国的游戏厂家而言，尼日利亚很有可能成为非洲的第一大用户市场。

• 2050 年世界第三大人口国，年轻劳动力长期充足

前文提到，尼日利亚当下是非洲第一大人口国，这一地位很长时间内都不会被撼动。不仅如此，尼日利亚还会成为世界第三大人口国。根据联合国人口司预计，如图 8-4 所示，尼日利亚人口将在 2050 年突破 4 亿，届时会超越美国，成为排在印度和中国之后的第三大人口国。

从图 8-4 中可以很鲜明地看到，尼日利亚与印度、中国以及发达国家不同的是，即使到了 2050 年，整个人口结构仍然以青壮年为主，老龄化程度并不高，老龄化人口比例只会从当下的不足 3% 上升到 4%，而印度 2050 年老龄化人口比例将达到 20%。如此高且稳定的青壮年人口比例是尼日利亚发展的一大重点优势。

2023 年尼日利亚人口金字塔

年龄段	男性	女性
100+	46	135
95～99	1 094	2 206
90～94	12 603	18 955
85～89	73 157	91 343
80～84	244 564	277 905
75～79	548 175	597 344
70～74	911 885	992 013
65～69	1 408 470	1 502 281
60～64	1 955 318	2 033 555
55～59	2 543 462	2 586 131
50～54	3 267 954	3 263 587
45～49	4 267 099	4 210 892
40～44	5 255 903	5 167 756
35～39	6 023 469	5 916 015
30～34	7 010 193	6 840 646
25～29	8 408 160	8 169 115
20～24	10 266 501	9 906 705
15～19	12 392 441	11 933 175
10～14	14 365 206	13 879 771
5～9	15 990 598	15 561 303
0～4	18 186 588	17 720 903

2050 年尼日利亚人口金字塔

年龄段	男性	女性
100+	151	374
95～99	3 267	5 938
90～94	34 563	48 386
85～89	182 712	218 880
80～84	564 432	629 789
75～79	1 285 073	1 382 693
70～74	2 333 133	2 453 996
65～69	3 432 799	3 555 746
60～64	4 439 504	4 509 621
55～59	5 700 943	5 674 836
50～54	7 190 424	7 059 610
45～49	9 131 339	8 872 029
40～44	11 161 225	10 812 050
35～39	12 992 453	12 630 307
30～34	14 651 150	14 250 483
25～29	16 405 087	15 991 102
20～24	18 120 497	17 645 393
15～19	19 522 354	19 004 673
10～14	20 428 336	19 921 843
5～9	21 143 491	20 678 908
0～4	21 956 794	21 433 489

图 8-4 2023 年与 2050 年尼日利亚人口金字塔图

资料来源：联合国人口司。

• 失业率较高，贫困人口比重大

尼日利亚的失业率在非洲处于高位，根据世界银行统计学家测算，尼日利亚国家整体失业率在 33% 左右。对于普通的尼日利亚人而言，找到工作难，找到一个有稳定薪资的工作更难。2023 年第一季度，只有 11.8% 的就业人口从事由他人雇用且支付工资的带薪工作。根据世界银行统计，2023 年尼日利亚的贫困率达到了 38.9%，估计至少有 8 700 万尼日利亚人生活在 2.15 美元 / 天的国际贫困线以下——仅次于印度，是全球第二大贫困人口国家。

• 非洲科技创业中心

过去十年，尽管尼日利亚面临经济挑战，不过其创业生态系统仍然是一个蓬勃发展的创新中心，成为当下非洲科技创业巨头，是非洲初创企业融资的首选目的地。2022 年在非洲科创企业融资的 33 亿美元中，有近 10 亿美元是投向尼日利亚的 180 家初创企业的。比如金融科技公司 Flutterwave 在单轮融资中就获得了 2.5 亿美元，其他的平台型企业，如 Moove、ThriveAgric、Reliance Health、Bamboo 也都在融资中表现不俗。如今非洲 7 家独角兽公司中，有 4 家来自尼日利亚。

如今在尼日利亚的南部地区，特别是最大的城市拉各斯附近已经形成了科技创业中心，企业主要覆盖金融科技、电子商务、农业科技和健康科技等不同领域。2022 年，尼日利亚已经超越肯尼亚，成为非洲最受投资者关注的科技创业中心。

对于国际投资者而言，除了尼日利亚 70% 的年轻人口带来的巨大市场潜力，他们同样看重通过尼日利亚本地化的解决方案进入整个非洲大陆市场，特别是在金融科技领域。

当下，尼日利亚使用金融科技平台进行金融服务的用户正在呈现指数级增长，从 2017 年的 280 万到 2023 年的 1 亿名用户，这反映了尼日利亚人处理银行和金融交易方式的本质改变，也预示着数字资产、投资、网上支付等相关领域具有进一步发展的可能性。

中国初创企业在尼日利亚市场获得成功的案例也不少，比如传音控股旗下的 Boomplay 已经成为尼日利亚最大的音乐与视频播放平台之一。2015 年进入尼日利亚市场以来，Boomplay 深度挖掘非洲本土用户的需求，通过内容驱动，为不同的尼日利亚用户群体定制了不同的功能，比如按照不同的流派对尼日利亚的本土艺术家进行区分，提供离线音乐下载和社交功能等，成功开发了当地的音乐市场。

很显然，中国互联网企业在这片新兴的热土上，大有可为。

8.2.3　社会观察：文化多元，但文盲率高

尼日利亚是一个文化多样性极高的国家。从语言方面来看，虽然尼日利亚官方语言为英语，但全国有 500 多种部族语言，最主要的民族语言是豪萨语、约鲁巴语和伊博语。

宗教信仰在尼日利亚也是多样化的，尼日利亚的大多数人都非常虔诚，宗教信仰深深地影响着他们的日常生活和价值观。

多样性意味着尼日利亚人的性格、价值观和家庭观在不同地区和民族之间可能会有所不同。然而，仍有一些共通的特征和价值观贯穿于尼日利亚的多元文化之中。尼日利亚人普遍被认为是热情、好客的。他们乐于接纳外来者，愿意与人分享他们的文化和生活。

• 教育资源稀缺

尽管尼日利亚实施义务教育制度，拥有 143 所大学和近百所技术学院，但根据尼日利亚官方数据，截至 2024 年国家的文盲率高达31%。根据联合国教科文组织测算，尼日利亚的失学儿童数量高达1 050 万，只有 61% 的 6 ～ 11 岁儿童定期上小学，而在幼儿阶段，只

有 35.6% 的孩子接受幼儿教育。此外，尼日利亚东北和西北地区超过 47% 的女孩无法上学。

尼日利亚教育系统面临的最紧迫挑战之一是缺乏足够的基础设施、学习材料和教育资源。全国大多数学校设施简陋，缺少足够的教室、图书馆。北部地区连基本的电力和自来水供应都存在问题。缺乏基础安保措施也导致尼日利亚频繁发生学生和教师被绑架的事件。显而易见的是，在未来，如果不能加大对教育领域的投入，那么这一现状很难被扭转。

• 华人与华商众多

目前在尼日利亚居住的华人超过 10 万人，人数众多的华人社群也是中国企业喜欢通过尼日利亚进入非洲市场的一个重要原因。此外，还有两个大的华人家族（李氏集团以及董氏集团）在尼日利亚有着很大的经济圈，涉足石化、消费品、陶瓷、建筑、酒店等行业。可以说，尼日利亚的华人投资已经初具规模，深入到社会的方方面面，目前还没有在政治上遇到太大的压力和挑战。

8.2.4　出海建议

综合以上信息，笔者给关注尼日利亚市场的中国企业提供一些建议。

• 重资产投资需谨慎

正如前文所提及的，尼日利亚虽然目前整体宏观局势趋于稳定，但在未来 2 到 3 年内经济还会出现一定程度的波动。对于重资产投资的企业而言，一方面可能会面临安全因素的挑战，另一方面通货膨胀以及汇率的不稳定也会导致经营面临资金链压力，因而笔者建议在尼日利亚的投资最好以轻资产投资为主，如果确实要进行重资产投资，一定要提前做好行业和地区的调研，规避后期过多的风险。

• 针对年轻人市场的产品和服务潜力大

尼日利亚 70% 的人口都是年轻人，这是一个充满活力的国家，尼日利亚的年轻人对科技和数字化非常热衷，因此它在科技创新领域有很大的发展空间。中国企业完全可以结合过去多年在国内以及新兴市场的经验，在移动支付、电子商务、人工智能等领域找到一些尝试的切入口，从而把握住未来全球第三大人口国的机遇之窗。

另外，中国很多具有巨大产能的行业在尼日利亚可以找到很好的市场，这也是各行各业的中国企业家能够在尼日利亚淘金成功的重要原因。有很多对当地情况更为熟悉和了解的企业家已经能够驾驭复杂的环境，形成本地化的投资，他们可以使投资利益最大化，但刚刚进入尼日利亚的企业还是需要有更加谨慎的态度，避免重资产投资的风险。

总而言之，尼日利亚是非洲第一大市场，具有很多贸易和投资机会，但对于部分人是"蜜糖"，对于部分人则是"毒药"，需要中国不同层面的企业谨慎地调研和应对挑战。

8.3 阿根廷：一半火、一半水的拉美市场机遇之窗

对于阿根廷甚至整个拉美市场的投资价值，长期以来一直存在着对立的观点：认为好的说商机很大，认为不好的往往吃了很多亏。

作为拉丁美洲的第二大国家，也是拉美的第三大经济体，阿根廷拥有 4 665 万人口以及丰富的自然资源，是全球第二大页岩气储备国和第四大页岩油储备国。此外，阿根廷还有大量的锂矿资源，全球超过一半的锂矿都聚集在玻利维亚、阿根廷和智利。这个国家的资源禀赋是非常突出的。

近些年，中国新能源汽车和电池供应链企业纷纷出海深耕阿根廷市场。2023 年 2 月，中国新能源汽车领军品牌奇瑞投资 4 亿美元在阿

根廷兴建工厂。据奇瑞官方公布的信息，这一投资将在当地创造 6 000 个工作岗位，计划到 2030 年实现年产 10 万辆汽车。如果奇瑞正式在巴西和阿根廷建立工厂并顺利投入生产，那么年产量将达到 25 万辆，这有助于提升奇瑞在拉美市场的竞争优势。

奇瑞汽车电池的主要供应商不是别人，正是此前宣布在阿根廷投资的国轩高科。2022 年国轩高科宣布与阿根廷国家能源矿业公司合资建设碳酸锂精炼厂。当然，国轩高科的志向远不止供应本地化的中国企业，还计划将在阿根廷生产的锂电池出口到德国、印度、美国、西班牙和越南等市场。

随着中国企业对海外市场的不断开拓，拉美市场也逐渐进入出海企业的视野，本节是笔者基于对阿根廷市场的洞察而写的，希望可以帮助读者更好地构建对阿根廷市场的立体认知。

8.3.1 宏观洞察：营商环境尚未企稳，投资需谨慎对待

阿根廷是一个扑朔迷离的国家，这个曾经世界上最富有的国家之一在 20 世纪大部分时间都陷入了长期的经济危机、巨额债务以及恶性通货膨胀的困境。这些问题导致了社会动荡、政治混乱和民生困苦，给阿根廷带来了巨大的挑战。

在研究阿根廷市场的时候，我们需要关注这个国家从发达国家行列滑落的过程，也就是一般所言的"中等收入国家陷阱"。为了更好地理解阿根廷以及很多拉美市场的现状，笔者在此抽丝剥茧地为大家分析一下。

- "阿根廷悖论"

历史上，阿根廷经历了在经济增长和经济危机之间的起伏。从 1860 年到 1930 年，阿根廷曾是一个经济强国；1913 年时，它是世界上人均最富有的十个国家之一，超过法国、德国和意大利。然而，从

20 世纪 30 年代开始，阿根廷的经济状况迅速恶化，主要原因是不可持续的政府支出以及对牛肉和小麦等商品出口的过度依赖，导致经济陷入频繁的繁荣—萧条循环周期。在 20 世纪 70 年代和 80 年代，阿根廷经历了增长停滞、债务上升、实际收入下降和恶性通货膨胀的时期。

到了 80 年代末，阿根廷面临历史上著名的超级通货膨胀危机，在 1989 年，阿根廷的年通货膨胀率达到了几千个百分点，物价几乎每天都在上涨，民众的生活成本急剧增加。也是从那时开始，阿根廷经济陷入了这种不稳定的长周期旋涡中，始终没能爬出来。

一些经济学家将这一现象称为"阿根廷悖论"——一个曾经富裕的国家经历了最为急剧的衰落。

• 阿根廷梦魇：恶性通货膨胀

在 20 世纪 90 年代，阿根廷政府放弃了之前的国家主导发展模式，转而进行了一系列市场友好型改革。这些改革包括贸易自由化、放松管制和私有化，旨在开放经济。政府官员还决定将阿根廷比索与美元挂钩，以稳定经济。然而，2001 年爆发了一场毁灭性的经济危机。当时，阿根廷无法维持汇率固定，无法偿还高达 950 亿美元的债务，这是该国历史上九次违约中规模最大的一次。2005 年进行的债务重组仅得到了大约三分之二的阿根廷债券持有人的支持，导致了长达十多年的法律纠纷，也使阿根廷无法从国际市场获得借款。2012 ~ 2015 年，阿根廷经历了高达 50% 的通货膨胀浪潮，2018 年发生货币挤兑，2020 年面临巨额赤字和新债务重组，通货膨胀问题一直困扰着该国经济。到了 2023 年，通货膨胀率飙升至 210%，阿根廷经济再次走到了崩溃的边缘。

可以说在过去 40 年间，阿根廷始终未能摆脱通货膨胀的困境。这一现象的主要原因之一是阿根廷长期以来像邻国巴西一样，过度依赖其丰富的自然资源，如石油、土地。殖民历史的影响导致国家在解放后仍然延续着"卖资源谋生"的惯性发展模式。至今，阿根廷的主要经济来源仍然是出口油籽（菜籽油、花生、葵花油等）、谷物（玉米等）以及石化产品。

然而，过度依赖大宗商品出口导致了阿根廷经济的脆弱性。一旦全球大宗商品市场发生波动，国家面临巨大的贸易逆差，政府赤字问题就会凸显。为缓解赤字，政府可能采取货币超发等措施，进而陷入恶性通货膨胀的恶性循环。很显然，阿根廷要想走出这个梦魇，需要的是内外结合的长期改革，否则经济崩塌可能只在弹指间。

• 对华投资态度存在一定不确定性

过去 20 年来，中国与阿根廷的贸易关系显著加深。中国已成为阿根廷的第二大贸易伙伴，仅次于巴西。中国国有企业在阿根廷投资的重点领域包括农业、基础设施和电信。2005 ～ 2019 年，中国在阿根廷累计投资近 310 亿美元，占中国在南美投资的 40%。此外，两国也在 2023 年建立货币互换机制，以应对货币贬值问题。2023 年 4 月开始，阿根廷停止使用美元结算从中国进口的商品，转而使用人民币结算。

2023 年阿根廷政府换届以来，虽然有传言会对中国投资产生一定影响，但直至 2024 年年中，我们尚未追溯到相关的针对性法案与条例。又考虑到中国投资在当下对阿根廷的重要性，这点可能不太容易实现。不过，总体来看，中国企业投资阿根廷还是存在一定的不确定性风险，需要投资者进行深度评估。

8.3.2   经济洞察：债台高筑，恶性通货膨胀导致危机四伏

阿根廷经济在过去的一百年间可以说始终面临巨大的挑战，但当下进行的改革也给这个深受恶性通货膨胀困扰的国家带来了希望。

• 阿根廷的经济挑战严峻

作为一个市场，阿根廷拥有巨大的经济潜力。作为拉丁美洲仅次

于巴西和墨西哥的第三大经济体，根据世界银行的统计，阿根廷 2023 年的 GDP 达到了 6 406 亿美元。其中服务业作为阿根廷的支柱产业，贡献了超过一半的 GDP。阿根廷最主要的工业是汽车制造业与制药行业，合计占 GDP 的 16.3%。

阿根廷尽管拥有巨大的经济潜力，但仍然面临严峻的经济困境。在 2023 年大选前，阿根廷通货膨胀率高达 211%，为 20 世纪 90 年代以来的最高水平。2023 年 12 月比索贬值后通货膨胀进一步加速。据国际货币基金组织称，阿根廷真实的预算赤字高达 GDP 的 10%，国家债务超过 4 000 亿美元，占名义 GDP 的 80% 以上。

• 2023 年新政府上台推行经济深度改革

2023 年，阿根廷政治版图再次发生变化。自由党上台并开始推行深度的经济改革计划，外界称为"休克疗法"。总结来看主要包含以下两点：其一，为降低通货膨胀率，政府将货币比索贬值超过 50%；其二，为缩减国家开支，将内阁部门减半至 9 个部门，裁减了超过五万个公共职务，暂停了所有公共工程合同，取消了燃料和交通运输补贴，关闭了国家媒体，冻结了联邦给地方的拨款。

在这一系列大刀阔斧的改革下，阿根廷政府在 2024 年 1 月和 2 月实现了十多年来的首次预算盈余，这增强了国际投资者对阿根廷金融市场的信心。阿根廷股票市场的 Merval 指数从 2023 年 11 月的 60 万点飙升到 2024 年 11 月初的 180 万点以上。这对于正在恢复经济并进行重建的阿根廷来说是一个积极的消息。

在取得了一定的成效之后，2024 年阿根廷又计划启动新一轮深入改革，推动经济开放政策，其中就包括赋予私营企业更多的雇用权和解雇权。

从某种程度上看，这一系列改革将有利于外资的投资以及阿根廷经济的重建。但这些改革计划和其推行过程也受到了来自不同方面的阻力,最终收效如何,是需要时间来验证的,值得出海企业密切关注。

- **电商市场增长潜力大,但跨境成本居高不下**

随着通货膨胀压力的增加,阿根廷消费者也开始不断寻找更加有性价比的产品,电商市场以肉眼可见的速度迅猛发展。2022 年,阿根廷的电商销售额增长了 87%,达到了 153 万亿美元。根据阿根廷跨境电商会(CACE)的统计数据,2024 年上半年,阿根廷的电商市场新增买家数量为 141.97 万,有超过 2 324.79 万名用户,也就是说,超过一半的阿根廷人使用电商平台购物。电商平台整体营业额与 2023 年同期相比,增长了 248%。

根据第三方数据,阿根廷的电商市场在未来几年将会持续发展,2024 年市场规模将达到 205 亿美元,2028 年将达到 285 亿美元。阿根廷电商平台上最受欢迎的产品品类为食品饮料、白电[⊖]、家具与家居以及摩托车、汽车配件。

当下阿根廷最主要的电商平台都是拉美本土的电商平台,东南亚知名电商平台虾皮也曾经在南美洲试过水,但是 2022 年就宣布退出阿根廷市场。对于跨境平台而言,阿根廷消费者虽然有着很强的需求,但是海关通关、物流、支付等关键节点还没有跑通,加上汇率的不稳定,让跨境平台对这片南美腹地的市场望而却步。

8.3.3 社会洞察:阿根廷人均素质高,适合知识密集型行业投资

在探讨了阿根廷的宏观环境和经济形势之后,我们不妨再看一下阿根廷社会层面的特征。

⊖ 指可以替代人们家务劳动的电器产品,主要包括洗衣机、部分厨房电器和改善生活环境、提高物质生活水平的电器,如空调,电冰箱等。早期这些家电大多是白色的外观,因此得名。

- **基础教育出色，人均素质高**

阿根廷拥有 4 665 万人口，由于国家拥有世界较为先进的教育体系，在阿根廷，有 53% 的 15 ～ 19 岁学生接受了普通高中教育，远高于经合组织国家 37% 的平均值。这使得阿根廷的整体劳动力素质在整个拉美地区格外出众。最鲜明的例子就是阿根廷人平均英语水平高，为南美洲英语水平最高的国家。此外，阿根廷教育注重技能技术，因此对知识密集型行业企业有很大的吸引力。

- **社会资源有限，科技研发能力不足**

阿根廷在 2023 年世界知识产权组织的全球创新指数中排名第 73 位，在 33 个中高收入经济体中排名第 18 位，在 19 个拉丁美洲经济体中排名第 6 位。

由于经历多次经济危机，财政能力有限的阿根廷政府把资源更多地分配到紧急的社会和经济问题上，如减贫、教育和基础设施建设，而非长期的研发投资。阿根廷私营部门在研发方面的投入也相对较少。长期研发投资的不足，限制了阿根廷在高新技术产业方面的发展，进而影响了国家的长期竞争力和经济增长潜力。

8.3.4 出海建议

结合对上述层面的分析，笔者给关注阿根廷市场的中国企业总结了以下几点出海建议。

- **出海拉美市场的策略很重要，由于阿根廷市场的独特性，出海阿根廷需要多听听当地先前投资者的经验**

对于中国出海企业来说，成功进入阿根廷市场的关键在于有一个相对安全的市场进入策略。考虑到阿根廷汇率的不稳定性，企业需要谨慎应对这一挑战。在过去五年中，阿根廷比索对美元汇率已经大幅下跌了 95%，而未来可预期这种情况不会有根本性的改变。因此，对于资金流比较紧张的企业来说，更需要谨慎对待这一局势。所以在进入市场之前，做好全面的市场以及风险评估是极其关键的。

为了顺利进入阿根廷市场并获得成功，企业可以考虑以下两个策略方向。其一，风险管理和货币对冲是至关重要的。企业可以采取风险管理措施，如与金融机构合作进行货币对冲，以减少外汇波动给企业带来的风险。其二，建立本地化的生产基地或与当地企业合作是有效的策略，有助于降低汇率波动对进口产品造成的影响，同时也有利于满足当地的市场需求。

- 进出口关税壁垒高，难以获得外汇，需要提前寻找应对方案

依赖进口半成品或者零部件到阿根廷进行加工的出海企业可能会遇到的问题是进口商品和服务的许可证的延迟或被拒绝。对于希望在阿根廷制造并出口商品到周边国家的企业，则需要关注相关的出口关税问题。因为，尽管阿根廷政府最近与邻国签署了一系列新的贸易协定，旨在优化国际贸易环境，包括取消对技术产品的关税，但阿根廷仍然是跨境贸易最复杂的国家之一。

此外，由于阿根廷实行严格的外汇兑换政策，因此在阿根廷境内是很难获得外汇以支付这些进口商品或服务的。这种情况可能会为企业的生产和经营带来困难，影响企业竞争力和发展。这也意味着出海企业必须寻找替代方案来应对这些限制。

- 关注出海阿根廷的运营成本，防止掉入陷阱

世界银行在 2020 年进行的营商环境调查中，阿根廷在 190 个国家和地区中排名第 126 位。最主要的原因是企业在阿根廷开展业务的同时需要应付大量的官僚主义申报，比如需要完成一些看似不必要的手续，例如对员工记录进行公证等。

不仅如此，在阿根廷登记财产也需要复杂的程序。通常来说需要经过 7 道手续，平均需要 51.5 天。在该过程开始之前，需要获取 3 种不同的证书，而获取这些证书可能既昂贵又耗时。此外，在阿根廷纳税也是一个复杂的过程，每年需支付约 9 次，准备工作可能耗费约 312 个小时。阿根廷的公司税率介于 25% ～ 35%，水平较高，复杂的税收体系使纳税成为出海阿根廷企业的一大挑战。

- 关注与工会的沟通，这需要一些当地政商伙伴的支持

阿根廷劳动力市场的另外一个特点就是工会实力雄厚，在劳动条件谈判中发挥着重要的作用。阿根廷的工会一直在国家政治中有着很深远的影响力。阿根廷最强大的"伞式工会"[○]——劳工总联合会（CGT）自从 20 世纪 30 年代以来不断吸引人员加入，如今 40% 以上的工人都加入了该工会。由于阿根廷通货膨胀严重，工人对涨薪的要求频繁，从而导致企业劳动力成本上升，因而出海企业应当格外关注与工会的沟通，避免不必要的罢工问题。

总而言之，对于比亚迪这样的超大型企业来说，在阿根廷投资有一定的安全边际。对于很多出口中国产品的中小企业来说，处理好结算问题也不大。但是对于中型企业来说，这个国家不确定性依然非常高。企业需要极其谨慎、全面评估、逐步试探，避免不必要的损失。

8.4 墨西哥：悄然崛起的中美洲市场

2021 年以来，墨西哥正在悄无声息地成为全球增长势头最迅猛的新兴市场。

○ 伞式工会是指由多个基层工会或行业工会组成的联合组织，由于代表人数多，因而更有能力进行协调和管理。

在外贸方面，2020 年之后中墨以及美墨之间的贸易总量一直向上不断突破。2023 年，中墨贸易总额达到了 1 002 亿美元，而美墨贸易总额更是突破了 7 988 亿美元。2024 年 1 ~ 4 月，据美国国家普查局统计数据，美墨贸易总额达到了 2 725 亿美元，相当于美国贸易总额的 16%，墨西哥媒体称墨西哥"坐稳了对美贸易的第一把交椅"。

再看外资，过去的五年间，墨西哥吸引了大量的外资投入，2023 年在全球经济并不景气的背景下，墨西哥的 FDI 依然保持强劲态势。根据联合国贸发会议发布的报告显示，2023 年墨西哥吸引了来自全球 353 亿美元的直接投资，同比增长 11.9%；FDI 总存量为 6 492 亿美元，相当于该国 GDP 的 45.9% 左右，见证了新股投资和再投资收益的增加。此外，跨境并购净销售额飙升至 82 亿美元，与 2021 年的不到 10 亿美元相比有了重大飞跃。

2023 年全球已经有数百家企业宣布对墨投资，其中不乏特斯拉、博世、大众、起亚、通用、宝马、日产、飞利浦、联合利华等国际巨头企业，中国企业像华为、捷途、延锋内饰、敏华家具、联想等近些年也都纷纷在墨西哥投资建厂。

墨西哥的崛起给中国出海企业带来了新机遇，那么墨西哥未来潜力如何，墨西哥市场有什么样的特点呢？在本节内容中，笔者将基于长期研究，多维度展现墨西哥市场的机遇与挑战。

8.4.1 宏观洞察：美国近岸外包策略受益者

在墨西哥逆势崛起之后，其实很多人的第一反应是：为什么是墨西哥？

毋庸置疑，墨西哥崛起背后的最大推动者是美国。无论是历史上还是当下，墨西哥的国家发展命运始终是和美国紧紧绑定在一起的，在这一部分中笔者将重点解析。

• 美墨历史：爱恨交织

墨西哥有着丰富的阿兹特克和玛雅文化，然而，过去 500 年间，该国一直受到外部势力的压制。16 世纪初，西班牙征服了阿兹特克帝国，将其纳入殖民统治近 300 年，直到 1821 年墨西哥赢得独立。随后，美墨战争于 1846 年爆发，墨西哥因经济实力不足而战败，割让了大量北部领土给美国。

墨西哥的历史充满了冲突，尤其是与美国之间的紧张关系。美国的独立与民主理念激励了墨西哥的独立运动，但当两国利益冲突时，美国对墨西哥的压制却毫不留情。19 ～ 20 世纪美国的崛起使墨西哥在地缘政治和经济上依赖美国，正如独裁者波菲里奥·迪亚斯所感叹："可怜的墨西哥！你距离天堂如此之远，距离美国却如此之近。"尽管墨西哥的发展背后有复杂的原因，但美国的影响始终是核心的。

• 墨西哥崛起：得益于美国的"近岸外包"

墨西哥的经济几乎完全依赖美国。1994 年《北美自由贸易协定》的生效使墨西哥首次体验到区域化带来的好处，保税加工出口工厂在美墨边境迅速发展，吸引了大量美国和加拿大的企业。在这一制度下，外资企业享有多重优惠，如 100% 外资经营、免税的原材料进口和廉价的劳动力，这使得 80% 以上的墨西哥出口流向美国，尽管近年来这一比例降至 70%，但美国的主导地位始终未变。

墨西哥人常常戏谑地说："美国经济一感冒，墨西哥就会得肺炎。"2008 年的金融危机就是一个例证，墨西哥在金融危机期间迅速受到冲击，数以百万计的工人失业，中产阶级瞬间陷入贫困，超过一半的墨西哥人口生活在贫穷线以下。

如今，墨西哥的经济腾飞同样受到美国主导，尤其是受到"近岸外包"策略的推动。2019 年，《美墨加三国协议》使北美自由贸易区正式落地，覆盖 5 亿人口，墨西哥因此成为这一市场的重要入口。

此外，拜登政府的《通胀削减法案》进一步吸引了外资。该法案为在墨西哥投资的企业提供高额抵扣，条件是必须与本地供应商合作，逐步将生产集中到北美。以电动车行业为例，车辆生产商通过满足特定的本地供应要求，每款可以获得高达 7 500 美元的补贴。为了持续享有这些补贴，企业需不断提高来自北美的关键矿物和组件的比例。

墨西哥的发展与美国息息相关，近些年被视为"墨西哥时刻"，一些经济学家认为，这是墨西哥距离成为世界大国的梦想最近的一次。

8.4.2　宏观洞察：墨西哥经济因美国近岸外包策略而快速增长

除了美国对墨西哥影响的外部因素，我们不妨也看下墨西哥自身经济发展情况的内部因素。从市场端来看，墨西哥内部市场也在不断发展。

• 全世界第十大人口国，市场潜力不断被激发

根据世界银行的统计数据，2023 年墨西哥人口达到了 1.28 亿，是世界上第十大人口国，人口年龄中位数是 28.9 岁，整体较为年轻，劳动力性价比相对比较高，2015 年之后墨西哥制造业工人的平均工资一直低于中国，且劳动力供应较为充足。

随着这几年墨西哥经济的发展，外资驱动的制造业蓬勃向上。根据世界银行的统计，如图 8-5 所示，2023 年墨西哥的社会失业率已经降至 2.81%，处于历史低位。同时，家庭支出在不断增加，特别是 2020 ～ 2022 年，连续两年实现了超过 16% 的增长，整个墨西哥的市场潜力在不断地被激发出来。预计 2024 年墨西哥人均家庭可支配收入可达到 13 580 美元。随着中产的涌现，墨西哥的消费市场潜力也会被进一步激发。

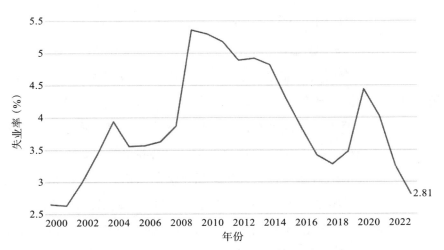

图 8-5　墨西哥 2000 ～ 2023 年失业率变化趋势图

资料来源：世界银行。

• 基础设施建设不断完善，国家综合竞争力蒸蒸日上

由于墨西哥的核心竞争力源自北美市场，因而跨境流通显得格外重要。对于基础设施的重要性，墨西哥政府再清楚不过了，在过去十年内墨西哥政府更是一直在不断推进改革，特别是通过公私合营的方式推进整体的基础设施升级。

2018 年，墨西哥提出了一个重要的跨洋物流项目——特万特佩克地峡跨洋走廊，项目核心就是在墨西哥最狭窄的地段，通过铁路、公路和港口的综合建设，连接墨西哥湾和太平洋，从而可以绕过巴拿马运河，改善亚洲和美洲之间的货运路线，降低进出口的运输成本，增强墨西哥在全球贸易中的连通性和竞争力。

2023 年 9 月，玛雅铁路项目正式启动，并开始进行洲际货物运输。2023 年 12 月，铁路项目正式投入运营。墨西哥领导人更是表示："这会是未来世界贸易的核心。"预计在跨洋走廊完全投入运营之后，每年集装箱吞吐量可以达到 140 万标准箱，有望带动周边区域加速发展。

• 招商引资浪潮席卷全球，制造业纷纷进入墨西哥投资

2022 年开始，墨西哥开启了类似中国的"招商引资"浪潮。那么，墨西哥对"招商引资"有多痴迷？笔者调研到很多值得品味的细节，墨西哥各个州的发展状况有着很大差异，整体来看具备三个特点。

第一，墨西哥北部近水楼台的优势非常明显，越是临近美国的区域，经济发展越受益，南部从 2022 年开始才逐渐获得关注。

墨西哥北部的科阿韦拉州、新莱昂州吸引力最大，其次是中部的克雷塔罗州和瓜纳华托州。根据墨西哥官方的统计数据，在 2022 年新开工的 560 万平方米的工业园区中，有 62% 的区域位于墨西哥北部。墨西哥北部的新开区域从原来的 6 000 ～ 8 000 平方米扩大到了超过 20 000 平方米，可见墨西哥北部投资需求旺盛。

同时，在北部的牵引下，南部的吸引力近期也有大幅提升。从 2022 年墨西哥各州获得的外国投资来看，外资也在逐渐关注墨西哥南部，特别是首都墨西哥城，仅在 2022 年一年就获得了 109 亿美元的投资。

第二，墨西哥已经形成产业聚集效应。在北部地区，新莱昂州形成了以特斯拉超级工厂为核心的新能源汽车产业集群，圣路易斯波托西州形成了以汽车零配件为核心的产业集群，科阿韦拉州形成了以航空制造业以及物流行业为核心的产业集群。南部的墨西哥城则形成了以航空运输业为核心的产业集群，不同区域的发展方向已经出现了一定的分化。

第三，目前在墨西哥投资的外资企业主要来自西方国家，其中核心的国家是美国、加拿大、西班牙和德国，不过中国、日本以及韩国企业也在加快展开布局。根据墨西哥工业园区协会（AMPIP）的数据，亚洲的投资需求急剧上升，目前待开发的项目中有 63% 来自亚洲国家，其中 49% 来自中国。墨西哥 – 中国商会表示为了更好地适应这一趋势，

有 5 家园区企业在过去一年租赁了超过 100 万平方米的工业建筑。

可以说墨西哥是逆全球化时代的新大陆，西方国家首发登陆，而亚洲国家如中国、韩国的企业也不敢怠慢，其中的先头兵就有联想集团、TCL、中国家具生产商敏华集团、中国车轮毂制造商立中集团等。

从上述分析研究来看，墨西哥既是中国企业个体的全新机遇之地，也是值得我们研究的全球竞争者和合作者。如何能保有中国制造的全球竞争优势是一个新课题，而如何务实推动中墨双边合作则注定是一个更大的课题和机会。

8.4.3　社会洞察：整体环境趋于稳定，但不安全因素仍未完全消除

在探讨过墨西哥市场的宏观环境以及经济状况之后，笔者也对墨西哥的社会特点做了以下梳理。

- **不喜欢说"不"的墨西哥人**

墨西哥人在交流中会回避说"不"。他们在完全不清楚的时候，宁愿勉强说一个答案，也不希望承认自己不知道。

和诸多发展中国家很像的一点是，墨西哥人对于"信任"的构建是需要一个过程的，他们不会轻易相信别人。

墨西哥人通常是在不断接触和共事的过程中，才会建立起对他人的信任，这时墨西哥人会说："他获取了我的信任。"在处理金钱关系的时候，墨西哥商人往往倾向于先交付、后付款，因为在墨西哥有一句非常流行的话："先给乐师钱，永远演奏不好。"

- **墨西哥社会环境趋于稳定，但不安全因素仍未消除**

不可否认的是，墨西哥仍然是全球最大的黑帮组织聚集地之一，特别是毒品交易泛滥。当然，这背后最主要的原因是美国是全球最大

的毒品消费市场，这驱动了全球的毒枭向墨西哥聚拢。

拉丁美洲黑帮研究专家埃德加多·巴斯卡格利表示："墨西哥和美国一样，有的区域风险比较高，有的区域风险比较低。比如西北部的锡那罗亚州，大毒枭和犯罪集团都聚集在那里。当然这些都在持续动态变化中。2014年锡那罗亚洲最大的毒枭头目古兹曼被抓，可以说是一个转折，但想要彻底清除毒品交易难过登天。"

不过巴斯卡格利指出，海外游客和海外来墨西哥的经商人员并不是黑帮最主要的攻击对象，但这也不意味着中国的投资企业不需要将安全因素纳入考量范围之内，特别是在几个安全问题突出的州营商的企业。

- 复杂的社会结构

殖民历史给墨西哥当今社会留下了深深的烙印。与英国殖民者不同的是，西班牙殖民者将当时西班牙帝国的官僚组织完整地复刻在每一个被殖民的国家，使其形成从上到下的金字塔状的社会架构。

在这个架构中，肤色与权力挂钩，阶层与利益挂钩。肤色越浅，意味着出身越好；而肤色越深，越是底层的象征。虽然墨西哥已经独立了200年，然而时至今日依旧可以很清晰地看到，这种金字塔状的社会架构以及对肤色的执念仍是挥之不去的社会分歧的根源。

墨西哥历史学家劳伦斯·梅耶尔认为，1824年墨西哥就已经承认了全体墨西哥公民的投票权，无论是白人后裔、混血儿还是印第安人，都应该享有相同的权利。然而，事实上种族歧视和社会不公平问题从未消失。

- 墨西哥传统价值观

墨西哥还是一个宗教文化浓厚的国家，阿兹特克人如同中国农耕文化时期的百姓，信仰不同的神祇，如风神、雨神和农神。

墨西哥国立学院胡安·维洛罗教授表示："这种神迹向往的传统也影响着现代墨西哥人。比如很多人在面临现实问题挑战的时候，更愿意相信奇迹的发生，而不是运用理性思维。"墨西哥年度最盛大的节日是十一月初的亡灵节，类似中国的中元节，但要比中元节更隆重。在这个节日中，墨西哥人表达着对死神的敬意。

殖民时期，西班牙人将天主教带入墨西哥，天主教也成为墨西哥最主要的宗教，促使墨西哥社会价值观更偏向保守，尤其是在女性权利方面：除了联邦特区，其他所有州都禁止女性流产，违反者会被处以罚款和监禁。这足以见得天主教文化对当代墨西哥的影响。

墨西哥人是极其乐观的民族，根据国际经合组织的调查，墨西哥是所有成员国中平均工作时间最长的国家，然而也是幸福人口百分比最高的国家：墨西哥人平均每年工作时间为 2 226 小时（比国际经合组织成员国平均时长长 500 小时），但 82% 的墨西哥人对当下的生活非常满意。

8.4.4　出海建议

综合以上信息，笔者为出海墨西哥企业提出以下几点建议。

- **谨慎判断地缘格局的改变**

墨西哥从 90 年代开始就不断尝试"脱拉（美）入北（美）"，淡化自身拉美国家的身份，强化自身北美国家的地位。然而事实上，越是如此，越是没有办法摆脱被美国制约的命运。甚至可以说，墨西哥未来潜力如何本质上并不完全是由自己决定的，而是要看华盛顿的"脸色"。

一旦美国修改了补贴政策条款，实行新的贸易政策，那么墨西哥的优势必然会大打折扣。这一点也是出海墨西哥，特别是计划在当地进行重资产投资的中国企业特别需要深度研究的。

• 注重多方面沟通，平衡多方关系

墨西哥是一个典型的关系社会。由于信任成本很高，所以墨西哥人最信任的通常都是身边的朋友，因而构建稳定的政商关系也就成为在墨西哥经营的关键因素之一。

一位常年在墨西哥耕耘的华裔梁律师表示："无论是土地获取，还是政策优惠、审批周期及日常经营，若能与联邦或州政府保持良好的沟通，都将极大提高谈判的成功率及办事效率。"这位律师表示他们此前曾服务过不少出海墨西哥的中国企业，最开始中国企业直接对接产业园区，被各种刁难，后来通过第三方介绍之后，与州政府相关负责人取得了联系，才快速确定了地块并享受到了地方税费方面的减免。

可见，务实、专注于业务与客户、不断地提高产品和服务的竞争力，这是中国企业与生俱来的优秀品质。然而，也如梁律师所言："在海外运营，特别是在墨西哥进行本地化，需要关注公关方面的持续投入，比如在项目启动之后，也需要积极参与社会活动，保持与相关部门的长期往来，'报喜'的同时也要'报忧'，才能更好地平衡多方关系。"

• 关注出海墨西哥的隐性成本

从人力成本的角度来看，从 2010 年开始中国制造业人力成本就已经超过了墨西哥，纸面上看墨西哥更具有竞争力。然而，在墨西哥运营的隐性成本其实是很高的，并且在不断提升。

当下到墨西哥投资设厂的中国企业众多，但事实上，不能只在某一维度看企业的成本高低，要看整体的综合成本，例如水电等运营成本、人力成本、人员效率、安全、税务等隐性成本。墨西哥人工成本与中国相比较低，但是福利高，两者结合起来的话，几乎与中国持平。墨西哥工人的人员效率更是成本中不可控的最大变量。

　　此外，管理国内工厂与管理墨西哥工厂是不一样的，受环境、客户等因素的影响，出海墨西哥需要很多跨文化管理，需要企业投入的管理成本也是相对较高的。

　　加之近些年外资的疯狂涌入，墨西哥的本土劳动力价格也水涨船高，不少在墨西哥经营的工厂都面临"用人荒"，企业不得不提高工人待遇，比如增设宿舍、往来大巴车、提高薪资等，以留住工人。随着工会谈判筹码的增加，罢工问题也将是中国企业不得不应对的挑战之一。

　　总结来看，由地缘政治不稳定引发的供应链近岸外包，大概率会让墨西哥的经济繁荣至少持续 10 年，不过这种繁荣长期来看，仍然是区域结构性的，墨西哥整体崛起还是受制于美国的产业政策。

　　可以预见，墨西哥制造在未来将会更加普遍地出现在北美、欧洲甚至世界各地。中国企业出海北美的趋势未曾改变，墨西哥依旧是一个值得探讨的选项。与此同时，出海墨西哥也需要我们企业持续耕耘，提高企业风险意识和自身的本地化能力。